예비 한국어 교사를 위한

한국어교육 용어집

예비 한국어 교사를 위한

한국어교육 용어집

초판 인쇄 2015년 2월 17일
초판 발행 2015년 2월 27일
편 저 자 김청자, 서경숙
펴 낸 이 박찬익
책임편집 김지은

펴 낸 곳 ㈜박이정
주   소 서울시 동대문구 천호대로 16가길 4
전   화 02) 922-1192~3
팩   스 02) 928-4683
홈페이지 www.pjbook.com
이 메 일 pijbook@naver.com
등   록 2014년 8월 22일 제305-2014-000028호

ISBN   979-11-86402-02-3 (93710)

* 책값은 뒤표지에 있습니다.

예비 한국어 교사를 위한

한국어교육 용어집

김청자 · 서경숙 편저

도서출판

10여년 가까이 양성과정 수업을 해 오면서 수강생들로부터 한국어교육과 관련된 용어를 이해하기 어렵다는 말을 자주 들었다. 최근 들어 많은 분들께서 한국어교사 자격시험에 관심을 가지거나 실제로 응시하는 분들이 늘어나면서 이러한 이야기를 더욱 많이 듣게 되었다.

한국어교육에 종사한지 20여년이 넘는 필자도 이해가 잘 안 되거나 생소한 용어를 접할 때 관련 서적을 찾아야 하는데 이 분야와 전혀 관련이 없거나 처음 한국어교육을 접한 분들은 어떻게 이 문제를 해결할까 하는 생각을 하게 되었다. 양성과정에서 사용하는 교재나 참고서적에 등장하는 한국어교육 관련 용어는 점점 더 양이 많아지고 전문화되는 추세이다. 마치 외국어 문장을 읽듯이 용어 하나하나의 뜻을 찾아야 읽을 수 있다는 분들도 있었다. 몇 해 전부터 이런 고민을 들으면서 그분들을 위해 필자 나름대로 몇 개씩 정리한 용어 뜻풀이가 조금씩 쌓이게 되었다. 그러면서 양성과정생들이나 한국어교사 자격시험을 보려고 하는 분들께서 간단한 용어 풀이집이 없느냐, 공부하는 데에 참고가 될 만한 쉬운 용어 사전이 있으면 좋겠다는 이야기를 하기에 개인적으로 정리한 용어 풀이 내용을 책으로 엮어야겠다는 용기를 내게 되었다. 필자 개인의 필요에 의해 정리한 내용이므로 학문적인 깊이나 풀이집으로서의 형식이 어설프기 짝이 없다. 그러나 이런 핑계도 이 분야를 공부하는 많은 양성과정생들이나 시험을 준비하는 분들의 다급한 마음을 헤아리지 못하는 사치스러운 생각이라 여겨 다급히 출판사에 원고를 넘기게 되었다.

1부는 한국어교육학 및 외국어 습득론 분야의 용어로, 2부는 한국어학 및 일반언어학 분야의 용어로 엮었다. 두 사람이 내용을 함께 검토하면서 내용과 체제의 통일성을 갖추려고 노력하였다. 부족한 내용과 형식은 모두 필자들의 책임이므로 널리 양해해 주시기 바라며 다음 기회에 부족한 부분을 메워 더 좋은 용어 풀이집과 그 용어에 대한 용례집을 발간해 보겠다는 약속을 감히 드리고자 한다.

　이 책이 나오기까지 많은 도움을 주신 우리 센터 선생님들과 물심양면으로 도와주신 박이정의 박찬익 사장님께 감사드린다. 또한 편집을 도와주신 김려생 부장님, 김지은 팀장님, 표지를 만들어 주신 황인옥 팀장님의 노고에 깊은 감사를 드리는 바이다.

2015년 2월
대표 저자 김청자 씀

이 용어집은 전체 2부, 1,008개의 표제어로 구성되었다. 한국어 교육의 경험이 없는 예비 한국어 교사에서부터 현재 한국어 교육을 전공하고 있는 대학원생, 나아가 한국어 교육에 종사하고 있는 초보 한국어 교사까지 폭넓게 활용할 수 있도록 기획되었다. 한국어 교육학 용어는 예를 넣어 비교적 쉽게 설명하려 하였고 한국어학 및 한국어 교육학 용어는 기본 개념은 물론 심화된 개념도 덧붙여 한국어교육능력검정시험을 대비할 수 있도록 하였다.

각 항목은 표제어를 중심으로 표제어 번호, 한자, 영어, 표제어 설명 및 예시, 참조어로 구성되었다.

❶ ❷ ❸
001. 가든 패스(Garden path)

❹ 학습 효과를 극대화하기 위해서 마치 정원에 난 길을 따라 가는 것처럼 교사가 의도적으로 학습자의 오류를 유도한 후 오류가 나타났을 때 교정을 하는 교수 방법. ❺ 한국어 교육에서 일차적으로 규칙을 적용하여 연습을 시키다가 학습자가 오류를 범했을 때 오류를 지적하면서 불규칙에 대해 이해시키는 것이 이에 해당한다. 예를 들면 'ㅂ'불규칙을 처음부터 가르치는 것이 아니라 '입다', '잡다' 등의 규칙을 연습하다가 '돕다'를 말하게 하면 자연스럽게 오류가 나타나고 이 때 'ㅂ'불규칙에 대해 설명하면 학습 효과가 더 크다.

002. 간섭(干涉, Interference)

부정적 전이의 다른 용어로서 보통 두 언어 간의 범주 차이나 구조적 체계 차이에서 일어나는 전이 현상. 간섭은 다시 배제적 간섭(☞p.58)❻ 과 침입적 간섭(☞p.113)으로 나눈다. 圈 배제적 간섭, 침입적 간섭 ❼

❶ **항목 번호** : 표제어의 번호로 1부와 2부로 나누어 표제어 번호를 붙여 두었다. 색인을 통해 표제어를 찾아볼 때 도움이 될 것이다.

❷ **표제어** : 표제어는 기본적으로 한글로 제시되어 있다. '5C'와 같이 숫자나 약어로 된 표제어는 그대로 숫자나 영어로 제시하였다.

❸ **원어 정보** : 한글 표제어 다음에 한자, 영어 순으로 표제어의 원어 정보를 넣어 두었다. 같은 개념인 경우에도 학자마다 다른 용어를 사용하거나 번역 용어가 다른 경우가 있으므로 경우에 따라서는 참고가 될 것이다.

❹ **표제어 정의** : 첫 문장은 표제어에 대한 기본적인 정의에 해당한다.

❺ **표제어 설명** : 두 번째 문장 이후부터는 표제어와 관련된 예나 이해를 돕기 위한 부연 설명이 덧붙는다.

❻ **참조 표제어** : 표제어를 정의하거나 설명할 때 언급된 내용 중에서 함께 알아두면 좋을 표제어의 위치를 나타낸다.

❼ **참조 표제어** : 표제어를 풀이하면서 언급된 용어나 언급되지 않더라도 해당 표제어와 함께 알아두면 좋을 유의 관계, 동의 관계, 상하관계에 있는 용어를 [圈]으로 표시하여, 풀이 마지막에 제시해 두었다.

073. 긍정적 피드백(肯定的 피드백, Positive feedback)
　　미국의 심리학자 스키너(B. F. Skinner)의 ❽
　　'S(stimulus)-R(response) theory'에 ~

❽외국 학자의 이름은 원어 발음보다는 학계에서 일반적으로 통용되고 있는 이름으로 표기하여 두었다. 외국 학자의 이름을 알아 두면 다른 저서나 논문을 읽을 때 도움이 된다.

251. 어휘 청크(語彙 청크, Lexical chunks)
❾　단어보다 크고 문장보다 작은 구, 숙어, 관용어 등의 언어 단위. '될 수 있으면'~

388. 청크(Chunks)
　　☞어휘 청크(p.77)

❾'어휘 청크'와 '청크'는 동의 표제어로서 두 표제어 중에서 더 우세하게 사용되는 표제어를 대표 표제어로 삼아 기술하였다.

　　본 용어집은 1부와 2부의 마지막 부분에 참고문헌이 소개되어 있고 용어집 말미에는 부록으로 용어 색인이 수록되어 있다.

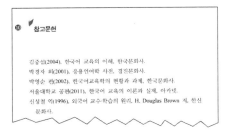

❿참고문헌 : 용어집 집필에 참고한 도서를 소개하였다. 예비 한국어 교사들도 참고문헌에 있는 책들을 읽으면 많은 도움을 받으리라 생각된다.

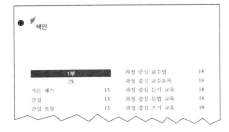

⓫부록 : 1부와 2부의 표제어를 각각 나누어 가나다순으로 정렬해 두었다. 논문을 읽거나 한국어교육능력검정시험 등의 시험을 준비할 때 어려운 용어를 접하면 손쉽게 색인을 찾아 용어의 개념을 익힐 수 있다.

제1부

한국어교육학 및 외국어습득론

001. 가든 패스(Garden path)

학습 효과를 극대화하기 위해서 마치 정원에 난 길을 따라 가는 것처럼 교사가 의도적으로 학습자의 오류를 유도한 후 오류가 나타났을 때 교정을 하는 교수 방법. 한국어 교육에서 일차적으로 규칙을 적용하여 연습을 시키다가 학습자가 오류를 범했을 때 오류를 지적하면서 불규칙에 대해 이해시키는 것이 이에 해당한다. 예를 들면 'ㅂ'불규칙을 처음부터 가르치는 것이 아니라 '입다', '잡다' 등의 규칙을 연습하다가 '돕다'를 말하게 하면 자연스럽게 오류가 나타나고 이때 'ㅂ'불규칙에 대해 설명하면 학습 효과가 더 크다.

002. 간섭(干涉, Interference)

부정적 전이의 다른 용어로서 보통 두 언어 간의 범주 차이나 구조적 체계 차이에서 일어나는 전이 현상. 간섭은 다시 배제적 간섭(☞p.58)과 침입적 간섭(☞p.113)으로 나눈다. 참 배제적 간섭, 침입적 간섭

003. 간섭 오류(干涉 誤謬, Interference error)

외국어 학습자가 목표 언어를 사용할 경우 모국어(L1)의 간섭(☞p.13)을 받아 일어나는 오류. 간섭은 모국어와 목표어 사이에서 쌍방향으로도 일어날 수 있다. 참 간섭

004. 간접 평가(間接 評價, Indirect test)

해당 언어 능력을 직접 평가하기 어려울 경우, 다른 기능이나 방법을 써서 해당 기능의 능력을 평가하는 방법. 예를 들어 쓰기의 경우, 직접 글을 쓰게 할 수 없는 경우에 선택형이나 단답형 문제를 통해 문법이나 어휘 능력을 평가하고 이를 통해 학습자의 쓰기 능력을 평가할 수 있다. 직접 평가(☞p.109)와 대조되는 방식이다. 참 직접 평가

005. 감상적 듣기(感傷的 듣기, Appreciative listening)

연극, 영화, 동화와 같이 들음으로써 정서적 또는 감정적인 변화나 반응을 가져올 수 있는 듣기. 감상적 듣기는 들음으로써 심리적으로 즐거운 감정을 불러일으키는 것이 듣기의 목적이다. 듣기 유형에는 이밖에 공감적 듣기(☞p.17), 분석적 듣기(☞p.60), 비판적 듣기(☞p.61), 식별적 듣기(☞p.72) 등이 있다. 정서적, 심리적 목적을 위해 글을 읽기도 하는데 감상적 듣기와 감상적 읽기를 합해서 감상적 이해(appreciative comprehension)(☞p.14)라고 한다. 참 공감적 듣기, 분석적 듣기, 비판적 듣기, 식별적 듣기, 감상적 이해

006. 감상적 이해(感傷的 理解, Appreciative comprehension)

정서적 또는 감정적인 변화나 반응이 일어나는 듣기나 읽기. 대조되는 개념은 평가적 이해(critical or evaluative comprehension)(☞p.117)이다. 참 평가적 이해

007. 감정적 요인(感情的 要因, Emotional factor)

인성(personality), 동기(motivation), 불안(anxiety), 사회 · 문화적 거리(☞p.62) 등과 같은 학습에 영향을 주는 정의적 요인(☞p.104). 크라센(krashen)은 정의적 여과장치 가설(☞p.103)에서 감정적인 요인이 학습에 많은 영향을 끼친다고 주장한다. 참 사회 · 문화적 거리, 정의적 요인, 정의적 여과장치 가설

008. 개념도 만들기(槪念圖 만들기, Concept mapping)

들은 내용이나 읽은 텍스트의 중요한 개념들을 모아 각 개념들 간의 관계를 정리한 표나 다이아그램. 복잡한 내용을 쉽게 이해하는 데 도움이 된다.

009. 개념적 교수요목(概念的 敎授要目, Notional syllabus)

한국어와 관련된 발음, 음운, 어휘, 문법 규칙이나 형태와 관련된 지식, 즉 개념적 지식(☞p.15)을 토대로 짠 교수요목(☞p.23). 절차적 교수요목(☞p.101)과 대조되는 개념이다. 참 개념적 지식, 교수요목, 절차적 교수요목

010. 개념적 지식(概念的 知識, Conceptual knowledge)

발음, 음운, 어휘, 문법의 규칙이나 형태 등에 관한 지식. 선언적 지식(☞p.66)과 유사하며 절차적 지식(☞p.101)과 대조되는 개념이다. 개념적 지식을 토대로 교수요목을 작성한 것이 개념적 교수요목(☞p.15)이다. 참 선언적 지식, 절차적 지식, 개념적 교수요목

011. 개별 문법 항목(概念的 文法 項目, Discrete item)

특정 언어가 가지고 있는 모든 정보를 학습자가 한꺼번에 습득하기 어렵기 때문에 이를 수업이나 연습에 맞는 분량으로 간결하고 이해하기 쉽게 정리한 문법 체계의 작은 단위. 문법 교육의 찬성론 중 하나인 개별 문법 항목론(☞p.15)은 학습자들이 개별 문법 항목을 통해 외국어를 습득할 때 쉽게 이해될 수 있다는 이론이다. 참 개별 문법 항목론

012. 개별 문법 항목론(個別 文法 項目, The discrete-item argument)

수업이나 연습 분량에 따라 이해하기 쉽고 간결하게 정리한 문법 체계인 개별 문법 항목(☞p.15)을 가르침으로써 학습자가 외국어를 쉽게 이해하고, 외국어 습득이 용이해질 수 있다는 이론. 문법 교육 찬성론(☞p.49) 중의 하나이다. 참 개별 문법 항목, 문법 교육 찬성론

013. 개별화된 교육(個別化된 敎育, Individualized instruction, Individualized leaning)

수업 목표, 교육과정(☞p.24)을 개별 학습자의 요구에 맞게 수립함으로써 학습 내용, 방법, 속도 등이 학습자에 맞추어 개별적으로 이루어

지는 교육. 학습자 개개인의 요구와 특성에 맞게 교육이 이루어지기 때문에 학습 효과를 높일 수 있다는 장점이 있다. 참 교육과정

14. 결과 중심 교수법(結果 中心 教授法, Result-based teaching methods)

과정보다는 결과를 중요시하는 교수 방법으로 연역적 방법(☞p.80)으로 규칙을 제시하고 문법적으로 정리된 사항을 익히게 하는 교수법. 언어의 형식과 의미에 초점을 두고 학습자에게 문법을 인식시키며 구조화하게 하는 교수 방법이기 때문에 정확한 문장 생성에 초점을 두는 교수법이다. 대조되는 개념으로 과정 중심 교수법(☞p.18)이 있다. 참 연역적 방법, 과정 중심 교수법

15. 결과 중심 교수요목(結果 中心 教授要目, Result-based syllabus)

학습자들이 습득해야 할 언어적 지식과 기술에 초점을 두며 발화 과정보다는 결과를 중요시하여 선정하는 교수요목(☞p.23). 결과 중심 교수요목에는 문법적 교수요목(grammatical syllabuses)(☞p.51)과 기능적 교수요목(functional syllabuses)(☞p.32)이 있으며 교수법으로는 결과 중심 교수법(☞p.16)이 이용된다. 결과 지향적 교수요목(☞p.17)과 비슷한 개념이고 과정 중심 교수요목(☞p.18)과는 대조되는 개념이다. 참 교수요목, 문법적 교수요목, 기능적 교수요목, 결과 지향적 교수요목, 과정 중심 교수요목

16. 결과 중심 문법 교육(結果 中心 文法 教育, Result-based grammar education)

언어의 형태와 의미, 구조에 초점을 맞추어 학습자로 하여금 문법적으로 정확한 문장을 생성하거나 이해하도록 하는 교육 방법. 최근에는 문법에 맞는 정확한 생성보다는 실제적이며 효율적인, 사용에 초점을 맞추는 과정 중심 문법 교육(☞p.18)으로 변화되는 추세이다. 참 과정 중심 문법 교육

017. 결과 중심 쓰기 교육(結果 中心 쓰기 敎育, Result-based writing education)

　1960년대까지 유행한 쓰기 교육 방법으로 완성된 글, 즉 결과만을 중시하며 모범이 되는 글을 흉내 내도록 유도하는 글쓰기 교육 방법. 1980년대 이후에는 결과 중심 쓰기 교육에서 차츰 과정 중심 쓰기 교육(☞p.19)으로 바뀌었다. 참 과정 중심 쓰기 교육

018. 결과 지향적 교수요목(結果 指向的 敎授要目, Result-oriented syllabus)

　☞ 결과 중심 교수요목(p.16)

019. 경제의 원칙(經濟의 原則, The rule of economy)

　교실 내에서 학습자들이 연습하는 시간을 최대한 늘리기 위해서 교사는 설명을 최소한으로 줄여야 한다는 원칙. 썬버리(Thornbury)의 문법 교육의 원칙(☞p.49) 중 하나이다. 참 문법 교육의 원칙

020. 고정된 짝 활동(固定된 짝 活動, Fixed pair activity)

　주어진 과제를 수행하기 위해 자신의 왼쪽 또는 오른쪽에 앉아 있는 동료와 이야기를 나누는 짝 활동(☞p.110)의 한 형태. 연습 활동에서 주로 이 방법을 많이 이용하는데 유동적 짝 활동(☞p.85)에 비해 단순하며 짧은 대화 연습에 좋다. 참 짝 활동, 유동적 짝 활동

021. 공감적 듣기(共感的 듣기, Empathic listening)

　화자의 입장에서, 화자의 생각과 감정을 잘 이해하기 위해 일체의 판단을 유보하고 듣는 듣기 유형(☞p.42). 정확한 의미와 감정을 이해하기 위해 적극적으로 듣는 형태로서 의견 충돌이나 상담과 같은 상황에서의 듣기이다. 비공식적인 의사소통 전반에 걸쳐 필요한 듣기이며 원만한 인간관계 형성을 위해 필요하다. 듣기에는 식별적 듣기(☞p.72), 비판적 듣기(☞p.61), 분석적 듣기(☞p.60), 감상적 듣기(☞p.14)와 같은 여러 형태가 있다. 참 듣기 유형, 식별적 듣기, 비판적 듣기, 분석적 듣기, 감상적 듣기

022. 과정 중심 교수법(過程 中心 敎授法, Process-oriented teaching method)

학습자로 하여금 목표 언어를 사용하는 활동에 참여시키고 문법 사용의 과정을 중시하는 교수법. 문법은 의사소통의 도구나 자원으로 이용할 수 있도록 하며 학습자의 정확한 문법 형태 생산에 초점을 맞추기보다 메시지를 효율적으로 전달하기 위해 의사소통의 과정을 중시하는 교수법이다. 과정 중심 교수요목(☞p.18)과 밀접한 관계를 이루며 결과 중심 교수법(☞p.16)과 대조되는 개념이다. 참 과정 중심 교수요목, 결과 중심 교수법

023. 과정 중심 교수요목(過程 中心 敎授要目, Process-centered syllabus)

문법 형태 생산에 초점을 맞추기보다 메시지를 효율적으로 전달하기 위한 의사소통 과정에 초점을 두고 선정한 교수요목. 과정 지향적 교수요목(☞p.19)이라고도 부르며 결과 중심 교수요목(☞p.16)과 반대되는 개념이다. 참 과정 지향적 교수요목, 결과 중심 교수요목

024. 과정 중심 듣기 교육(過程 中心 듣기 敎育, Process-based listening instruction)

듣기 수업에서 결과보다는 과정을 통해서 교사가 원하는 목표를 달성하는 교육 방법. 듣기 전 활동(☞p.43), 듣기 본 활동(☞p.42), 들은 후 활동(☞p.44) 등의 과정을 거치면서, 학습자가 들을 내용을 쉽게 이해할 수 있도록 하는 듣기 교육 방법의 하나이다. 참 듣기 전 활동, 듣기 본 활동, 들은 후 활동

025. 과정 중심 문법 교육(過程 中心 文法 敎育, Process-based grammar instruction)

실제 언어생활에서 문법을 적절히 사용할 수 있도록 하기 위해 활동 과정에서 학습자들에게 효율적이며 적절한 문법 표현을 사용하

도록 유도하는 교육 방법. 결과 중심 문법 교육(☞p.16)과 대조되는 개념이다. **참** 결과 중심 문법 교육

026. 과정 중심 쓰기 교육(過程 中心 쓰기 敎育, Process-based writing instruction)

학습자 스스로 쓰는 목적과 전략을 인지하여 쓰기의 모든 과정이 결과보다 중시되는 쓰기 교육 방법. 과정 중심 쓰기 교육은 글을 쓰는 과정이 중요하기 때문에 '구상하기-초고 쓰기-고쳐 쓰기'의 과정을 거치면서 동료 학습자나 교사와의 상호 피드백을 통해서 하나의 완성된 글을 쓸 수 있도록 한다. 결과 중심 쓰기 교육(☞p.17)과 대조되는 개념이다. **참** 결과 중심 쓰기 교육

027. 과정 지향적 교수요목(過程 指向的 敎授要目, Process-oriented syllabus)

☞과정 중심 교수요목(p.18)

028. 과제(課題, Task)

목표 언어에 대한 의사소통 능력을 향상시키기 위해 학습자들에게 주어지는 일련의 활동이나 과업. 이는 연습(☞p.80)과 구별되는 개념으로서 언어 지식, 즉 문법이나 구조의 이해나 전달이 목표가 아니기 때문에 비언어적인 목표 수행이라고도 볼 수 있다. 과제에는 실제적 과제(☞p.73)와 교육적 과제(☞p.26)가 있고, 교사는 과제 중심 교수법(☞p.20)을 통해 열린 과제(☞p.81)를 수행하도록 유도하는 것이 필요하다. **참** 연습, 실제적 과제, 교육적 과제, 과제 중심 교수법, 열린 과제

029. 과제 기반 교수법(課題 基盤 敎授法, Task-based method)

의사소통을 목적으로 과제를 수행함으로써 목표 언어를 습득하게 하는 교수법. 결과보다는 과정을 중요시하기 때문에 과정 중심 교수법(☞p.18)과 통하며 과제 중심 교수법(☞p.20)과 유사한 개념이다. **참** 과정

30. 과제 수행 필수 언어(課題 遂行 必需 言語, Task-essential language)

과제를 수행하기 위해 필수적으로 알아야 할 표현이나 어휘. 과제 활동의 효율성을 높이면서 정확한 문법 이해에 도움을 주기 위해 과제 수행에 필요한 표현이나 어휘를 제공하는데 이 방법은 형태에 초점을 둔 문법 교육(☞p.122)의 한 방법이다. 참 형태에 초점을 둔 문법 교육

31. 과제 중심 교수법(課題 中心 敎授法, Task-centered method)

의사소통을 목적으로 의미에 초점을 두고 과제(☞p.19)를 수행함으로써 목표 언어를 습득하게 하는 교수법. 과제 중심 교수법은 결과보다는 과정을 중요시하고 실제적 과제(☞p.73)나 교육적 과제(☞p.26)를 통해 언어를 이해, 처리, 생산하는 활동을 함으로써 의사소통에 필요한 실제적인 언어 사용법을 익히는 데에 초점을 둔 교수법이다. 과제 기반 교수법(☞p.19)과 유사한 개념이다. 참 과제, 실제적인 과제, 교육적인 과제, 과제 기반 교수법

32. 관련성의 원칙(關聯性의 原則, The rule of relevance)

썬버리(Thornbury)의 문법 교육의 원칙(☞p.49) 중 하나로 학습자들이 필요로 하고 학습자와 관련이 있는 문법 내용을 가르치는 것이 효과적이라고 보는 경험적인 원칙. 지금까지의 문법 교육은 학습자가 원하건 원하지 않건, 학습자의 요구나 동기, 배경 지식과 관련이 있거나 없거나 교사가 계획한 대로 진행하는 방법이었지만 새로운 문법 교육은 학습자와 관련된 것에 중점을 두어야 한다는 점을 문법 교육의 중요한 원칙으로 삼는다. 참 문법 교육의 원칙

33. 교사말(敎師말, Teacher talk)

수업 중에 설명, 질문, 제시를 위해 교사가 사용하는 말이나 수업

내용과는 거리가 있으나 분위기 조성, 흥미 유발 등을 위해 사용하는 교사의 모든 말. 특별히 제2언어나 외국어 교육에서 학습자들이 이해하기 쉽도록 속도를 조절하거나 짧고 단순하면서 반복되는 문장을 사용하거나 쉽게 풀어서 설명하는 등 다양하게 변형시킨 교사말을 사용한다. 언어적 입력 변형(☞p.78)과 상호작용적 입력 변형(☞p.65)을 통해 교수 내용을 효과적으로 이해시키기도 한다. 참 언어적 입력 변형, 상호작용적 입력 변형

034. 교사 변인(教師 變人, Variables of teachers)

교사와 관련된, 교육에 영향을 미치는 여러 가지 변인. 교사마다 몸동작, 말투, 목소리, 질문법 등이나 중점을 두는 학습 내용, 선택하는 교수법(☞p.23) 등이 다른데 이런 여러 가지 변인들이 교사 변인에 해당된다. 기관에서 요구하는 정형화된 교수법이나 교육 내용, 평가 방법 등이 있지만 교사 개개인의 자율적인 교수 방법, 전공, 습관, 성향 등이 교육에 영향을 미칠 수 있다. 참 교수법

035. 교사의 역할(教師의 役割, Teacher's role)

브라운(Brown)이 외국어 교육을 담당하는 교사에 대해 제시한 다섯 가지 역할. 교사는 교실에서 학습 내용과 연습·활동 등의 적절한 시점이나 언어형태를 통제하는 통제자(controller)가 되어야 하고, 교실에서의 모든 연습과 활동이 자연스럽게 이루어지도록 지도·감독하는 감독자(direcror)가 되어야 한다. 또 수업을 설계하고 학습 목표에 따라 운영하며 학습 결과를 평가하고 학습자 목표 언어가 향상될 수 있도록 피드백을 주는 관리자(manager)가 되어야 하며, 학습을 성공적으로 이끌기 위해 방해 요소를 제거하고 학습을 격려하고 문화적·정의적 환경을 최상으로 이끌도록 노력하는 촉진자(facilitator)의 역할을 해야 한다. 마지막으로 교사는 학습자가 주도적으로 자신의

목표 학습을 위해 노력하는 동안 학습자를 돕는 자원(resource)으로서의 역할도 해야 하며 이 다섯 가지를 교사가 담당해야 할 중요한 역할이라고 했다.

036. 교사 전략(敎師 戰略, Teacher's strategy)
☞ 교수 전략(p.23)

037. 교사 주도적 수업(敎師 主導的 授業, Teacher-directed instruction)
교실 수업에서 학습자가 중심이 되지 않고 교사가 중심이 되어 일방적으로 설명하고 모든 활동을 지시하는 수업 형태. 교사 중심적 수업(☞p.22)과 유사한 개념이며 자기 주도적 수업(☞p.97) 또는 학습자 중심 수업(☞p.121)과는 반대되는 개념이다. 참 교사 중심적 수업, 자기 주도적 수업, 학습자 중심 수업

038. 교사 중심 과제(敎師 中心 課題, Teacher-centered task)
언어 교수에서 교사가 권위를 가지고 통제하는 상태에서 행해지는 활동이나 과제. 학습자 중심 과제(☞p.121)와 반대되는 개념이다. 참 학습자 중심 과제

039. 교사 중심적 수업(敎師 中心的 授業, Teacher-centered instruction)
☞ 교사 주도적 수업(p.22)

040. 교섭적 교육과정(交涉的 敎育課程, Negotiated curriculum)
학습 내용이나 교육 방법, 평가 등에서 학습자가 많은 부분 결정권을 가지고 개발이나 수립 과정에 참여하는 교육과정. 교사가 일방적으로 수립한 교육과정에 비해 학습자 중심 수업(☞p.121)에 적합하다. 참 학습자 중심 수업

041. 교수법(敎授法, Teaching method)

교사가 교육 목표를 달성하고 내용을 효과적으로 가르치기 위해 사용하는 여러 가지 교육 방법. 한국어 교육 현장에서는 역사적으로 가장 오래된 문법 번역식 교수법(☞p.50)을 비롯하여 최근의 의사소통 교수법(☞p.88)에 이르기까지 다양한 교수법이 이용되고 있다. 참 문법 번역식 교수법, 의사소통 교수법

042. 교수요목(敎授要目, Syllabus)

교육과정(curriculum)(☞p.24) 내에서 교수 내용을 구체적이면서도 일목요연하게 기술한 일종의 계획표. 일정한 과제 또는 학습량이 일정한 시간에 학습되도록 학습 항목 구성 요소를 세분화하여 짠 전체적 계획이다. 크게 결과 중심 교수요목(☞p.16)과 과정 중심 교수요목(☞p.18)으로 나눌 수 있으며 결과 중심 교수요목에는 기능적 교수요목(☞p.32)과 문법적 교수요목(☞p.51)이 있고, 과정 중심 교수요목에는 절차적 교수요목(☞p.101), 과제 중심 교수요목, 내용 중심 교수요목(☞p.35)이 있다. 문법적 교수요목(grammatical syllabus)(☞p.51)이 비교적 조직적이며 체계적이어서 널리 이용되었으나, 최근에는 과제와 의사소통(communicative syllabus)을 강조한 교수요목이 많이 이용되고 있다. 참 교육과정, 결과 중심 교수요목, 과정 중심 교수요목, 기능적 교수요목, 문법적 교수요목, 절차적 교수요목, 내용 중심 교수요목

교수요목	결과 중심 교수요목 (결과 지향적 교수요목)	기능적 교수요목
		문법적 교수요목(구조적 교수요목)
	과정 중심 교수요목 (과정 지향적 교수요목)	절차적 교수요목(↔개념적 교수요목)
		과제 중심 교수요목
		내용 중심 교수요목

043. 교수 전략(敎授 戰略, Teaching strategy)

교육의 효과를 높이기 위해 교사가 사용하는 전략. 쓰기, 말하기,

읽기, 듣기의 능력을 향상시키기 위해 교사는 쓰기 전략(☞p.74), 말하기 전략(☞p.45), 읽기 전략(☞p.93), 듣기 전략(☞p.43)을 이용해서 수업을 진행한다. 학습의 효과를 높이기 위해 교사가 사용하는 전략이 있듯이 학습자도 학습자 전략(☞p.120)을 이용하여 학습의 효과를 높일 수 있다. 교사 전략(☞p.22)이라고도 한다. 참 쓰기 전략, 말하기 전략, 읽기 전략, 듣기 전략, 학습자 전략, 교사 전략

44. 교실 담화(敎室 談話, Classroom discourse)

교실 상황에서 교사와 학생이 주고받는 언어 형태. 교실에서는 교사와 학생들의 특정한 역할과 활동 때문에 일상생활이나 다른 상황에서 주고받는 언어와는 다른 형태로 말을 주고받게 된다. 교실 담화는 일반적으로 교사가 학생의 지식을 점검하기 위해 질문하면 학생은 이에 대해 반응하고 교사는 그 반응을 통해 학생들의 언어 능력을 평가하는 '시작(initiation)-반응(response)-평가(evaluation)'의 세 부분으로 구성되어 있다.

45. 교안(敎案, Lesson plan)

학습 목표를 효율적으로 달성하기 위해 원활하고 짜임새 있는 진행을 위해 교사가 수업의 계획을 면밀하게 수립하여 작성한 계획서. 예정된 시간 안에 예정된 수업 내용을 효과적으로 진행하기 위해 시간마다의 학습 목표, 학습자들에게서 나타날 수 있는 오류, 반응, 교사의 지도 방향 등을 미리 정리해 놓음으로써 목표를 벗어나지 않도록 하는 역할을 한다. 지도안(☞p.108), 또는 수업 계획서(☞p.69)라고도 한다. 참 지도안, 수업 계획서

46. 교육과정(敎育課程, Curriculum)

교육 목표를 달성하는 데 필요한 교수 방법, 교육 내용, 평가(☞p.116),

교사와 학생의 역할 등 전반적인 영역을 목록화한 교육 계획. 교육과정은 교육 프로그램의 계획, 실행, 평가, 운영 등 전반에 관련되고, 교수요목(☞p.23)은 더 좁은 범위로 보기도 하지만 학자들마다 교육과정, 교수요목에 대한 정의를 조금씩 달리하고 있어서 두 용어를 정확히 구분하기 어렵다. **참** 평가, 교수요목

047. 교육 목적(敎育 目的, Educational aims)

교육을 위해 의도적으로 계획하고 그 결과를 얻고자 하는 추상적인 개념. 교육 목표(☞p.25)와 자주 혼용되지만 구체적 명시보다는 보편적이고 일반적인 목적을 가리키며 학습자들이 최종적으로 도달하게 될 지향점을 서술하고 필요와 상황에 따라 변화가 가능하다. 특히 외국어 교육에서는 5C(☞p.131)를 기준으로 교육 목적을 제시하기도 한다. **참** 교육 목표, 5C

048. 교육 목표(敎育 目標, Education objectives)

교육 목적(☞p.25)을 구현하기 위해 구체적으로 방향을 제시하고 명시한 세부 목표. 학습자가 성취하고 도달하게 될 단계에 대해 교육적 지식이나 기술 등을 구체적으로 명시함으로써 추상적인 교육 목적을 구현할 수 있다. **참** 교육 목적

049. 교육 문법(敎育 文法, Pedagogical grammar)

학습자가 모국어, 또는 외국어를 쉽게 이해하거나 생성해 내는 데 도움을 주기 위해 정리한 문법. 학습자의 언어 생성과 교육에 초점을 맞추었기 때문에 기술 문법(☞p.32)과 구별된다. 교육적 차원에서 올바른 규칙을 가르치기 위해 정리한 학교 문법(☞p.118)이나 규범 문법(☞p.30)은 교육 문법의 하나로 볼 수 있다. **참** 기술 문법, 학교 문법, 규범 문법

050. 교육 설계(敎育 設計, Pedagogical design)

장기적인 계획 하에 어떤 내용을 어떤 시기에, 어떻게 가르칠 것인가에 대한 세부 설계. 기존의 교안(☞p.24)나 수업 계획서(☞p.69)가 해당 과나 차시에 관한 계획에 집중했다면 교육 설계는 수업에서 다루는 문법을 장기적인 관점에서 교사가 치밀하고 조직적으로 계획하고 설계하는 것을 말한다. 교육 설계는 교사 한 사람이 하기 어려운 작업이므로 공동 연구 내지 공동 작업으로 이루어지는 것이 바람직하다. 참 교안, 수업 계획서

051. 교육적 과제(敎育的 課題, Pedagogical task)

실제 상황을 그대로 재연하기 어려울 때 필요한 문법, 어휘, 표현 등을 넣어 교육적으로 재구성한 과제(☞p.19). 음식 주문하기, 물건사기, 발표, 토론하기 등 학습자의 수준에 따라 과제의 난이도가 달라진다. 대조되는 개념으로 실제적 과제(☞p.73) 또는 실생활 과제(☞p.72)가 있다. 참 과제, 실제적 과제, 실생활 과제

052. 교육적 규칙(敎育的 規則, Pedagogic rule)

학습자가 쉽게 이해하고 언어를 성공적으로 생성해 내는데 도움을 주기 위해 정리한 언어 규칙. 교육적 규칙은 학습자의 언어 생성에 초점을 맞추었기 때문에 규범적 규칙(☞p.30)이나 기술적 규칙(☞p.33)과 구별된다. 참 규범적 규칙, 기술적 규칙

053. 교재(敎材, Materials)

교사와 학습자에게 제공되는 물리적이고 실체적인 학습 도구. 넓은 의미에서는 교육 현장에서 쓰이는 모든 유형무형의 자료의 집합체를 의미하고 좁은 의미에서는 문서화된 학습 자료를 뜻한다. 교재에는 크게 주교재, 부교재가 있고 문서화된 자료 외에 음성 자료 등 다양한

교재가 포함된다. 교재는 교육 목표를 달성하기 위해 정교하게 짜여진 교육과정과 교수요목에 따라 배열된 교육 내용을 학습자에게 효과적으로 전달하기 위해 사용하는 교육 수단이다.

054. 교재의 기능(敎材의 機能, Functions of textbook)

교수-학습의 목표를 제시하고 교수-학습의 내용을 정리하며 교수-학습의 전략, 평가의 대상과 자료를 제공하는 등 교재가 갖는 총체적인 기능. 최근 들어 교재의 기능은 결과보다는 과정을 중시하고 문제를 해결하는 데 필요한 기능과 전략을 자세히 소개하며 이를 위해 학습자들의 흥미를 유발하도록 구성하는 추세이다.

055. 교차 집단(交差 集團, Cross-over groups)

학습이나 활동을 위해 전체 학습자를 일정한 수로 나누어 활동하게한 후 일정 시간이 지나면 한 명 이상의 구성원을 이동시켜 수업을 진행하는 집단 활동(☞p.110). 교사의 일방적 질문·설명에 비해 학습자들의 능동적·참여적 수업이 이루어질 수 있는 교실 활동이다. 참 집단활동

056. 교체 연습(交替 練習, Substitution drill)

한 개 또는 두 개 정도의 항목을 다른 내용으로 바꾸어서 목표문형을 연습시키는 방법. 연습 단계에서 가장 널리 사용하는 방법으로 예를 들어 '-(으)러 가다/오다'가 목표 문형일 때 '밥 먹다/식당', '한국어 배우다/ 학교' 등의 교체 항목을 넣어 '밥 먹으러 식당에가다', '한국어 배우러 학교에 오다' 등과 같이 연습시킨다. 교체항목은 구두로 제시하기도 하고 단어 카드, 그림 등으로 제시하기도한다. 연습 단계에서 이용되는 유형은 이밖에도 연결 연습(☞p.79), 응답연습(☞p.86), 완성 연습(☞p.83), 상황 연습(☞p.65), 확장 연습(☞p.124), 변형 연습

(☞p.59) 등이 있다. 참 연결 연습, 응답 연습, 완성 연습, 상황 연습, 확장 연습, 변형 연습

057. 교환(交換, Exchange)

교실에서 담화를 이어갈 때 나타나는 상호작용의 기본적인 패턴. 예를 들면 '주말에 같이 영화 볼까요? - 네. 좋아요. - 그럼 제가 금요일 저녁에 전화할게요.'와 같이 '시작 - 응답 - 추후'로 대화가 한 바퀴 돌면 '교환'이 이루어지게 된다.

058. 구어적 특성(口語的 特性, Characteristics of colloquial expressions)

음성 언어가 가지고 있는 통사적, 음운적, 담화적 특성. 한국어에는 자유로운 어순, 조사나 문장 성분의 생략, 구어 특유의 조사나 부사 사용과 같은 통사적 특성이 나타나고 음운 탈락과 축약, 된소리화, 현실음 발음 등의 음운적 특성, 담화 표지(☞p.40)나 간접 표현 사용, 인접쌍(☞p.91)의 불규칙성, 작은 화제 전환이나 끼어들기, 중복, 생략 등의 담화적 특성이 나타난다. 구어적 특성을 이해하고 알아야 의사 소통을 위한 말하기, 듣기가 이루어질 수 있다. 참 담화 표지, 인접쌍

059. 구어체(口語體, Colloquial style)

화자가 일상생활에서 표준 발음, 어법, 문법에 특별한 주의를 기울이지 않고 사용하는 비공식적 발화 형태. 대조되는 개념으로 문어체(☞p.52)가 있다. 참 문어체

060. 구조 언어학(構造 言語學, Structural linguistics)

언어를 체계적인 형태로 이해하여 체계 안에 가지고 있는 특성을 연구하는 언어학의 접근 방법. 이 이론은 행동주의 이론에 근거했으며 청각 구두식 교수법(audio-lingual method)(☞p.111)과 같은 언어 교수법에 영향을 미치기도 했다. 참 청각 구두식 교수법

061. 구조적 교수요목(構造的 敎授要目, Structural syllabus)

학습자에게 가르쳐야 할 문법 구조를 정리하여 이를 조직화한 교수 요목(☞p.23). 문법적 교수요목(☞p.51)과 유사한 개념이다. 참 교수요목, 문법적 교수요목

062. 구체적인 학습자(具體的인 學習者, Concrete learners)

추상적인 개념이나 문법적 설명보다 구체적인 자료와 활동을 선호 하는 학습자. 문자보다는 구체적인 그림, 표, 사진이나 시청각 자료, 짝 활동(☞p.110), 그룹 활동(☞p.30) 등을 선호한다. 누난(Nunan)이 말한 학습 양식에 따른 네 종류의 학습자 유형(☞p.120) 중 하나이다. 참 짝 활동, 그룹 활동, 학습자 유형

063. 권위 지향적인 학습자(權威 指向的인 學習者, Authority-oriented learners)

권위 있는 상대에게 교육을 받는 것을 선호하는 학습자. 대부분 권위 있는 상대는 교사를 지칭하며 교사가 모든 학습 내용을 설명하고 교사가 이끄는 대로 따라가는 학습 형태를 선호하는 학습자이다. 누난 (Nunan)이 말한 네 종류의 학습자 유형(☞p.120) 중 하나이다. 참 학습자 유형

064. 귀납적 방법(歸納的 方法, Inductive method)

학습자에게 문법이나 규칙 또는 기타 구체적 언어 정보를 가르치지 않고 해당 언어를 사용한 후 경험을 통해서 규칙을 발견하도록 유도하 는 학습 방법. 언어 사용을 강조하는 직접 교수법(☞p.109), 의사소통 교수법(☞p.88)에서 많이 이용되며 연역적 방법(☞p.80)과 대조된다. 참 직접 교수법, 의사소통 교수법, 연역적 방법

065. 귀납적 학습(歸納的 學習, Inductive learning)

학습자에게 문법이나 규칙 또는 기타 구체적 언어 정보를 가르치지

않고 해당 언어를 사용한 후 경험을 통해서 규칙을 발견하도록 유도하는 귀납적 방법(☞p.29)을 이용한 학습. 연역적 학습(☞p.80)과 대조적인 개념이다. 참 귀납적 방법, 연역적 학습

066. 규범 문법(規範 文法, Normative grammar, prescriptive grammar)

한 집단에서 사용되는 언어를 적절하고 표준이 되는 규칙이나 용법으로 정리하여 만든 문법. 가장 올바른 용법을 정리한 문법으로서 대부분의 학교 문법(☞p.118)은 일종의 규범 문법에 해당한다. 기술 문법(☞p.32)과 구별되는 개념이다. 참 학교 문법, 기술 문법

067. 규범적 규칙(規範的 規則, Prescriptive rule)

문법을 규범화하여 정리한 규칙. 규범적 규칙은 실제 사용되는 언어에 나타난 기술적 규칙(☞p.33)이나 학습자들의 언어 생성과 사용을 쉽게 가르치기 위해 교육적으로 정리한 교육적 규칙(☞p.26)과 구별된다. 일반 중·고등학교에서 가르치는 학교 문법은 일종의 규범적 규칙을 정리한 것이다. 참 기술적 규칙, 교육적 규칙

068. 규준 지향 평가(規準 指向 評價, Norm-referenced tests)

평가하고자 하는 대상, 즉 학습자가 속해 있는 집단 안에서의 상대적인 실력을 평가하는 방법. 상대 평가(☞p.62)라고도 하는데 비교를 위한 기준을 '규준(norm)'이라고 하며 일반적으로 평가 집단의 평균점이 규준이 된다. 대부분의 학교에서 행하는 평가는 규준 지향 평가이며 지능검사, 학력검사 등이 예이다. 준거 지향 평가(☞p.107)와 대조되는 개념이다. 참 상대 평가, 준거 지향 평가

069. 그룹 활동(그룹 活動, Group work)

보통 4~8명 정도의 인원으로 협동심을 발휘하여 정확성보다는 유창성을 키우는 활동. 짝 활동(☞p.110)보다는 많고 전체 활동(☞p.100)보다는

적은 인원이 참여하며 우수한 학생과 언어 능력이 다소 떨어지는 학생을 섞어서 편성한다. 교사는 심각한 오류가 아니면 활동을 방해하지 않아야 하며 그룹 구성원이 골고루 활동에 참여할 수 있도록 적절히 개입해야 한다. 모둠 활동(☞p.48) 또는 집단 활동(☞p.110)이라고도 한다. 참 짝 활동, 전체 활동, 모둠 활동, 집단 활동

070. 근접쌍(近接雙, Adjacency pairs)

☞ 인접쌍(p.91)

071. 글쓰기 과정 지식(글쓰기 過程 知識, Writing process knowledge)

쓰고자 하는 글의 완성도를 높이기 위해서 글의 종류에 따라 알아야 하는 쓰기 방식과 과정에 대한 지식. 트리블(Tribble)이 주장한 네 가지 쓰기 지식(☞p.75) 중 하나이며 그 밖의 지식으로는 내용 지식(☞p.35), 맥락 지식(☞p.46), 언어 체계 지식(☞p.78)이 있다. 참 내용 지식, 맥락 지식, 언어 체계 지식

072. 긍정적 전이(肯定的 轉移, Positive transfer)

제2언어를 습득하는 과정에서 기존의 언어 체계가 목표 언어 습득에 긍정적인 영향을 주는 전이. '유용' 혹은 '촉진'이라고도 하며 부정적 전이와 대비되는 개념이다. 참 전이

073. 긍정적 피드백(肯定的 피드백, Positive feedback)

미국의 심리학자 스키너(B. F. Skinner)의 'S(stimulus)-R(response) theory'에 근거한 것으로 교사·학습자 간에 서로의 반응에 대해 칭찬이나 긍정적인 강화(reinforcement)를 함으로써 다음 행동이나 학습이 더욱 발전적으로 나아가게 하는 반응. 반대되는 개념으로 부정적 피드백(☞p.60)이 있다. 참 부정적 피드백

074. 기계적 연습(機械的 練習, Mechanical drill)

기초 연습 단계에서 일정한 패턴과 형식에 맞춰 학습자들 자신이 말하고자 하는 의도와는 상관없이 기계적으로 하는 연습. 이 연습이 끝나면 유의적 연습(☞p.85) 또는 유의미적 연습(☞p.85)을 통해 좀 더 학습자 상황에 맞는 연습을 하고 마지막으로 응용 연습 또는 의사소통 연습(☞p.89)을 한다. 참 유의적 연습, 유의미적 연습, 의사소통 연습

075. 기능적 교수요목(機能的 敎授要目, Functional syllabus)

언어 교육에서 문법 항목으로 교육내용이나 교수요목을 정렬하지 않고 화행에 필요한 기능을 중심으로 교육내용을 정렬한 교수요목(☞p.23). 예를 들면 물건사기, 길 찾기, 묘사하기, 초대·제안·거절하기 등 담화 상에 필요한 기능으로 교수요목을 정리하는 것이며 결과 중심 교수요목(☞p.16)의 하나이다. 참 교수요목, 결과 중심 교수요목

076. 기능 통합 활동(機能 統合 活動, Integrated activities)

쓰기, 듣기, 말하기, 읽기 네 가지 기능을 통합 또는 결합하여 하는 교실 활동. 각 기능별로 분리된 연습은 이해에서 표현으로 표현에서 이해로 이어지는 순환적인 의사소통과 거리가 멀어 실제적인 언어 사용 연습이 되지 못하기 때문에 최근의 과제 활동이나 기능별 연습은 통합적 활동을 지향하고 있다. 예를 들면 읽기 자료를 이해하고 나서 주제와 관련된 말하기나 쓰기, 듣기 활동을 하거나 말하고 나서 쓰기, 듣기, 읽기 등의 주제 관련 기능 통합 활동을 할 수 있다.

077. 기술 문법(記述 文法, Descriptive grammar)

바람직한 언어사용을 위해 정한 규칙이나 규범을 기술하는 것이 아니라 실제로 언어가 어떻게 사용되는지를 기술한 문법. 기술 문법은 학교 문법(☞p.118), 규범 문법(☞p.30) 또는 교육 문법(☞p.25)과 달리 모국

어 화자가 사용하는 실제 언어 현상을 그대로 기술하는 것이므로 학자 간에 다양한 해석, 현상에 대한 이론이 제기될 수 있다. 참 학교 문법, 규범 문법, 교육 문법

078. 기술적 규칙(記述的 規則, Descriptive rule)

화자가 실제 사용하는 언어에 나타나는 여러 가지 형태적 규칙(☞p.123)이나 사용의 원칙(☞p.61). 과거에는 직관에 의한 것이었다면 최근에는 컴퓨터 데이터베이스를 이용한 말뭉치(☞p.45)가 구축되어 기술적 규칙이 더욱 정확하고 다양하게 정리되고 있다. 교육적 목적에 의해 정리한 교육적 규칙(☞p.26)이나 규범적 규칙(☞p.30)과 대조되는 개념이다.
참 형태적 규칙, 사용의 원칙, 말뭉치, 교육적 규칙, 규범적 규칙

079. 나선형 교수법(螺旋形 敎授法, Spiral method)

교수요목에서 되풀이되어 나타나면서 이전에 배운 항목을 좀 더 깊이 있게 자세히 가르침으로써 이미 학습한 교수 항목이 보다 더 완벽하고 정확하게 입력될 수 있도록 하는 교수 방법. 나선형 접근법(☞p.34)과 유사한 개념이며 선형 교수법(☞p.67)과 대조되는 개념이다. 참 나선형 접근법, 선형 교수법

080. 나선형 교수요목(螺旋形 敎授要目, Spiral syllabus)

학습자가 배운 것을 되풀이해서 배움으로써 보다 더 정확하고 유창하게 배운 내용을 축적해 나가도록 하기 위해 짜여진 교수요목. 선형 교수요목(☞p.67)과 대조되는 개념이다. 참 선형 교수요목

081. 나선형 교육과정(螺旋形 敎育課程, Spiral curriculum)

교수요목에서 되풀이되어 이전에 배운 항목을 좀 더 깊이 있게, 자세히 가르침으로써 이미 학습한 교수 항목이 보다 더 완벽하고 정확하게 입력될 수 있도록 하는 교육과정. 선형 교육과정(☞p.67)과

대조되는 개념이다. 참 선형 교육과정

082. 나선형 접근법(螺旋形 接近法, Spiral approach)
☞ 나선형 교수법(p.33)

083. 내용 보호 언어교육(內容 保護 言語敎育, Sheltered content instruction)
수업 내용과 영역에서 보다 더 전문적인 지식을 갖춘 교사가 학습자에게 맞는 적절한 수준으로 강의함으로써 내용 교과목의 이해를 돕는 교육 방법. 내용의 전문성과 이해에 중점을 둔 교육 방법이며 주제 기반 언어교육(☞p.107)이나 병존 언어교육(☞p.59)과 함께 내용 중심 교수요목(☞p.35)으로 진행되는 수업에서 이용하는 교육 방법이다. 참 주제 기반 언어교육, 병존 언어교육, 내용 중심 교수요목

084. 내용 스키마(內容 스키마, Content schema)
학습자 기억 속에 내장되어 있는 개념 중에서 텍스트의 주제나 내용에 대한 스키마(☞p.70). 직접 경험과 간접 경험이 풍부한 학습자는 주제에 쉽게 접근하고 배경지식이 충분하기 때문에 텍스트 이해가 수월하다. 내용 스키마에 대조되는 개념으로 형식 스키마(☞p.122)가 있다. 참 스키마, 형식 스키마

085. 내용 중심 교수법(內容 中心 敎授法, Content-based instruction)
학습자가 관심을 가지고 있는 영역이나 전공 영역에 대한 내용을 목표 외국어로 가르치는 교수 방법. 교과 내용의 습득과 동시에 외국어를 함께 습득할 수 있는 방법으로서 과정 지향적 교수법의 하나이다. 언어 교사가 일반 교과목에 대한 충분한 지식이 없으므로 깊이 있는 내용을 다룰 수 없다는 단점이 있다. 이 교수법의 특징으로 주제 기반 언어교육(☞p.107), 내용 보호 언어교육(☞p.34), 병존 언어교육(☞p.59)을 들 수 있다. 참 주제 기반 언어교육, 내용 보호 언어교육, 병존 언어교육

086. 내용 중심 교수요목(內容 中心 敎授要目, Content-based syllabus)

학습자가 관심을 가지고 있는 영역이나 전공 영역에 대한 내용을 목표 외국어로 설계한 교수요목(☞p.23). 과정 중심 교수요목(☞p.18)의 하나이며 방법에 따라 내용 보호 언어교육(☞p.34), 주제 기반 언어교육(☞p.107), 병존 언어교육(☞p.59)의 세 가지 방법으로 나누기도 한다. **참** 교수요목, 과정 중심 교수요목, 내용 보호 언어교육, 주제 기반 언어교육, 병존 언어교육

087. 내용 지식(內容 知識, Content knowledge)

쓰고자 하는 글의 주제나 목적과 관련된 개념들에 대한 풍부하고 정확한 지식. 글쓰기를 잘 하기 위해서 가져야 할 지식 중 하나로서 맥락 지식(☞p.46), 언어 체계 지식(☞p.78), 글쓰기 과정 지식(☞p.31)과 함께 트리블(Tribble)이 주장한 네 가지 쓰기 지식(☞p.75) 중 하나이다. **참** 맥락 지식, 언어 체계 지식, 글쓰기 과정 지식

088. 내재화된 언어(內在化된 言語, Internalized language)

인간이면 누구나 가지고 있는 내면적이며 보편적인 언어. 아이들이 사용하는 언어는 학습을 통해 얻어진 문법체계에서 비롯된 것이 아니라 태어나면서 가지고 있는 언어 능력에 기인한다는 이론에서 출발한 언어에 대한 개념이다. 내적 언어(☞p.35)와 비슷한 개념이며 촘스키 언어학의 주요 개념이다. **참** 내적 언어

089. 내적 동기(內的 動機, Intrinsic motivation)

학습이 이루어지는 여러 가지 학습 동기(☞p.119) 중 외부적 요인이 아닌 내부적 요인. 반대되는 개념으로 외적 동기(☞p.83) 또는 도구적 동기(☞p.41) 등이 있다. **참** 학습 동기, 외적 동기, 도구적 동기

090. 내적 언어(內的 言語, I-language, Internalized language)

언어 사용과 생성을 인간의 내적인 특성으로 간주하는 접근 방식에

서 본 언어. 촘스키와 같은 언어학자들이 언어 능력을 인간의 내적인 능력으로 간주하여 이를 구조화하고 모든 언어에 존재하는 보편적인 원리를 찾으려는 연구는 내적 언어에 대해 연구하고자 하는 것이다. 내재화된 언어(☞p.35)와 유사한 개념이며 외재적 언어(E-language/externalized language)(☞p.83)와 대조되는 개념이다. **참** 내재화된 언어, 외재적 언어

091. 누리-세종학당(누리-世宗學堂, Nuri-Sejong Institute)

　☞ 세종학당(p.68)

092. 능숙도 평가(能熟度 評價, Language proficiency test)

　☞ 숙달도 평가(p.69)

093. 다독(多讀, Extensive reading)

글을 읽을 때 세부적이고 자세한 내용의 이해보다는 전체 내용이나 주제를 빨리 파악하기 위해 신속하게 읽는 방법. 동화·소설 읽기나 신문·잡지 읽기와 같이 재미를 위해서나 다량의 정보를 입수하기 위해서 읽는 경우가 이에 속한다. 여성 결혼이민자들의 자녀와 함께 동화 읽기, 고급 학습자들의 취미 관련 잡지 읽기 등은 다독 방법으로 지도하면 효과적이다. 정독(☞p.101)과 대조되는 개념이다. **참** 정독

094. 다문화 가정(多文化 家庭, Multi-cultural family)

부모 중 한 명 이상이 외국인이거나 탈북한 북한 주민으로 이루어진 가정. 주로 외국인 여성과의 결혼에 의해 다문화 가정이 생성되지만 최근 탈북자로 구성된 새터민 가정, 외국인 근로자 가정 등 다양한 다문화 가정을 볼 수 있다. 이들의 한국 사회 적응을 위해 정부에서는 다문화 교육(☞p.37)을 추진하고 있다. **참** 다문화 교육

095. 다문화 교육(多文化 教育, Multi-cultural education)

다문화 가정(☞p.36) 구성원 중 한국인이 아닌 외국인과 그 자녀들에 대해 한국어, 한국 문화 등 한국 사회 적응을 위해 실시하는 다양한 교육 프로그램. 다문화 가정은 정체성, 빈곤, 이혼, 자녀 교육 등 여러 가지 문제를 안고 있기 때문에 중앙 정부나 각 지자체에서 다문화 교육을 통해 한국 문화와 한국 사회의 적응을 돕고 있다. 참 다문화 가정

096. 다양한 치환 반복 연습(多樣한 置換 反復 練習, Variable substitution drill)

문법 연습에서 모방 반복 연습(☞p.48)과 단순 대치 연습(☞p.37) 다음 단계에 이용되는 훈련 방법. 모방과 대치 연습을 끝낸 후에 언어 통제, 상호작용 통제를 완화시키고 다양하게 훈련하는 방법이다. 참 모방 반복 훈련, 단순 대치 훈련

097. 다이얼로그 저널(Dialogue journal)

학생 자신이 쓰고자 하는 주제에 대해 글을 쓰면 그에 대해 교사가 답을 주고받는 글쓰기의 한 방법. 학생과의 소통의 기회가 되기도 하고 글의 내용, 언어 지식에 대한 피드백을 줄 수도 있다. 친구 간의 교환 일기와 같은 형태가 교사·학생 간에 이루어지는 형태이다.

098. 단순 대치 연습(單純 代置 練習, Simple substitution drill)

문법 연습에서 교사의 문장을 단순히 따라 하는 모방 반복 연습(☞p.48) 이후에 문법 항목이나 요소를 다른 것으로 대체하는 연습. 다음 단계는 다양한 치환 반복 연습(☞p.37)이다. 참 모방 반복 연습, 다양한 치환 반복 연습

099. 단순 받아쓰기(單純 받아쓰기, Simple dictation)

교사가 읽어주면 그대로 받아 적는 쓰기의 한 방법. 문법, 표현의

정확성과 철자의 정확성 등을 위해 초급 단계에서 주로 하는 쓰기 활동이다.

100. 단순화 전략(單純化 戰略, Reduction strategies)

학습자들이 자신에게 어려운 발음이나 어휘, 구조를 피하고 좀 더 쉬운 것으로 단순화하면서 의사소통을 원활히 하고자 하는 말하기 전략(☞p.45) 중의 하나. 대표적인 단순화 전략으로 회피 전략(☞p.125)이 있다. **참** 말하기 전략, 회피 전략

101. 단어 연상법(單語 聯想法, Free association)

교사가 화제와 관련된 몇 개(보통 세 개 정도)의 단어나 어구를 주고 연상되는 단어나 어구를 쓰게 함으로써 학습자의 배경 지식을 활성화하는 방법. 랑거(Langer)가 개발한 독서 예비 활동으로 읽기 전략(☞p.93) 중 하나이고 평가에 이용되기도 한다. **참** 읽기 전략

102. 담화 구성 능력(談話 構成 能力, Discourse construction competence)

말하기에서 학습자가 자신의 생각을 조리 있게 논리적으로 구성하는 능력. 일반적으로 말하기 평가에서는 문법적 능력과 담화 구성 능력, 사회언어학적 능력(☞p.62)을 평가한다. 담화 구성 능력에는 내용, 기능, 유창성(☞p.85)이 포함된다. **참** 사회언어학적 능력, 유창성

103. 담화 유형(談話 類型, Discourse type)

발화의 목적 및 기능에 따라 나눈 담화의 종류. 브링커(Brinker)는 실용적 담화만을 대상으로 정보적, 설득적, 책무적, 친교적, 선언적 유형으로 나누었다.

담화 유형	기능	지배적인 화행	담화 종류
정보적	정보 전달	예측, 보고, 전달, 설명, 추측, 분류	뉴스 보도, 서평, 독자 편지

설득적	설득	명령, 요청, 지시, 권고, 충고, 주장	광고, 홍보 자료, 사용설명서
책무적	책무	협박, 약속, 내기	계약서, 합의서, 상품 전단
친교적	친교	사과, 감사, 축하, 인사, 위로, 애도	축하/연애/조문 편지, 그림엽서
선언적	선언	세례, 해임, 사면, 사임, 임명, 정의	학위 증서, 증명서, 회원 증명서

104. 담화 유형 구분하기(談話 類型 區分하기)

들은 담화 내용이 어떤 유형인지를 알아맞히는 듣기 활동 유형. 학습자 수준에 맞는 담화 내용이어야 하며 내용 중 유형을 알아맞힐 수 있는 표지나 실마리가 제시되어야 한다. 광고, 안내방송, 인터뷰, 강의, 상담 내용 등 다양한 유형의 담화를 듣고 구분하는 능력을 배양하는 활동이며 평가에도 이용 가능하다. 읽기에서 이와 비슷한 활동으로 장르 구분하기(☞p.98)가 있다. 참 장르 구분하기

> 예 다음 들을 내용은 어떤 이야기입니까?
> 서울의 오늘 낮 최고 기온은 36도이고 내일도 역시 찜통더위는 계속될 것으로 예상됩니다. 이와 같은 불볕더위에는 야외활동을 자제해 주시기 바랍니다.
> ① 안내방송   ② 광고   ③ 토론   ④ 인터뷰

105. 담화적 능력(談話的 能力, Discourse competence)

자연스러운 의사소통을 하면서 구어나 문어, 적절한 어휘와 표현을 상황에 맞게 사용할 줄 아는 능력. 커네일과 스웨인(Canale & Swain)이 말한 의사소통 능력의 구성 요소(☞p.89) 중 하나이며 의사소통이 외국어 학습에 중요한 목표로 대두되면서 특히 강조되는 능력이다. 참 의사소통 능력의 구성 요소

106. 담화적 오류(談話的 誤謬, Discourse error)

학습자가 담화를 구성하는 데에 있어서 문장의 결합이나 구성과 관련해서 범하는 오류. 어휘적 오류(☞p.76), 문법적 오류(☞p.51)와 구별된다. 참 어휘적 오류, 문법적 오류

107. 담화 중심 문법 교육(談話 中心 文法 敎育, discourse-based grammar education)

언어의 정확성, 유의미성, 적절성을 종합적으로 수용하여 담화에 맞는 적절한 표현을 익히는 데에 초점을 맞추는 문법 교육. 1990년대 이후 문법 교육이 다시 강화되면서 과거의 형태나 의미 중심 교육과 함께 담화 상황에 맞는 적절한 표현을 사용할 줄 알도록 하는 문법 교육이다.

108. 담화 표지(談話 標識, Discourse index)

담화에서 발화 앞뒤를 이어주거나 설명하는 여러 가지 어휘나 표현. 담화 표지는 내용의 부연 설명, 반대 의견, 주제 전환 등에 사용되는 '그런데, 그렇지만, 그대로, 요약하면'과 같은 것이 예이며 '먼저, 우선, 다음으로, 두 번째로, 그리고 나서, 후에' 등과 같은 것도 순서를 나타내는 담화 표지이다. 담화 표지를 아는 것은 담화 내용을 이해하는 데에 매우 중요하므로 담화 표지의 기능을 이해하는 것은 듣기나 읽기에 매우 필요한 능력으로 간주된다.

109. 대체 연습(代替 練習, Substitution drill)

문장 성분이나 문법 항목의 일부를 바꾸어 발화하는 연습. 일종의 기계적 연습(☞p.32)이다. 참 기계적 연습

110. 대체 표현 제시(代替 表現 提示, Recast)

학습자의 표현 중에 나타난 오류를 직접적으로 지적하거나 수정하

지 않고 다른 표현으로 바꾸어도 무방한 것을 제시함으로써 오류를 스스로 터득하고 교정하게 하는 방법. 오류 교정(☞p.81)의 방법이면서 형태에 초점을 둔 문법 교육(☞p.122)의 방법이기도 하다. 참 오류 교정, 형태에 초점을 둔 문법 교육

111. 대화자 효과(對話者 效果, Interlocutor effect)

의사소통 상황에서 상대방이 언어적으로 또는 비언어적으로 행하는 반응이 발화에 미치는 효과. 상대방의 질문, 대답, 회피, 몸짓, 표정 등은 대화자에게 영향을 주며 대화에 미치는 효과도 크다.

112. 도구적 동기(道具的 動機, Instrumental motivation)

학습자가 취업이나 유학, 연구 등의 특별한 목표 달성을 위해 외국어를 배우려는 학습 동기(☞p.119). 도구적 동기가 특별한 목표 달성을 위한 학습 동기라면 통합적 동기(☞p.115)는 일반적 목적을 위한 학습 동기이다. 참 학습 동기, 통합적 동기

113. 도입(導入, Introduction)

학습자가 수업에 흥미를 느끼고 교사와 친숙한 관계를 맺도록 하기 위해 준비시키는 수업의 처음 단계. 이 때 교사는 학습자들이 편안하게 수업에 참여할 수 있도록 새로운 문법이나 어휘, 표현을 피하고, 전 시간에 배운 표현을 자연스럽게 이용하여 도입을 위한 질문과 예시문을 준비하는 것이 좋다. 도입 단계가 끝나면 제시(☞p.106), 연습(☞p.80) 단계로 이어진다. 참 제시, 연습

114. 동기 조건(動機 條件, Motivational condition)

문법 교육에 있어서 학습자가 학습에 흥미를 갖도록 하는 조건, 즉 동기를 유발할 수 있는 조건이나 학습의 효과를 거두게 하는 조건. 문법 교육의 원칙(☞p.49) 중 양육의 원칙(☞p.76)에서 학습을 위해 제공되

는 올바른 조건 중 하나이다. **참** 문법 교육의 원칙, 양육의 원칙

115. 동료 수정(同僚 修正, Peer-correction)

학습자들이 범한 오류(☞p.81)를 스스로 수정하거나 교사가 수정하지 않고 동료가 해 주는 수정. 자기 수정(☞p.96)과 대조되는 개념이다. **참** 오류, 자기 수정

116. 드릴(Drill)

☞ 연습(p.80)

117. 듣기 본 활동(듣기 本 活動, While-listening activity)

듣기 전 활동(☞p.43)을 마치고 하는 본격적인 듣기 수업. 이 때 교사는 듣기 전 활동을 통해 형성된 스키마를 이용하여 필요한 정보를 효과적으로 이해하는 훈련을 한다. 듣기 본 활동이 끝나면 들은 후 활동(☞p.44)으로 이어진다. **참** 듣기 전 활동, 들은 후 활동

118. 듣기 유형(듣기 類型, Listening types)

들을 내용을 듣는 자세나 목적에 따라 구분한 듣기의 여러 가지 형태. 어떻게, 왜 듣느냐에 따라 학자마다 조금씩 다르게 유형을 나눈다. 그 중 한 예를 들자면 듣기를 적극적 듣기와 비적극적 듣기로 나누고 적극적 듣기는 다시 반응 목적과 치료 목적으로 나누어 반응 목적의 듣기는 비판적 듣기(☞p.61), 분석적 듣기(☞p.60), 공감적 듣기(☞p.17), 감상적 듣기(☞p.14)로 나누고 비적극적 듣기는 식별적 듣기(☞p.72)와 주변적 듣기로 나눈다. **참** 식별적 듣기, 주변적 듣기, 비판적 듣기, 분석적 듣기, 공감적 듣기, 감상적 듣기

| 비적극적 듣기 | 식별적 듣기 | 들리는 소리만을 구별하거나 내용의 핵 |
| | 주변적 듣기 | 심보다는 부수적인 내용만 대충 듣기 |

적극적 듣기	반응 목적	비판적 듣기	비평적 듣기, 정보교환적 듣기, 역지사지적 듣기, 상호작용적 듣기, 이해적 듣기, 감정이입 듣기, 신중한 듣기 등으로 불리기도 함.
		분석적 듣기	
		공감적 듣기	
		감상적 듣기	
	치료 목적	치료적 듣기	치료, 상담이 목적

119. 듣기 전략(듣기 戰略, Listening strategies)

교사나 학습자가 듣기 능력을 키우거나 내용을 정확하게 이해하기 위해 사용하는 전략. 교사는 예측하기, 추론하기, 맥락 파악하기, 담화 유형·담화 표지(☞p.40) 인식하기 등과 같은 교수 전략(☞p.23)을 사용하고, 학습자는 배경지식 동원하기, 예측하기, 유추하기, 중요 정보 찾아내기, 담화 표지 이용하기 등 다양한 학습자 전략(☞p.120)을 이용한다.

참 담화 표지, 교수 전략, 학습자 전략

120. 듣기 전 활동(듣기 前 活動, Pre-listening activity)

듣기 활동이 본격적으로 이루어지는 듣기 본 활동(☞p.42) 전에 학습자들에게 들을 내용에 대해 배경 지식이나 어휘 정보를 제공함으로써 쉽게 들을 수 있도록 하는 사전 활동. 관련 상황을 암시하는 실물이나 사진·그림 보여주기, 관련 어휘 말하기, 그밖에 여러 가지 활동을 통해 듣기를 준비하는 단계이다. 본격적인 듣기 활동과 함께 듣기 전 활동, 들은 후 활동(☞p.44)도 매우 중요하다. 참 듣기본 활동, 배경 지식, 들은 후 활동

121. 듣기 활동(듣기 活動, While-listening activity)

☞듣기 본 활동(p.42)

122. 듣기 후 활동(듣기 後 活動, Post-listening activity)

☞들은 후 활동(p.44)

123. 들은 후 활동(들은 後 活動, Post-listening activity)

듣기 전 활동(☞p.43), 듣기 본 활동(☞p.42)을 마치고 나서 쓰기, 말하기, 읽기 등 다른 언어 기능과의 연계를 통해 실제적인 듣기 능력을 쌓게 하는 활동. 실제 언어생활에서는 듣기만 하는 것이 아니라 들은 후에는 들은 내용에 대해 질문하거나 적절한 대응을 하는데 이러한 대응 활동이나 다른 기능과의 통합 활동이 들은 후 활동으로 주로 이용된다. 참 듣기 전 활동, 듣기 본 활동

124. 딕토글로스(Dictogloss)

문법 형태, 구조, 어휘 등에 주목하면서 들려주는 내용을 메모한 후 그것을 토대로 자신의 창의적 표현 방법에 의해 글을 쓰고, 다 쓰고 난 후에 원본과 대조하면서 자신이 쓴 글의 문제점, 오류 등을 스스로 알아보는 쓰기의 한 방법. 형태에 초점을 둔 문법 교육(☞p.122)의 한 방법이다. 창조적 받아쓰기(☞p.11) 또는 창의적 받아쓰기라고도 한다. 참 형태에 초점을 둔 문법 교육, 창조적 받아쓰기

125. 딕토 콤프(Dicto-comp)

교사가 들려준 이야기나 거기에 나오는 핵심 단어, 기억나는 문장 등을 재구성하여 글을 쓰게 하는 쓰기의 한 형태. 유도된 글쓰기(☞p.84)의 하나이다. 참 유도된 글쓰기

126. 루틴(Routines)

분석되지 않고 전체로써 학습되는 일상적인 말의 유형. '어서 오세요.' '별일 없니?' '잘됐네.' 등 특정한 상황에서 전형적으로 쓰이는 언어 형식이나 표현 유형을 연습하는 것은 말하기의 상호작용을 위해 필요한 기술이다. 이 외에 상호작용을 위한 기술로 상호교섭적 기술(☞p.63)이 있다. 참 상호교섭적 기술

127. 마인드 매핑(Mind maping)

주제와 관련된 여러 개념들을 관계성에 따라 정리한 일종의 어휘 지도. 예를 들면 '가족'에 대해서 말이나 글로 표현하기 전에 관련된 개념들, 즉 '부모', '형제', '이웃', '친척', '사랑', '효도' 등과 같은 개념들을 상하좌우로 지도를 그리듯이 그려보고 그 관계를 생각하면서 표현하면 훨씬 짜임새 있는 말과 글이 될 수 있다.

128. 말뭉치(corpus)

언어학에서 연구를 위해 모아놓은 다양한 크기의 언어 자료 모음. 언어의 여러 가지 양상을 대표할 수 있는 다양한 텍스트에서 균형 있게, 일정한 규모 이상으로 자료가 모아지면 이를 말뭉치라고 하고 이러한 말뭉치는 다양한 언어 연구 자료로 이용된다.

129. 말하기 전략(말하기 戰略, Speaking strategies)

의사소통을 성공적으로 하기 위해서나 대화를 부드럽게 이끌어가기 위해 화자가 사용하는 전략. 말하기 전략에는 추측 전략, 어휘 대치 전략(☞p.76), 협동 전략과 같은 성취 전략(☞p.68)과 회피 전략(☞p.125)과 같은 단순화 전략(☞p.38)이 있다. 단어나 표현을 쉽게 풀어하기, 주의를 끌기 위한 표현이나 몸짓 사용하기, 다시 요청하기, 시간 끌기 등도 말하기 전략의 일환이다. 참 어휘 대치 전략, 성취 전략, 회피 전략, 단순화 전략

130. 말하기 활동 유형(말하기 活動 類型, Speaking activity types)

효과적인 말하기 수업을 위해 개발된 다양한 연습(☞p.80)과 활동의 종류. 학습자의 말하기 능력, 목표 문법이나 표현, 상황에 따라 교사가 필요한 유형을 선정하여 이용하는데 인터뷰, 정보 차 활동(☞p.103), 역할극(☞p.79), 게임, 발표, 토론과 같은 여러 종류의 활동이 있다. 참 연습, 정보 차 활동, 역할극

131. 맞호응(맞呼應, Back-channel)

구어적인 의사소통 상황에서 청자가 발화 내용에 대해 하는 적절한 대응(feedback). 청자는 화자의 말을 잘 듣고 있으며 화자가 계속 이야기를 이끌어 가도록 동기를 부여하기 위해 언어적인 방법과 비언어적인 방법으로 적절한 대응을 한다.

132. 매개 언어(媒介 言語, Meta-language)

한 언어를 분석하거나 설명하는 데에 사용되는 언어. 한국어교육의 초급에서 발음 규칙, 어휘 등을 설명할 때 영어를 매개 언어로 사용하는 경우가 있다. 메타 언어(☞p.46)라고도 한다. 참 메타 언어

133. 맥락 지식(脈絡 知識, Contextual knowledge)

여러 개의 문장을 엮어서 하나의 완성된 텍스트로 꾸미기 위해 주제와 목적에 맞도록 문장들을 연결해서 표현할 수 있는 지식. 맥락에 대한 지식은 모든 글쓰기에서 필요하지만 고급 수준에서 긴 내용의 글을 쓸 때에 특히 중요하다. 내용 지식(☞p.35), 언어 체계 지식(☞p.78), 글쓰기 과정 지식(☞p.31)과 함께 트리블(Tribble)이 주장한 네 가지 쓰기 지식(☞p.75) 중 하나이다. 참 내용 지식, 언어 체계 지식, 글쓰기 과정 지식, 쓰기 지식

134. 메타 언어(메타 言語, Meta-language)

한 언어의 규칙이나 문법을 설명하기 위해 사용되는 언어. 문법적 메타 언어는 주어, 목적어, 동사, 명사 등과 같은 문법 용어를 말하는데 가급적 학습자들에게 부담을 주지 않기 위해서는 문법 용어 즉 문법적 메타 언어를 직접 사용하기보다는 개념을 이해시키기 위해 도표, 차트, 색지 등을 이용한 암시적 설명 방법을 쓰는 것이 더욱 효과적이다. 예를 들어 초급에서는 명사, 동사, 형용사라는 메타 언어를 사용하는 대신 품사마다 다른 색지를 이용하여 어휘를 제시하면 자연스럽게

품사를 구별하는 효과가 있다. 매개 언어(☞p.46)라고도 한다. 참 매개
언어

135. 면대면 학습(面對面 學習, Face-to-face learning)

컴퓨터, 전화, 책 등을 통해서 외국어를 공부하는 것이 아니라 직접
교사를 보면서 교사의 소리를 직접 들으며 공부하는 학습 방법. 면대
면 수업이 학습 효과가 큰 것은 사실이나 학습자가 사는 지역이나
처해진 상황이 교사를 직접 만날 수 없는 경우에는 컴퓨터나 다른
학습 도구를 이용할 수밖에 없다. 최근 공간적, 시간적 제약으로 면대
면 학습이 불가능한 학습자들을 위해 온라인(on-line) 학습이 활발히
전개되고 있다.

136. 명시적 문법 교육(明示的 文法 敎育, Explicit grammar instruction)

수업 중 문법 항목을 배우고 문법 용어를 써서 문법에 대해 명시적으
로 가르치는 교육 방법. 암시적 문법 교육(☞p.75)과 반대되는 개념이다.
명사, 동사, 형용사와 같은 메타 언어(☞p.46)를 써서 가르치는 것이 명시
적인 문법 교육이라면 그림, 도표, 색지 등을 이용한 문법적 설명은
일종의 암시적 문법 교육이라고 할 수 있다. 참 암시적 문법 교육, 메타 언어

137. 모니터 가설(모니터 假說, Monitor hypothesis)

자연스러운 습득이 아니라 의도적인 학습에 의해 습득된 언어 지식
은 모니터 기능, 즉 발화에서 나타나는 오류를 찾아내거나 수정하는
기능만 할 뿐 진정한 의미의 언어 습득이 될 수 없다는 가설. 의사소통
교수법의 하나인 자연적 접근법(natural approach)(☞p.97)의 이론적 기
반이 되는 크라센(Krashen)이 주장한 다섯 가지 제2언어 습득 가설(☞
p.105) 중 하나이며 다섯 가지 습득 가설을 총칭하기도 한다. 참 자연적
접근법, 제2언어 습득 가설

138. 모둠 활동(모둠 活動, Group work)

보통 4~8명 정도의 인원이 한 팀이 되어서 서로 협동하여 과제를 해결하는 활동으로서 정확성보다는 유창성을 키우게 하는 활동. 짝 활동(☞p.110)보다는 많고 전체 활동(☞p.100)보다는 적은 인원이 참여하며 우수한 학생과 언어 능력이 다소 떨어지는 학생을 섞어서 편성한다. 심각한 오류가 아니면 활동을 방해하지 않아야 하며 그룹 구성원이 골고루 활동에 참여할 수 있도록 적절히 개입하는 등 교사가 유의할 점이 있다. 그룹 활동(☞p.30)이라고도 한다. 챔 짝활동, 전체 활동, 그룹 활동

139. 모방 반복 연습(模倣 反復 練習, Imitation exercise)

교사의 모델 문장을 따라 하거나 개별적으로 반복해서 하는 연습 방법. 학습 초반기에는 문법 유형의 반복 훈련을 필요로 하는데 모방 반복 연습은 단순 대치 연습(☞p.37), 다양한 치환 반복 연습(☞p.37)을 통해 차츰 훈련의 강도를 높인다. 챔 단순 대치 연습, 다양한 치환 반복 연습

140. 모방 반복 훈련(模倣 反復 訓練, Imitation drill)

☞모방 반복 연습(p.48)

141. 목표어 화자와 접촉(目標語 話者와 接觸)

외국어와 외국 문화 습득을 위해 교실 밖에서 모어 화자와 만나 실제적인 목표 언어 사용을 익히고 제한된 교실 수업의 한계를 극복하는 문화 교육의 한 방법. 목표어 화자와의 접촉에는 방문객 만나기(☞p.57), 메일·편지·문자 교환하기, 언어 교환(☞p.77)하기, 버디 프로그램(☞p.58) 이용하기 등이 있다. 챔 방문객 만나기, 언어 교환, 버디 프로그램

142. 몰입 교육(沒入 敎育, Immersion program)

모국어가 아닌 외국어로 교과 수업을 진행하는 방식. 외국인 학습자에게 한국어로 수학, 역사, 과학 등 교과 내용을 가르치는 것이

그 예이다.

143. 문맥의 원칙(文脈의 原則, The rule of context)

문법은 문맥 속에서 가르쳐야 한다는 썬버리(Thornbury)의 문법 교육 원칙(☞p.49) 중 하나. 문법이나 문법 형태를 문맥 속에서 의미와 관련짓고, 다른 형태와의 의미 차이와 구별하면서 가르칠 때 교육 효과가 크다는 생각에 근거한다. '상황의 원칙(☞p.65)'과 일맥상통하는 원칙이다. ▣참 상황의 원칙

144. 문법 교육 반대론(文法 敎育 反對論)

문법 교육이 외국어 교육에서 필요 없다고 반대하는 이론. 실천 방법 지식론(☞p.73), 의사소통론(☞p.89), 습득론(☞p.71), 자연적 순서론(☞p.97), 어휘 청크론(☞p.77), 학습자 기대치론(2)(☞p.120)과 같은 이론적 배경에 근거해서 문법 교육을 반대하는 이론이다. 이에 맞서는 문법 교육 찬성론(☞p.49)도 있다. ▣참 실천 방법 지식론, 의사소통론, 습득론, 자연적 순서론, 어휘 청크론, 학습자 기대치론(2), 문법 교육 찬성론

145. 문법 교육의 원칙(文法 敎育의 原則)

썬버리(Thornbury)가 효과적인 문법 교육을 위해 제시한 원칙. 문맥의 원칙(☞p.49), 사용의 원칙(☞p.61), 경제의 원칙(☞p.17), 관련성의 원칙(☞p.20)이 그것이며 그밖에 양육의 원칙(☞p.76), 적절성의 원칙(☞p.99), 상황의 원칙(☞p.65) 등을 문법 교육의 원칙으로 제시하기도 한다. ▣참 문맥의 원칙, 사용의 원칙, 경제의 원칙, 관련성의 원칙, 양육의 원칙, 적절성의 원칙, 상황의 원칙

146. 문법 교육 찬성론(文法 敎育 贊成論)

외국어 교육에서 문법을 가르치는 것이 필요하다는 이론. 문장 제조기론(☞p.52), 정치한 조절 기능론(☞p.104), 오류 문법 화석화론(☞p.82), 선행조직자론(☞p.66), 개별 문법 항목론(☞p.15), 문법 규칙론(☞p.50), 학습자

기대치론(1)(☞p.120)과 같은 이론에 근거해서 문법 교육을 찬성하는 이론이며 이에 맞서는 문법 교육 반대론(☞p.49)도 있다. **참** 문장 제조기론, 정치한 조절 기능론, 오류 문법 화석론, 선행조직자론, 개별 문법 항목론, 문법 규칙론, 학습자 기대치론(1), 문법 교육 반대론

147. 문법 규칙론(文法 規則論, The rule-of-law argument)

문법과 같이 조직적이며 구조화된 체계를 학습자에게 전달하는 것은 교사의 입장에서 효율적이라고 보는 이론. 문법 규칙은 단계별로 조직적으로 가르치고 평가할 수 있어서 지도하는 입장에서 필요한 체계를 제공하므로 문법 교육이 필요하다는 문법 교육 찬성론(☞p.49)을 지지하는 이론이다. **참** 문법 교육 찬성론

148. 문법 규칙 선정 기준(文法 規則 選定 基準)

문법 교육에서 교사가 문법 규칙을 선정할 때 고려해야 할 여섯 가지 기준. 사실성(truth), 제한성(limitation), 명료성(clarity), 단순성(simplicity), 친근성(familiarity), 관련성(relevance)을 고려하여 학습자들에게 필요한 문법 규칙인지 확인한다. 이 여섯 가지 기준은 '유용한 문법 규칙의 특성'으로 제시되기도 한다.

149. 문법 번역식 교수법(文法 飜譯式 敎授法, Grammar translation method)

번역이나 문법의 정확한 습득이 교육의 목표이기 때문에 독해, 문법 규칙의 습득을 강조하는 교수법. 19세기 유럽에서 라틴어나 그리스어를 가르칠 때 사용했던 전통적인 외국어 교수법이다. 의사소통보다는 독해에 중점을 두었기 때문에 구어 교육을 강조하는 최근의 외국어 교육에서 이 교수법에 대한 반발로 의사소통 교수법(☞p.88), 자연적 접근법(☞p.97), 직접 교수법(☞p.109) 등이 나타났다. **참** 의사소통 교수법, 자연적 접근법, 직접 교수법

150. 문법 범주(文法 範疇, Grammatical category)

특정 언어에서 같거나 비슷한 기능을 수행하는 항목들의 집합. 시제, 상, 격, 인칭 등과 같은 것을 말한다. 기능이 비슷한 단어의 집합인 품사(명사, 동사, 형용사 등)를 문법 범주로 보는 이들도 있고 변형생성문법에서는 문장(S), 명사구(NP), 동사(V)를 문법 범주로 보기도 한다.

151. 문법적 교수요목(文法的 教授要目, Grammatical syllabus)

문법적 형태에 초점을 두고 정리한 교수요목. 문법 형태, 구조 등에 초점을 맞추었기 때문에 구조적 교수요목(☞p.29)이라고도 한다. 문법적 난이도와 빈도에 따라 언어 구조를 중심으로 설계한 것으로 과거 영어 교육에서 문법 항목별로 구성된 교재에 반영된 교수요목이 이에 해당한다. 참 구조적 교수요목

152. 문법적 능력(文法的 能力, Grammatical competence)

커네일과 스웨인(Canale & Swain)이 말한 의사소통 능력의 구성 요소(☞p.89) 중 하나. 학습자가 목표 문법이 가지고 있는 문장 구조, 어휘 결합 규칙, 변화형, 그 밖의 다양한 언어적 규칙성을 사용할 줄 아는 능력을 말한다. 언어 교육에서 각 기능별로 교육 목표와 평가에서 반드시 다루는 분야이다. 참 의사소통 능력의 구성 요소

153. 문법적 오류(文法的 誤謬, Grammatical error)

학습자가 단어를 결합하는 과정에서 범하는 오류나 문장 구조와 관련해서 범하는 오류. 어휘적 오류(☞p.76), 담화적 오류(☞p.40)와 구별된다. 참 어휘적 오류, 담화적 오류

154. 문법 항목(文法 項目, Grammatical item)

문법 내용을 가르치기 위해 구성된 모든 구체적인 항목. 문법적

기능을 담당하는 형태소인 문법 요소와 구별하기도 하는데 문법 항목
은 문법 내용과 관련된 문법 요소를 선정하여 이를 교육적으로 유용한
형태로 재구성한 것이다. 한국어 교육에서 문법 항목은 '-에서, 그런
데, 안'과 같이 단어 형태로 이루어진 것도 있고, '-(으)ㄴ 적이 있다,
-기 때문에', '오래간만입니다'와 같이 구나 문장 형태로 이루어진
것도 있다.

155. 문어적 특징(文語的 特徵)

한국어에서 글말, 즉 문어체에서만 나타나는 여러 가지 특징. 문어
즉 글말에서는 구어체에서는 쓰이지 않는 특정 형태나 문법, 어휘를
사용하는 특징이 있는데 조사의 생략이 적고 줄인 형태를 사용하지
않으며, 문어체에서 주로 사용하는 어휘(매우, -는데도 불구하고, -을
뿐만 아니라 등)를 사용하는 등의 특징이 있다.

156. 문어체(文語體, Literary style)

발화에서 쓰이는 어휘와 표현을 사용하는 것이 아니라 생각을
정리한 후에 표준 발음, 어법에 맞게 글로 표현할 때 사용하는 형태.
문장 길이, 종결어미, 접속사, 어휘 등에서 구어체(☞p.28)와 구별된다.
참 구어체

157. 문장 제조기론(文章 製造機論, The sentence-machine argument)

언어는 일정한 규칙에 의해 조직되므로 그 규칙을 습득하면 새로운
문장을 무한히 만들어 낼 수 있다는 이론. 문법 교육이 필요하다는
주장을 강력히 뒷받침하는 이론이다. 문법 교육 찬성론(☞p.49)으로 제기
되는 이론 중 하나이다. 참 문법 교육 찬성론

158. 문제 상황 만들기(問題 狀況 만들기, Problematising)

학습자에게 새로운 규칙이나 언어 정보를 주는 재구조화(☞p.99) 활동

의 하나. 재구조화를 위해 교사가 학습자에게 문제 상황을 주고 이를 해결함으로써 새로운 규칙이나 언어 정보를 습득하게 한다. 재구조화의 다른 특징으로 밀어주기(☞p.57), 발판 놓기(☞p.57)가 있다. 참 재구조화, 밀어주기, 발판 놓기

159. 문화 감지 도구(文化 感知 道具, ICS: Inter-Cultural Sensitizer)

외국어 학습자들이 자국 문화와 목표 언어의 문화 사이에서 겪을 수 있는 문제점을 상황이나 사례 형태로 기술한 후 그에 대한 반응을 학습자들에게 선택하게 하고 피드백을 하는 문화 훈련의 한 방법. 문화 동화장치(☞p.54)라고 부르기도 한다. 참 문화 동화장치

> 예 다음 상황에 가장 좋은 대응이 무엇인지 골라 보세요.
> <상황> 저는 한국 대학생과 같은 사는 외국학생입니다. 제 룸메이트는
>   제가 사 놓은 음식을 제 허락 없이 마음대로 냉장고에서 꺼내
>   먹습니다. 어떻게 할까요?
> ① 마음대로 음식을 먹었다고 화를 낸다.
> ② 같은 음식을 사서 넣어 놓으라고 한다.
> ③ 한국에서는 음식은 서로 나누어 먹는다고 하니까 화가 나도 참는다.
> ④ 다른 사람의 음식을 먹을 때는 먹어도 되는지 서로 물어보자고 한다.

160. 문화 고정관념(文化 固定觀念, Culture stereotype)

타문화에 대해 가지고 있는 틀에 박힌 관념. 타문화나 타문화 구성원들의 특성을 지나치게 단순화하거나 과장해서 인식하고 있는 경우에는 올바른 문화 교육이 이루어지지 않을 수 있고 목표 문화 이해에 장애가 된다.

161. 문화 교육(文化 教育, Cultural education)

문화적 차이에서 오는 갈등과 오해를 막고 상대방 문화에 대해 정확하게 이해하기 위해 타당성과 객관성에 근거해서 목표 문화를 알도록 하는 교육. 언어 교육과 문화 교육은 매우 밀접한 관계를

가지기 때문에 한국어 교육에서 한국문화 교육은 중요한 교육과정의 하나이고 한국문화를 가르치는 것은 학습자들의 한국어 학습에도 도움이 된다. 문화 교육 방법으로 문화 동화장치(☞p.54) 즉, 문화 감지 도구(☞p.53)나 문화 캡슐(☞p.55)을 이용하기도 하고 문화 섬(☞p.55)처럼 교실 공간을 활용하기도 하며 목표어 화자와 접촉(☞p.48)을 함으로써 목표 문화를 체험하게 하기도 한다. 🔲 문화 동화장치, 문화 감지 도구, 문화 캡슐, 문화 섬, 목표어 화자와 접촉

162. 문화 능력(文化 能力, Cultural competence)

목표 언어 사용자의 심리, 목표 언어가 통용되는 사회, 목표 언어를 사용하는 사회의 문화적 현실체 등과 목표 언어를 연결시키는 능력. 문화 능력은 언어 교육과정에서 우연히 생성되고 발달하는 것이 아니라 교사의 치밀한 문화 교육(☞p.53)에 대한 계획과 지도를 통해서 이루어진다. 🔲 문화 교육

163. 문화 다원주의(文化 多元主義, Multiculturalism)

자신이 속해 있지 않은 다른 문화의 독특하고 고유한 문화적 특성을 인정하고 존중해야 한다는 생각이나 태도. 문화 다원주의가 외국어 교육을 촉진시키는 요인이 되었고 최근 들어 한국에서 다문화 교육(☞p.37) 프로그램의 활성화는 문화적 다원주의를 인정함으로써 나타난 결과이다. 문화적 다원성(☞p.56)과 유사한 개념이다. 🔲 다문화 교육, 문화적 다원성

164. 문화 동화장치(文化 同化裝置, Culture assimilators)

학습자들이 오해할 수 있는 문화 간의 결정적인 사건들을 짧게 기술한 것으로 외국 문화에 쉽게 적응시키기 위해 심리학자들이 개발한 문화 교육 프로그램. 문화 상호간에 오해를 불러일으키는 사건을

기술하고 네 개의 가능한 해석을 제시한 후 학습자 스스로 올바른 것을 고르게 함으로써 문화 차이에 대해 이해하게 하는 문화 교육 프로그램이다. 문화 동화장치는 후에 문화 감지 도구(☞p.53)로 재명명되었다. **참** 문화 감지 도구

165. 문화 상대주의(文化 相對主義, Cultural relativism)

문화적 상대성(☞p.56)을 인정하여 다른 문화를 그 자체로 이해하고 수용하는 사고방식 또는 주의. 문화 다원주의(☞p.54)와 일맥상통하는 견해이다. **참** 문화적 상대성, 문화 다원주의

166. 문화 섬(文化 섬, Culture island)

본래의 의미는 특정한 문화 수용 집단이 주위의 이질 문화에 둘러싸여 섬처럼 위치해 있는 것을 이르나 외국어 교육에서는 문화 교육(☞p.53) 방법의 하나로 교실 주위를 목표 문화에 익숙해질 수 있도록 섬처럼 꾸며 놓은 상태. 학습자의 수준에 맞추어 목표 문화를 나타내는 전형적인 물건, 사진, 게시물 등을 보여주어 이들을 이용하여 자연스런 문화적 수용을 꾀한다. **참** 문화 교육

167. 문화 이해 단계(文化 利害段階)

외국어 학습자들이 타문화를 이해하는 과정에서 보이는 변화의 네 단계. 오마지오(Omaggio Hadley)는 ①피상적으로 고정관념을 갖는 단계, ②자국 문화와 목표 문화 사이의 차이를 인식하는 단계로 목표 문화에 대해 다소 비판적인 태도를 보이는 단계, ③목표 문화에 대해 지적으로 분석하는 단계로 목표 문화를 긍정적으로 이해하는 단계, ④목표 문화 사람들의 시각으로 바라보는 감정 이입 단계, 즉 문화적 몰입(☞p.56)을 하는 단계별 변화에 의해 타문화를 차츰 이해하게 된다고 본다. **참** 문화적 몰입

168. 문화적 다원성(文化的 多元性, Cultural pluralism)

☞문화 다원주의(p.54)

169. 문화적 몰입(文化的 沒入, Cultural immersion)

목표 문화권 사람들과 같은 시각이나 정서로 빠져들어 목표 문화를 이해하는 자세. 외국어 교육에서 목표 문화에 대한 지적인 분석 등의 단계를 넘어 감정을 이입하여 음미하는 단계이고 오마지오(Omaggio Hadley)가 말한 외국어 학습자들의 문화 이해 단계(☞p.55) 중 마지막 단계에 해당한다. 참 문화 이해 단계

170. 문화적 상대성(文化的 相對性, Cultural relativism)

한 문화에 대한 기준, 태도, 신념은 그 문화 자체로 이해되어야 하고 한 문화를 다른 문화를 연구하거나 기술하는 척도로 이용할 수 없다는 이론. 문화의 상대적 가치를 인정하기 때문에 보편적인 문화의 가치나 신념은 있을 수 없다고 여기거나 중요하지 않다고 본다. 문화 상대주의(☞p.55)와 유사한 개념이다. 참 문화 상대주의

171. 문화적 정형(文化的 定型, Cultural stereotypes)

개인이 속한 사회나 집단이 가지고 있는 일반적이고 보편적인 특성을 개인 모두의 보편적 특성으로 과잉 일반화 시킨 정형. 예를 들면 한국 사람들이 대체로 술을 좋아하지만 한국 사람 누구나가 다 술을 좋아한다고 보는 것은 문화적 정형으로 판단한 것이다. 언어교육 현장에서 교사나 학습자 개인의 문화적 특성을 문화적 정형으로 평가하는 것은 타문화 이해와 목표 언어 습득에 저해 요소가 될 수 있으므로 주의할 필요가 있다.

172. 문화 캡슐(文化 캡슐, Culture capsule)

학습자 자국 문화와 목표 문화 중 대조적인 것을 골라 읽기 · 듣

기·시각 자료로 주고 이를 가지고 말하기, 쓰기 활동을 하게 하는 문화 교육(☞p.53)의 한 방법. 초급이나 저급에서는 사진, 실물, 그림이나 간단한 자국어 읽기 자료를 이용할 수도 있다. 👉 문화 교육

173. 밀어주기(Push)

연습이나 활동에서 학습자가 자신의 언어 수준이나 능력보다 더 어려운 문장을 생성하거나 이해할 수 있도록 도와주는 교사의 역할. 발판 놓기(☞p.57), 문제 상황 만들기(☞p.52)와 함께 재구조화(☞p.99) 활동 중 하나이다. 👉 발판 놓기, 문제 상황 만들기, 재구조화

174. 발견 학습(發見 學習, Discovery learning)

학습자들이 관찰이나 추론 등을 통해 탐구하거나 발견하는 것을 촉진하여 학생 중심의 학습이 되도록 유도하는 학습 이론의 하나. 교사는 조력자 역할만 하고 학습자 스스로 계획, 실행, 평가하면서 자신의 학습 과정에서 발견을 통해 학습 결과의 만족도를 높이는 학습 방법이다.

175. 발판 놓기(Scaffolding)

연습이나 활동 중 학습자가 힘든 상황에 처할 때 교사가 활동을 지속시키기 위해 학습자들이 말한 것을 반복하거나 고쳐 말하거나 확장시켜 주는 학습 방법. 문제 상황 만들기(☞p.52), 밀어주기(☞p.57)와 함께 재구조화(☞p.99) 활동의 하나이다. 👉 문제 상황 만들기, 밀어주기, 재구조화

176. 방문객 만나기(訪問客 만나기)

최소한 한 달에 한 번 정도 목표어 사용자를 교실에 초대해서 대화를 하거나 토의하게 하는 문화 교육(☞p.53) 방법. 교사는 방문객의 발음, 태도 등이 외국인을 위한 수업에 적합한지 따져 보고 학습자들은 방문객과 수업할 내용에 대해 사전 준비를 치밀하게 하여 원만한

대화나 토의가 이루어질 수 있도록 철저히 준비해야 한다. 문화 교육의 하나인 목표어 화자와 접촉(☞p.48)을 통해 할 수 있는 교육 방법 중 하나이다. 참 문화 교육, 목표어 화자와의 접촉

177. 배제적 간섭(排除的 干涉, Interference)

부정적 전이인 간섭(☞p.13) 현상의 하나로 구조, 규칙 의미가 모국어에 없기 때문에 일어나는 간섭. 외국인 학습자들이 조사, 존대법에서 오류가 많은 것은 그들 언어에 이 규칙이 없기 때문에 빚어지는 배제적 간섭 현상의 결과라 할 수 있다. 간섭의 또 다른 형태로 침입적 간섭(☞p.113)이 있다. 참 간섭, 침입적 간섭

178. 배치 고사(配置 考査, Placement test)

☞ 배치 시험(p.58)

179. 배치 시험(配置 試驗, Placement test)

언어 교육의 특정 프로그램이나 과정에서 학습자들의 수준을 파악하여 적정한 반이나 급에 배치할 목적으로 실시하는 시험. 진단 평가(☞p.109)의 하나로 쓰기, 말하기, 듣기, 읽기 능력을 알아보기 위해 필답 시험, 면접, 듣기 등이 이용된다. 참 진단 평가

180. 버디 프로그램(Buddy program)

대학 기관을 중심으로 해당 대학교에서 공부하는 외국인과 재학생을 친구로 맺어주고 이들이 규칙적으로 만나 한국어는 물론, 한국 문화, 한국 생활 등 언어, 문화, 생활 전반에 걸쳐 도움을 주는 프로그램. 문화 교육(☞p.53) 방법 중에서 목표어 화자와 접촉(☞p.48)하는 방법의 하나인데 프로그램 담당자의 적절한 관리가 필요하다. 참 문화 교육, 목표어 화자와 접촉

181. 범주화(範疇化, Categorization)

여러 교육 항목들을 특성이나 용법에 따라 분류하거나 체계화한 방식. 예를 들면 어휘의 성격에 따라 동사, 명사, 부사 등으로 나누거나 기능에 따라 추측하기, 거절하기, 사과하기 등으로 다양하게 범주화할 수 있다.

182. 변형 연습(變形練習, Transformation drill)

교사가 제시하는 문장을 다른 형태의 문장으로 바꾸는 연습. 이때 교사의 지시에 따라 비슷한 뜻의 문장으로 바꾸거나 평서문을 의문문으로, 긍정문을 부정문으로, 현재형을 과거나 미래형으로 바꾸는 등의 연습을 할 수 있다.

> 예 대학원에 가려고 합니다. → 대학원에 가고자 합니다.
> 택시 타기가 힘들어요. → 택시 타기가 힘들지요?
> 친구를 만나요. → 친구를 만났어요. / 친구를 만날 거예요.

183. 병존 언어교육(竝存 言語敎育, Adjunct language instruction)

전공별 학과와 연계하여 어학수업과 전공수업을 함께 하는 교육 방법. 주로 학문목적 한국어 교육에서 내용 보호 언어교육(☞p.34), 주제 기반 언어교육(☞p.107)과 함께 내용 중심 교수법(☞p.34)의 하나로 이용되는 방법이다. 참 내용 보호 언어교육, 주제 기반 언어교육, 내용 중심 교수법

184. 보고형 평가(報告形 平價, Report form test)

교사가 학습자에게 일정한 주제를 주고 그에 대해 연구, 보고하도록 한 후 연구 과정, 결과를 종합적으로 평가하는 방법. 중급 이상 고급 학습자에게 적용할 수 있는 평가 방식이며 주제에 따라, 보고 방식에 따라 학습자에게 맞도록 난이도를 조절할 수 있다. 말하기와 쓰기 등을 통합적으로 평가할 수 있는 수행 평가(☞p.69) 방식이다. 참 수행 평가

185. 부정적 피드백(否定的 피드백, Negative feedback)

교사와 학생 간에 서로 이전에 한 행동이나 학습 결과에 대해 부정적으로 반응함에 따라 다음 단계의 행동이나 학습이 강화되지 않는 피드백의 한 형태. 긍정적 피드백(☞p.31)에 반대되는 개념이다. 참 긍정적 피드백

186. 분석적 듣기(分析的 듣기, Analytical listening)

내용을 이해하거나 정보를 처리할 목적으로 듣는 듣기 유형(☞p.42)의 하나. 설명이나 정보 제공을 위한 발화 등을 들을 때 요구되는 듣기 유형이므로 분석적 듣기는 들으면서 정보를 조직하고 재배열하는 작업이 필요하다. 또 다른 듣기 유형으로 감상적 듣기(☞p.14), 공감적 듣기(☞p.17), 비판적 듣기(☞p.61), 식별적 듣기(☞p.72) 등이 있다. 참 듣기 유형, 감상적 듣기, 공감적 듣기, 비판적 듣기, 식별적 듣기

187. 분석적인 학습자(分析的인 學習者, Analytical learners)

문장 규칙이나 구조, 어휘의 형태적 특성 등에 관심을 가지고 제약을 정확히 습득하여 최대한 오류를 줄이려는 학습자. 정확성(☞p.104)에 관심이 있는 학습자로서 누난(Nunan)이 말한 네 가지 학습자 유형(☞p.120) 중 하나이다. 참 정확성, 학습자 유형

188. 분석적 평가(分析的 評價, Analytical assessment)

학습자가 쓴 글이나 발화한 문장을 특정한 분야나 범주별로 분석하고 평가하여 점수를 부여하는 평가 방식. 총체적 평가(☞p.112)와 대조되는 평가 방법이고 직접 평가(☞p.109)에서 주로 이루어진다. 참 총체적 평가, 직접 평가

189. 브레인스토밍(Brainstorming)

폭풍이 몰아치듯 특정한 주제나 문제에 대한 생각을 쏟아 놓는

아이디어 창출 방법. 학습자들의 떠오르는 생각들을 자유롭게 표현하고 이끌어 내는 과정에서 교사가 제시하는 쓰기나 말하기 활동을 보다 더 능동적이며 창의적으로 할 수 있기 때문에 외국어 교육에서 브레인스토밍을 이용하는 것은 매우 효과적인 방법이다.

190. 비판적 듣기(批判的 듣기, Critical listening)

말하는 내용을 비판적으로 판단하거나 비교, 평가를 하기 위한 목적으로 듣는 듣기 유형(☞p.42)의 하나. 정치적 연설이나 토론 등에서 볼 수 있는 듣기 유형이며 다른 듣기 유형으로는 감상적 듣기(☞p.14), 공감적 듣기(☞p.17), 분석적 듣기(☞p.60), 식별적 듣기(☞p.72) 등이 있다.

참 듣기 유형, 감상적 듣기, 공감적 듣기, 분석적 듣기, 식별적 듣기

191. 빈칸 메우기 검사(빈칸 메우기 檢査, Cloze test)

☞클로즈 테스트(cloze test)(p.114)

192. 사용의 규칙(使用의 規則, The rules of use)

실제 사용을 통해 나타난 여러 가지 언어의 특성을 정리한 규칙. 형태적 규칙(☞p.123)과 대조되는 개념으로 과거에 형태적 규칙을 강조하던 문법 교육이 최근에는 사용의 규칙을 중심으로 가르쳐야 한다는 사용의 원칙(☞p.61)을 지지하고 있다. **참** 형태적 규칙, 사용의 원칙

193. 사용의 원칙(使用의 原則, The rule of use)

경험에 입각해서 실제 사용을 통해 도출해 낸 언어의 규칙, 즉 사용의 규칙(☞p.61)을 모아 학습자에게 맞도록 가르쳐야 한다는 썬버리(Thornbury)의 문법 교육의 원칙(☞p.49) 중 하나. 지금까지의 문법 교육은 형태적 규칙(☞p.123)에 입각하여 가르치고 연습을 하는 방법이었으나 사용의 원칙에 입각한 문법 교육은 사용과 경험을 바탕으로 가르치기 때문에 정확하고 명료한 규칙을 가르칠 수 없을 때도 있지만 의사

소통 교수법을 통해 이러한 단점을 보완할 수 있고 실제적인 언어 사용을 위해서는 더 효과적이라고 생각하여 최근의 문법 교육에서 지지하고 있다. **참** 사용의 규칙, 문법 교육의 원칙, 형태적 규칙

194. 사회·문화적 거리(社會·文化的 距離, Sociocultural distance)

모국어를 사용하는 사회와 목표 언어를 사용하는 사회의 문화 사이에서 학습자가 느끼는 정의적 또는 인지적 거리감. 인성, 동기, 불안 등과 함께 학습에 영향을 주는 정의적 요인(☞p.104)으로 두 문화 사이에서 느껴지는 거리감이 클수록 외국어 학습에 어려움이 크다. **참** 정의적 요인

195. 사회언어학적 능력(社會言語學的 能力, Sociolinguistic competence)

커네일과 스웨인(Canale & Swain) 이 말한 의사소통 능력의 구성 요소(☞p.89) 중 하나이면서 말하기 평가 항목 중 하나. 발화 시 이야기의 주제, 상황, 배경, 발화 참가자들의 관계에 따라 어휘나 문장 형태 등을 적절히 선택하거나 사용할 수 있는 능력을 말한다. 최근 의사소통 능력의 배양이 외국어 학습에 중요한 목표로 부각되면서 문법적 능력(☞p.51)에 버금가는 중요한 언어 능력으로 간주되고, 말하기 평가에서도 문법적 능력, 담화 구성 능력(☞p.38)과 함께 경어법, 문화적 지시어, 상황에 맞는 적절한 표현의 구사력과 같은 사회언어학적 능력을 평가의 중요한 항목으로 다룬다. 사회언어학적 능력은 사회언어학(☞p.198)을 통해 연구되고 있다. **참** 의사소통 능력의 구성 요소, 문법적 능력, 담화 구성 능력, 사회언어학

196. 상대 평가(相對 評價, Normative evaluation)

평가하고자 하는 집단의 평균을 평가의 기준으로 삼고 평가 대상이 그 기준에서 어느 수준에 해당하는지를 평가하는 방법. 일반 학교에서 행해지는 평가는 대부분 상대 평가이다. 규준 지향 평가(☞p.30)라고도 하는데 준거 지향 평가(☞p.107)와 같은 절대 평가(☞p.100)와 대조되는

개념이다. 참 규준 지향 평가, 준거 지향 평가, 절대 평가

197. 상향식(上向式, Bottom-up)

언어 이해나 학습 과정에서 작은 정보를 이용해서 차츰 더 큰 정보를 이해하거나 학습하는 방식. 음소, 단어, 구, 문장, 텍스트 순으로 작거나 쉬운 단계에서부터 차츰 복잡하고 어려운 단계의 이해나 학습으로 발전시켜 나가는 방식이다. 정보 처리 과정(☞p.103)에서 상향식, 하향식(☞p.118), 또는 상호작용식(☞p.64) 방법이 이용되며 쓰기, 듣기, 읽기, 말하기 등의 기능 수업 모형에서 상향식 모형, 하향식 모형 등으로 적용하기도 한다. 참 정보 처리 과정, 하향식, 상호작용식

198. 상향식 모형(上向式 模型, Bottom-up model)

☞ 상향식(p.63)

199. 상호교섭적 기술(相互交涉的 技術, Negotiation skill)

말하기에서 상호작용을 위해 필요한 기술 중 하나로 모든 구어적 상황에서 화자와 청자 사이에 일어날 수 있는 의사소통과 관련된 문제 해결을 위한 기술. 상호교섭적 기술은 역할극, 담화, 토론 등 여러 가지 과제 수행 활동을 통해 지식을 축적하고 오류를 수정하며 언어의 정확성을 익힘으로써 올바른 언어 사용 능력을 키워 나가게 한다. 또 다른 상호작용을 위한 기술로 전형적인 유형 즉 루틴(☞p.44)을 조직하는 기술이 있다. 참 루틴

200. 상호 대응 유형(相互 對應 類型)

교실에서 효과적인 말하기 활동을 위해 교사와 학생, 유창성과 정확성, 짝 활동과 그룹 활동이 상호작용하도록 짜여진 네 가지 유형. A, B, C, D 네 가지 유형으로 나누는데 A, B는 정확성(☞p.104)에 중점을 둔 활동이며, C, D는 유창성(☞p.85)에 중점을 둔 활동이다. 유형별로

A는 전체 학생을 대상으로 교사의 통제에 의해 이루어지는 문형 연습이나 반복 연습, B는 학생이 중심이 되어 짝 활동이나 그룹 활동으로 하는 유의미적인 대화 연습, C는 교사의 통제 하에 진행되는 토론, D는 학생이 중심이 된 역할극이나 게임, 프로젝트 활동 등이 그 예이다. 수업 상호작용 모형(☞p.69)이라고도 한다. <u>참</u> 정확성, 유창성, 수업 상호작용 모형

교사 주도적 수업(teacher controlled)
전체 학급 활동(whole activity)

정확성	A 수업	C 수업	유창성
(accuracy)	B 수업	D 수업	(fluency)

짝 활동(pair activity↔그룹 활동(group activity)
학습자 중심 수업(learner directed)

한재영 외(2005:116)

201. 상호작용식(相互作用式, Interactive method)

언어 이해나 학습 과정에서 상향식(☞p.63)과 하향식(☞p.118)의 두 과정을 동시에 이용하거나 필요에 따라 적절하게 이용하는 방식. 학습자의 수준, 능력이나 교육 내용에 따라 상향식과 하향식의 장점을 적절히 이용하면 학습 효과가 더 커질 수 있다. <u>참</u> 상향식, 하향식

202. 상호작용을 통한 강화(相互作用을 通한 强化, Interaction enhancement)

학습자간, 또는 학습자와 교사 간에 상호작용을 통해서 문법에 대한 인식을 강화하는 교육의 한 방법. 교사의 일방적인 설명, 기계적 연습보다 과제나 활동을 통해 상호작용을 하면서 자연스럽게 자신의 부정확한 표현, 문법 요소에 대한 오류를 인식함으로써 문법 교육이 이루어진다는 형태에 초점을 둔 문법 교육(☞p.122)의 한 방법이다. <u>참</u> 형태에 초점을 둔 문법 교육

203. 상호작용적 입력 변형(相互作用的 入力 變形, Interactional input modification)

학습자들의 이해를 돕기 위해 교사가 학습자와의 상호작용을 여러 형태의 교사말(☞p.20)로 변형하여 입력시키는 방법. 이해를 확인하거나, 학습자에게 설명을 요구하거나, 발화의 완성을 요구하거나, 대화 중 학습자가 이해한 부분으로 돌아가게 하는 등의 방법을 통해 학습 내용을 이해시키는 교사말이 여기에 속한다. 다른 형태의 교사말 변형으로 언어적 입력 변형(☞p.78)이 있다. 참 교사말, 언어적 입력 변형

204. 상황 연습(狀況 練習, Situation drill)

교사가 적절한 상황을 제시하고 학습자가 그 상황에 맞는 대답을 하게 하는 연습으로 의미 제시, 형태 제시 이후에 연습 단계에서 이루어지는 다양한 형태의 연습 중 하나. 질문에 대한 답이 아니라 상황에 맞는 반응이라는 점에서 응답 연습(☞p.86)과 차이가 있다. 참 응답 연습

> 예 '서울에서 집사기가 너무 힘들어요'. - '네. 서울에서 집사기란 <u>하늘의 별따기</u>예요.'
> '이번에 장학금을 받게 되었어요.' - '<u>잘됐네요.</u>'
> '그 아이는 어머니마저 돌아가셨대요.' - '<u>안됐네요.</u>'

205. 상황의 원칙(狀況의 原則)

문법 교육의 원칙(☞p.49) 중에서 실제 경험과 상황에 근거해서 교육해야 한다는 원칙. 문법 교육은 실제 상황에 맞추어 제시하고 연습해야 학습자에게 유익한 교육이라고 보는 견해이다. 참 문법 교육의 원칙

206. 생성(生成, Production)

PPP 모형(☞p.129) 수업에서 제시(Presentation)(☞p.106)로 의미와 형태를 이해하고 다양한 연습(Practice)(☞p.80)을 통해 충분히 학습한 다음, 학

습자들이 스스로 목표 문법이나 표현을 써서 문장을 만들어 내는 학습 과정의 하나. PPP 모형에서는 기계적 생성 후에 학습자 자신의 유의미적 언어 생성에 관심을 기울이는 것이 중요하다. 참 PPP 모형, 제시, 연습

207. 선언적 지식(選言的 知識, Declarative knowledge)

발음, 음운, 어휘, 문법의 규칙이나 형태를 기술하거나 설명할 수 있는 지식. 개념적 지식(☞p.15) 또는 내용 지식과 유사한 의미이며 이와 대조되는 개념으로 절차적 지식(☞p.101)이 있다. 참 개념적 지식, 절차적 지식

208. 선행 연구(先行 研究, Pilot study)

교재 제작 과정에서 출판하기 전에 적절성이나 효율성 등을 검토하고, 교사와 학생의 반응으로 알아보기 위해 교재를 시험적으로 사용해 보는 일련의 연구 과정. 자신이 연구하고자 한 주제와 동일한 주제로 다른 학자들은 어떻게 연구했는지를 간략하게 요약하거나 정리하는 'advanced research'도 '선행 연구'라 하므로 구별하여 이해해야 한다.

209. 선행조직자(先行組織者, The advance organizer)

새로운 정보를 학습하기 전에 제시되는 관련 정보. 학습자는 기존 지식을 새로운 정보에 적용하여 새로 학습한 정보를 의미 있게 조직하고 해석한다. 선행 조직자는 오스벨(D. Ausubel)이 제시한 인지 전략으로서 이것을 언어 학습에 이용한 것이 선행조직자론(☞p.66)이다. 참 선행조직자론

210. 선행조직자론(先行組織者論, Advanced-organizer argument)

기존 지식과 새로운 정보 간에 연결이 이루어지면 학습 경험은 보다 의미 있게 된다고 보는 언어 학습 이론. 특히 문법 교육론의

측면에서 특정 언어의 문법을 알면 해당 언어 사용자가 표현하는 것 중 특징적 항목에 주목하게 되고 그 주목하기(noticing)(☞p.107)가 바로 언어 습득에 전제가 된다는 이론이다. 문법이 선행조직자(☞p.66) 역할을 하고 그것을 통해 언어 습득이 더 빨리 이루어진다고 보는 문법 교육 찬성론(☞p.49)의 하나이다. 참 주목하기, 선행조직자, 문법 교육 찬성론

211. 선형 교수법(線形 敎授法, Linear method)

학습자가 배운 것을 반복하지 않고 계속해서 새로 배우는 내용을 축적해 나가도록 하는 교육 방법. 나선형 교수법(☞p.33)과 대조되는 개념이다. 참 나선형 교수법

212. 선형 교수요목(線形 敎授要目, Linear syllabus)

학습자가 배운 것을 반복하지 않고 계속해서 새로 배우는 내용을 축적해 나가도록 하는 선형 교육과정(☞p.67)을 위해 구체적으로 짜여진 교수요목. 선형 교수법(☞p.67)을 통해 지도함으로써 교육 목표를 달성하게 된다. 나선형 교수요목(☞p.33)과 대조되는 개념이다. 참 선형 교육과정, 선형 교수법, 나선형 교수요목

213. 선형 교육과정(線形 敎育課程, Linear curriculum)

학습자가 배운 것을 반복하지 않고 계속해서 새로 배우는 내용을 축적해 나가도록 하는 교육과정. 이와 반대되는 개념은 나선형 교육과정(☞p.33)이다. 참 나선형 교육과정

214. 선형 접근법(線形 接近法, Linear approach)

학습자가 한 가지 항목을 완전히 끝낸 후에 다음 단계의 항목으로 넘어가도록 하는 방법. 선형 접근법을 직선형 접근법(☞p.108)이라고도 하는데 선형 접근법보다 나선형 접근법(☞p.34)이 학습 효과가 높다고 평가한다. 참 나선형 접근법, 선형 교수법, 직선형 접근법

215. 성공적인 언어 학습자(成功的인 言語 學習者)

언어 학습에서 스스로 또는 교사의 도움을 받아 학습 방법을 터득해서 학습 목표에 도달한 학습자. 이들은 자신의 방식 발견하기, 언어에 대한 정보 조직화하기, 창의적이며 언어를 가지고 실험하기, 여러 가지 전략 이용하기, 암기법 이용하기, 오류 이용하기, 대화 기술 배우기 등과 같은 언어 학습을 성공적으로 이끄는 방법을 잘 이용한 학습자들이다.

216. 성취도 평가(成就度 評價, Achievement test)

특정 교육 프로그램이나 수업에서 학습을 통해 얻어진 언어 지식이 어느 정도인지를 측정하는 평가 방법. 특정 프로그램에서 학습한 것과 상관없이 학습자가 가지고 있는 언어 능력을 평가하는 숙달도 평가(proficiency test)(☞p.69)나 프로그램 시작 전에 학습자가 어느 정도의 목표 언어 능력을 가지고 있는지를 평가하는 진단 평가(☞p.109)와 구별이 되는 평가이다. 참 숙달도 평가, 진단 평가

217. 성취 전략(成就 戰略, Achievement strategies)

학습자들이 성공적인 의사소통을 위해 사용하는 말하기 전략(☞p.45) 중 추측 전략(☞p.112), 어휘 대치 전략(☞p.76), 협동 전략(☞p.122)을 통틀어 일컬음. 또 다른 말하기 전략으로 단순화 전략(☞p.38)으로 불리는 회피 전략(☞p.125)이 있다. 참 말하기 전략, 추측 전략, 어휘 대치 전략, 협동 전략, 단순화 전략, 회피 전략

218. 세종학당(世宗學堂, Sejong Institute)

외국어 또는 제2언어로서 한국어를 배우고자 하는 사람들을 위해 한국어 또는 한국 문화를 교육하는 기관. 문화체육관광부와 한국어세계화재단이 지원하고 지정하는 대표적인 한국어 교육기관으로 전

세계 130여 곳에서 운영되고 있다. 정확한 명칭은 누리-세종학당(☞p.36)이다. **참** 누리-세종학당

219. 수업 계획서(授業 計劃書)

☞ 교안(☞p.24)

220. 수업 상호작용 모형(受業 相互作用 模型, Classroom interaction)

☞ 상호 대응 유형(p.63)

221. 수행 평가(遂行 評價, Performance assessment)

학습자가 수행한 학습 활동의 과정 전체를 측정하는 평가 방식. 대부분의 평가는 객관적 지식을 결과 중심적으로 평가하는 데 반해 수행 평가는 과정 중심 평가라고 할 수 있다. 일반적으로 수행 평가 방법에는 서술형 또는 논술형 평가, 구술형 평가, 면접형 평가, 토의 또는 토론형 평가, 역할극형 평가, 보고형 평가(☞p.59), 프로젝트형 평가(☞p.118), 포트폴리오(portfolio)형 평가(☞p.117) 등이 있다. **참** 보고형 평가, 프로젝트형 평가, 포트폴리오(portfolio)형 평가

222. 숙달도 평가(熟達度 評價, Proroficiency test)

특정한 교육 프로그램에서 학습한 것과 상관없이 학습자가 가지고 있는 언어 능력을 측정하는 평가 방법. 특정 프로그램에서 교사의 지도 아래 습득한 언어 지식을 평가하는 성취도 평가(achievement test)(☞p.68), 프로그램 시작 전에 학습자가 어느 정도의 목표 언어 능력을 가지고 있는지를 평가하는 진단 평가(☞p.109)와 구별되는 평가이다. 능숙도 평가(☞p.36)라고도 한다. **참** 성취도 평가, 진단 평가, 능숙도 평가

223. 순서 교대(順序 交代, Turn taking)

대화 참여자가 말할 차례를 주고받는 행위. 일상 구어에서는 순서 교대가 빈번히 일어나고 연설이나 수업 등의 상황에서는 한 사람이

독점적으로 말하게 되어 순서 교대가 일어나지 않기도 한다. 하나의 참여자 A가 이야기하고 멈추면, 또 다른 참여자 B가 시작하여 이야기하고 멈춘다. 그런데 토론과 같은 특별한 경우를 제외하면 대화를 나누기 전에 보통 누가 어떤 순서로 말을 할지 정하지 않는다. 그렇지만 두 사람 이상이 동시에 말하는 중복 현상은 전체 대화 중에서 5%를 넘지 않는다. 중복이 적다는 것은 우리가 알지 못하는 순서 교대의 원리가 숨겨져 있다는 것을 알 수 있다. 대화 분석 등의 기법을 통해 대화 속에 순서 교대가 이루어지는 원리를 파악하고 대화의 원리에 대해 이해할 수 있을 것이다.

224. 순환적 접근법(循環的 接近法, Cyclical approach)

나선형 접근법(☞p.34)과 유사한 방법으로 한 번 학습한 것으로 끝나지 않고 계속 난이도를 높이면서 내용을 반복적이며 지속적으로 되풀이해서 가르치는 방법. 선형 접근법(☞p.67)과 대조되는 개념이다. **참** 나선형 접근법, 선형 접근법

225. 스캐닝(찾아 읽기, Scanning)

읽기 교육에서 특정 정보만을 알아내기 위해 사용되는 읽기의 한 방법. 다른 부분이나 전체 내용을 이해할 필요 없이 원하는 정보만 찾아내는 읽기 방법으로 전화번호 찾기, 사전에서 단어 찾기, 원하는 열차 시간표, 상영 영화 찾기 등이 예이다. 같은 읽기지만 스키밍(훑어 읽기, skimming)(☞p.71)과는 다른 유형의 읽기이다. **참** 스키밍

226. 스캐폴딩(Scaffolding)

☞ 발판 놓기(p.57)

227. 스키마(Schema)

인간이 인지하는 과정 중 자기가 속한 환경이나 세계에 대해 가지

고 있는 개념의 틀. 언어 교육에서 개인이 가지고 있는 스키마를 적절히 활용할 경우 언어 기능 특히, 이해 능력 향상에 큰 효과가 있다. 스키마에는 내용 스키마(☞p.34)와 형식 스키마(☞p.122)가 있으며, 스키마와 학습과의 관련성에 근거한 스키마 이론(☞p.71)이 외국어 학습에 이용된다. 참 내용 스키마, 형식 스키마, 스키마 이론

228. 스키마 이론(스키마 理論, Schema theory)

대부분의 외국어 학습에서 인간은 대상에 대해 가지고 있는 과거의 경험이나 지식, 즉 스키마(☞p.70)를 이용해서 새로운 것을 이해한다는 이론. 인지 심리학에 근거한 이론으로 읽기에서 출발한 스키마 이론이 듣기 교육에서도 매우 중요한 이론으로 활용된다. 참 스키마

229. 스키밍(훑어 읽기, Skimming)

읽기 교육에서 전체 글을 빨리 훑어보고 요점을 파악하는 읽기의 한 방법. 스캐닝(scanning)(☞p.70)과 구별되는 읽기의 방법이다. 참 스캐닝

230. 스토리 텔링(Story telling)

교사가 학습자들에게 이야기를 들려주고 들은 내용을 이용해서 여러 가지 활동을 유도하는 학습자 중심 활동의 하나. 스토리 텔링은 학습자들에게 부담을 주지 않도록 교사는 편안하게 이야기를 하고, 학습자들은 들은 내용에 대해 교사에게 질문을 하거나 그림을 그리거나 새롭게 이야기를 구성하게 하는 등의 활동을 함으로써 다른 기능으로의 연계 활동도 가능하게 된다.

231. 습득론(習得論, Accquistion argument)

언어의 습득은 학습자가 스트레스 없는 환경에서 적절한 언어 자료에 노출됨으로써 타고난 학습 능력이 발현될 때에 일어나는 것이지 학습되는 것이 아니라는 크라센(Krashen)의 자연적 접근법에 근거한

주장. 문법 교육 반대론(☞p.49) 중의 하나이다. 참 문법 교육 반대론

232. 습득·학습 가설(習得 學習 假說, Accquistion-Learning Hypothesis)

언어를 배우는 데에 있어서 모국어는 무의식적으로 습득하는 것이지만 외국어는 의식적으로 배우는 학습이고 이 둘은 별개의 과정이라는 가설. 크라센(Krashen)이 제시한 언어 교수법 중 자연적 접근법의 이론적 기반이 되는 다섯 가지 제2언어 습득 가설(☞p.105) 중 하나이다. 참 제2언어 습득 가설

233. 식별적 듣기(識別的 듣기, Discriminative listening)

주변적 듣기(☞p.107)처럼 단순히 소리를 인식하고 구별하는 차원에서 듣는 듣기 유형(☞p.42). 식별적 듣기나 주변적 듣기는 비적극적 듣기에 해당되나 들은 내용에 대해 적극적인 반응을 하기 위한 목적으로 듣는 감상적 듣기(☞p.14), 공감적 듣기(☞p.17), 분석적 듣기(☞p.60), 비판적 듣기(☞p.61)나 치료를 목적으로 하는 치료적 듣기는 적극적 듣기에 해당된다. 참 주변적 듣기, 듣기 유형, 감상적 듣기, 공감적 듣기, 분석적 듣기, 비판적 듣기

234. 신뢰도(信賴度, Reliability)

평가 항목에 대한 측정치가 얼마나 정확하고 오차 없이 일정하게 나타나는지 하는 정도. 문항을 구성할 때 다양한 답이 나올 수도 있으므로 원하는 답이 일정하게 나올 수 있도록 구성해야 한다.

235. 실생활 과제(實生活 課題, Authentic task)

실제 생활에서 필요한 대화 상황을 교사의 지도 아래 수업에서 이용할 수 있는 과제(☞p.19). 문법, 어휘 설명을 통한 교사의 일방적 교수보다 우체국에서 편지 부치기, 전화로 음식 주문하기와 같이 실제 상황을 경험할 수 있는 과제를 줌으로써 학습 효과를 높이는 방법이다. 실제적 과제(☞p.73)라고도 한다. 실생활 과제를 이용하기 어려울

때 교육적으로 재구성한 교육적 과제(☞p.26)를 활용할 수 있다. 참 과제, 실제적 과제, 교육적 과제

236. 실제적 과제(實際的 課題, Real-world task)

☞ 실생활 과제(p.72)

237. 실천 방법 지식론(實踐 方法 知識論, Knowledge-how argument)

언어 학습은 이론을 배우는 것보다 실제 경험을 해보는 것, 즉 실천에 의한 학습이 가장 중요하다는 이론. 자전거 타기처럼 자전거에 대한 지식을 안다고 자전거를 잘 타는 것이 아니라 직접 자전거를 타 보는 것이 가장 좋은 방법이라는 발상으로 이것은 언어 교육에 있어서 문법 교육 반대론(☞p.49)의 하나이다. 참 문법 교육 반대론

238. 쓰기 단계(쓰기 段階, Stage of writing)

쓰기의 전체 과정 중에서 쓰고자 하는 주제나 목적에 따라 본격적으로 쓰는 단계. 쓰기 전 단계(☞p.74)에서 여러 가지 쓰기 전 활동(☞p.74)을 한 후에 본격적인 쓰기를 하면 쓰고자 하는 주제에 적합하면서 어휘, 문법, 표현이 정확하며 내용이 유창한 쓰기를 할 수 있다. 참 쓰기 전 단계, 쓰기 전 활동

239. 쓰기 유형(쓰기 類型, Type of writing)

학습자들의 수준이나 목적에 따라, 쓰기 수업의 단계에 따라, 교사의 개입과 통제 정도에 따라, 연계된 다른 기능에 따라 구분하는 쓰기의 여러 형태. 통제된 글쓰기(☞p.115), 유도된 글쓰기(☞p.84), 자유로운 쓰기(☞p.98) 등은 수준, 목적, 단계별로 나눈 것이고, 읽고 요약하기, 읽고 찬성·반대 글쓰기, 듣고 지도 완성하기, 듣고 십자말풀이 완성하기, 듣고 메모하기, 쓴 것 발표하기 등은 다른 기능과의 연계를 위한 쓰기 유형이다. 참 통제된 글쓰기, 유도된 글쓰기, 자유로운 쓰기

240. 쓰기 전 단계(쓰기 前 段階, Pre-writing activities)

쓰고자 하는 목적이나 글의 주제와 내용에 적합한 자료를 모으고 생각을 정리하는 단계. 이 때 교사는 학습자들이 생각을 정리하여 목적과 주제에 맞는 글을 쓸 수 있도록 여러 가지 쓰기 전 활동(☞p.74)을 함으로써 본격적인 쓰기 단계(☞p.73)를 위한 준비를 시킨다. 참 쓰기전 활동, 쓰기 단계

241. 쓰기 전략(쓰기 戰略, Writing strategy)

쓰기를 일련의 사고 과정으로 보고 주어진 쓰기 과제를 해결하기 위해 사용하는 전략. 플라워(Flower)처럼 단계별로 쓰기 전략을 구분하기도 하고 레키(Leki)처럼 각각의 전략을 단계별로 구분하지 않고 필요에 따라 적절한 쓰기 전략을 이용하는 것이 효과적이라고 보기도 한다.

쓰기 단계	Flower(1993)	Leki(1995)
계획하기	• 계획하기 • 아이디어 생성하기 • 아이디어 조직하기	• 명세화 하기(clarifying) • 초점 맞추기 • 과거 쓰기 경험 이용하기
수행하기	• 문제 분석하기 / 논지 구축하기 • 독자를 위해 설계하기 • 독자 중심 글쓰기	• 자국어/문화 이용하기 • 현재 경험/feedback 이용하기 • 모범적인 글 찾기
점검하기	• 목적 중심의 교정하기 • 문제 중심의 편집하기 • 명확한 글 구성을 위해 편집하기	• 과거/현재 쓰기 활동 이용하기 • 교사 요구 수용하기 • 교사 요구 거절하기
기타		• 우선순위 요구에 따라 관리하기

박영순 편(2002: 170)

242. 쓰기 전 활동(쓰기 前 活動, Post-writing activities)

쓰기 전 단계(☞p.74)에서 이루어지는 여러 가지 활동. 브레인스토밍(☞p.60), 마인드 맵, 정보 수집 활동(☞p.102), 개요 쓰기 등의 활동을 함으로써

본격적인 쓰기 단계(☞p.73)를 위한 준비를 시킨다. 참 쓰기전단계, 브레인 스토밍, 정보 수집 활동, 쓰기 단계

243. 쓰기 지식(쓰기 知識, Writing knowledge)

학습자 수준, 교육 환경, 글의 종류, 목적 등에 따라 효율적으로 글을 쓰기 위해 필요한 지식. 트리블(Tribble)은 글을 쓰기 위해 필요한 네 가지 지식으로 내용 지식(☞p.35), 맥락 지식(☞p.46), 언어 체계 지식(☞p.78), 글쓰기 과정 지식(☞p.31)이 있다고 했다. 참 내용 지식, 맥락 지식, 언어 체계 지식, 글쓰기 과정 지식

244. 암묵적 지식(暗黙的 知識, Implicit knowledge)

학습자가 어떤 언어에 대해 알고 있으나 말로 표현할 수 없는 지식. 보통 제1언어에 대해 가지고 있는 지식은 암묵적이고 직관적이기 때문에 직접적으로 보고될 수 없다.

245. 암시적 교수법(暗示的 教授法, Implicit methods)

수업 중 필요한 정보나 지식, 문법 내용을 매개 언어(☞p.46)를 사용하거나 명시적 방법으로 가르치지 않고 암시적으로 가르치는 교수 방법. 그림, 도표, 색지 카드, 과제 등을 사용해서 문법적인 내용을 가르치는 것은 암시적 문법 교육(☞p.75)의 하나이다. 참 매개 언어, 암시적 문법 교육

246. 암시적 문법 교육(暗示的 文法 教育, Implicit grammar instruction)

수업 중 의사소통 활동이나 과제를 통해 문법을 암시적 방법으로 가르치는 교육 방법. 외국어 교육에서 문법을 직접적으로 언급하지 않고 여러 가지 방법으로 언어에 대한 규칙이나 문법을 암시적으로 가르치는데 최근에는 의사소통 교수법의 등장으로 명시적 문법 교육(☞p.47)보다 암시적 문법 교육이 많이 이용된다. 참 명시적 문법 교육

247. 양육의 원칙(養育의 原則)

문법 교육의 원칙(☞p.49) 중 하나로 교사가 가르치는 것이 항상 학습자들에게 자극을 주지는 못하므로 시간을 두고 점차적으로 언어 지식을 쌓고 길러야 한다는 원칙. 언어 학습은 순간적으로 결과가 나타나는 것이 아니므로 문법 역시 짧은 시간에 가르치려고 하지 말고 문법 학습을 위한 올바른 조건을 제공하는 것이 필요하다. 필요한 조건으로 입력 조건(☞p.95), 출력 조건(☞p.112), 동기 조건(☞p.41), 반성 조건이 있다.

참 문법 교육의 원칙, 입력 조건, 출력 조건, 동기 조건

248. 어휘 대치 전략(語彙 代置 戰略, Vocabulary substitution strategy)

학습자가 모르거나 정확히 알지 못하는 어휘를 자신의 언어 지식과 상대방에게 하는 질문을 통해 찾아내는 전략. 말하기 전략(☞p.45) 중 성취 전략(☞p.68)의 하나이다. 예를 들면 '교수' 대신 '대학교 선생님'과 같이 스스로 단어를 만들기도 하고, "학교 늦게 왔어요? 그게 뭐예요?"하고 물어서 '지각하다'라는 단어를 찾아내기도 하며, 하위 어휘를 통해 상위 어휘를 찾는 등 다양한 방법으로 어휘를 찾아낸다.

참 말하기 전략, 성취 전략

249. 어휘 밀집도(語彙 密集度, Lexical density)

텍스트에 쓰인 어휘 중 내용어와 기능어의 비율. 조사, 어미와 같이 문법적 기능을 나타내는 기능어에 비해 구체적인 의미를 나타내는 명사, 동사, 형용사, 부사와 같은 내용어가 많을 때 밀집도가 높다.

250. 어휘적 오류(語彙的 誤謬, Lexical errors)

학습자가 주로 단어 선택이나 사용에서 범하는 오류로, 표현하고자 하는 내용에 맞지 않는 단어를 선택하거나 단어의 형태를 잘못 사용하는 오류 형태. 문법적 오류(☞p.51)나 담화적 오류(☞p.40)와 구별된다. 참 문

251. 어휘 청크(語彙 청크, Lexical chunks)

단어보다 크고 문장보다 작은 구, 숙어, 관용어 등의 언어 단위. '될 수 있으면', '-는 것 같다', '천만의 말씀이에요'와 같은 것들이 예이고, 어휘 청크론(☞p.77)은 문법 교육을 반대하는 이론적 근거가 되기도 한다. 청크(☞p.111)와 유사한 개념이다. 참 어휘 청크론, 청크

252. 어휘 청크론(語彙 청크論, The lexical chunks argument)

언어 학습은 문법보다 뭉치로 된 어휘, 즉 어휘 청크(☞p.77)를 이해하고 그것을 연습하는 것이 실제 의사소통에 도움이 되고 학습자의 언어 발달에도 도움을 준다는 이론. 문법 교육 반대론(☞p.49)의 하나이다. 참 어휘 청크, 문법 교육 반대론

253. 언어 교환(言語 交換, Language exchange)

목표어를 모국어로 사용하는 화자와 정기적으로 만나 서로의 언어를 교환하면서 목표 언어를 익히는 언어 학습의 한 방법. 목표어 화자와의 접촉을 통해 목표 언어를 습득하는 방법으로 언어 외에 다양한 목표 문화 체험을 위해 국내 대학 기관에서는 버디 프로그램(☞p.58)을 활용하기도 한다. 참 버디 프로그램

254. 언어 사용역(言語 使用域, Register)

특정 집단에서 의사소통을 위해 주로 사용하는 언어 영역. 의사 집단에서 주로 사용하는 의학 용어, 건축 분야에서 사용하는 건축 용어 등이 언어 사용역의 예이다.

255. 언어 상대주의(言語 相對主義, Linguistic relativism)

사용하는 언어에 따라 언어 사용자의 사고방식이나 가치관, 경험 방식 등이 달라진다는 가설. 언어가 그 사용자의 사고방식, 정신세계

에 일정한 영향을 미친다는 가설로 사피르(Sapir)와 워프(Whorf)의 사상에서 공통적으로 나타나기 때문에 'Sapir-Whorf' 가설이라고도 한다.

256. 언어 자료(言語 資料, Corpus)

언어 연구 과정에서 비교나 분석을 위해 수집된 일련의 자료. 보통 신문, 잡지, 드라마, 소설 등에 나오는 문장이나 발화 등에서 수집된 자료를 일컫는다.

257. 언어적 입력 변형(言語的 入力 變形, Linguistic input modification)

교사말(☞p.20) 가운데 언어적 형태를 학습자 수준에 맞도록 쉽게 고치거나 몸짓과 같은 비언어적 방법으로 바꾸어 입력하는 방법. 문법 용어를 쉬운 표현으로 바꾸거나, 지시하는 내용을 교사의 행동으로 표현하는 것 등이 이에 해당한다. 또 다른 교사말의 변형 형태로 상호작용적 입력 변형(☞p.65)이 있다. 참 교사말, 상호작용적 입력 변형

258. 언어 처리 제약(言語 處理 制約, Speech processing constraints)

발화를 이해하고 처리하는 작업이 복잡할 뿐만 아니라 제한된 시간에 말해야 하기 때문에 제한된 부분의 처리에 초점을 맞추어야 하는 제약. 언어를 이해하고 처리하는 데에는 제약이 따르기 때문에 특정 문법 항목의 교수 단계와 순서는 개념적 복잡성보다는 단기 기억 처리 비용의 많고 적음에 따라 결정된다.

259. 언어 체계 지식(言語 體系 知識)

언어를 문자로 표현하는 글쓰기에서 언어 정보를 문자화할 때 필요한 체계적인 언어 지식. 트리블(Tribble)이 주장한 네 가지 쓰기 지식(☞p.75)의 하나로 다른 세 가지는 내용 지식(☞p.35), 맥락 지식(☞p.46), 글쓰기 과정 지식(☞p.31)이다. 참 내용 지식, 맥락 지식, 글쓰기 과정 지식

260. 역류 효과(逆流 效果, Backwash effect)

평가를 의식하고 평가에 대비하여 교육을 함으로써 다시 교육 내용에 영향을 주는 현상. 목표 문법을 사용하여 의사소통을 잘 하는지에 대한 능력을 평가할 경우, 교사는 이 평가에 대비하여 문법만을 가르치는 것이 아니라 문법 사용 능력을 가르침으로써 역류 효과를 내게 된다. 수행 평가(☞p.69)는 유용한 역류 효과를 낼 수 있는 방법 중 하나이다. 참 수행 평가

261. 역할극(役割劇, Role play)

언어 교육 현장에서 특별한 상황을 설정하고 학습자들이 각자 역할에 따라 실제 상황에 가깝게 대화를 주고받는 활동이나 놀이. 가게, 식당, 택시, 우체국 등 실제 상황과 유사한 상황에서 학습자들이 역할에 맞게 대화를 하게 함으로써 말하기를 증진시키는 방법이다. 역할 놀이라고도 한다. 참 역할 놀이

262. 역할 놀이(役割 놀이, Role play)

☞ 역할극(p.79)

263. 연결 연습(連結 練習, Connection drill)

연결어미나, 연결어미가 포함된 표현을 써서 두 문장을 이어 하나의 문장으로 만드는 연습. 단어, 구가 아닌 두 개 이상의 문장을 하나의 문장으로 생성하는 연습이라는 점에서 교체 연습(☞p.27)과 다르다. 참 교체 연습

> 예 -어서/아서
> 비가 오다, 축구를 못하다 → 비가 와서 축구를 못했어요.
> 차가 막히다, 학교에 늦다 → 차가 막혀서 학교에 늦었어요.

> 예 -(으)면 -(으)ㄹ수록 -아요/어요
>
> 하다, 어렵다 → 하면 할수록 어려워요.
>
> 만나다, 좋다 → 만나면 만날수록 좋아요.

264. 연습(練習, Practice)

제시 단계에 이어 학습자들이 목표 문법이나 표현을 실제 사용할 수 있도록 교사가 준비한 방법에 의해 반복적으로 또는 의미를 생각하면서 하는 드릴(drill). 연습에는 방법에 따라 교체 연습(☞p.27), 연결 연습(☞p.79), 응답 연습(☞p.86), 완성 연습(☞p.83), 상황 연습(☞p.65), 확장 연습(☞p.124), 변형 연습(☞p.59)이 있고, 학습자 자신의 필요성이나 사용 목적과 상관없이 교사가 지시하는 대로 하는 기계적 연습(☞p.32)과 학습자 스스로 문장의 의미를 생각하면 연습하는 유의미적 연습(☞p.85)이 있다. 참 교체 연습, 연결 연습, 응답 연습, 완성 연습, 상황 연습, 확장 연습, 변형 연습, 기계적 연습, 유의미적 연습

265. 연역적 방법(演繹的 方法, Deductive method)

학습자에게 규칙을 먼저 가르치고 해당 언어에 대한 정보를 구체적으로 제공하여 그 언어를 사용할 때 학습한 규칙을 이용하게 하는 학습 방법. 문법 규칙을 강조하는 교수법에서 주로 이용되며 귀납적 방법(☞p.29)과 대조되는 방법이다. 참 귀납적 방법

266. 연역적 학습(演繹的 學習, Deductive learning)

학습자에게 규칙을 먼저 가르치고 해당 언어에 대한 정보를 구체적으로 제공하여 그 언어를 사용할 때 학습한 규칙을 이용하게 하는 연역적 방법(☞p.80)을 이용한 학습. 귀납적 학습(☞p.29)은 대조되는 학습 형태이다. 참 연역적 방법, 귀납적 학습

267. 열린 과제(열린 課題, Open task)

정답이 하나만이 아니라 여러 개 나올 수 있는 과제(☞p.19). 예를 들어 '체벌, 사형제도' 등에 대해서 토론하는 것은 정답이 없고 많은 의견이 오고 갈 수 있는 과제이다. 참 과제

268. 오류(誤謬, Error)

외국어 학습 시에 정확한 규칙을 몰라서 잘못 표현된 언어의 일탈. 오류는 학습자의 '실수(mistake)'와 구별되는데 실수는 발화 수행 시에 일어나는 단순한 잘못인 데 반해 오류는 언어 규칙에 대한 지식이 부족해서 일어나는 문제로 본다. 최근 들어 오류의 연구가 외국어 교육에 중요한 단서와 자료로 이용되기 때문에 많은 연구자들이 이를 연구하고 분석한다. 오류 분석(☞p.82), 오류 수정(☞p.82), 중간 언어(☞p.108)와 오류의 관계 등 관련된 연구 자료가 매우 다양하다. 오류에 대해서는 원인, 평가에 따라 분류가 매우 다양하므로 정리하면 다음과 같다.

참 오류 분석, 오류 수정, 중간 언어

분류 기준	유형
전통적인 분류	첨가 오류, 생략 오류, 대치 오류, 어순 오류
언어학적 층위에 따른 분류	표기면의 오류, 음운론적 오류, 어휘면의 오류, 문법적인 오류, 담화면의 오류
오류의 원인에 따른 분류	언어 간 전이 오류, 언어 내 전이 오류, 학습 맥락과 관련된 오류, 의사소통 전략과 관련된 오류
오류의 심각성 평가에 따른 분류	전체적 오류, 국소적 오류

안경화(2007: 69)

269. 오류 교정(誤謬 矯正, Error correction)

☞오류 수정(p.82)

270. 오류 문법 화석화론(誤謬 文法 化石化論, The fossilization argument)

일반적으로 언어 사용자가 가지고 있는 문법적 오류는 지도를 받지 않으면 교정되거나 더 이상 향상되지 않고 화석처럼 굳는 정체 상태가 된다는 이론. 문법 교육 찬성론(☞p.49)을 지지하는 이들은 오류 문법 화석화론에 근거해서 오류 문법이 화석화되지 않으려면 문법 교육을 통해 잘못된 오류를 수정해야 한다고 주장한다. 참 문법 교육 찬성론

271. 오류 분석(誤謬 分析, Error analysis)

학습자가 표현한 목표 언어의 잘못된 것들, 즉 오류를 찾아내서 그 원인 등을 연구하는 일련의 과정. 언어교육이 교사 중심에서 학습자 중심으로 바뀌면서 학습자의 오류를 분석해서 오류 수정(☞p.82)을 통해 학습을 돕도록 하는 것이 최종 목적인데 최근 오류 분석은 외국어 습득 과정을 밝히는 습득 이론의 방법론으로도 자리 매김을 했다. 코더(Corder) 및 엘리스(Ellis) 등의 연구에서 오류 분석은 오류 확인 단계, 오류 기술 단계, 오류 설명 단계, 오류 평가 단계의 순서로 진행된다고 한다. 참 오류 수정

272. 오류 수정(誤謬 修訂, Error correction)

목표 언어 표현 시에 학습자가 범하는 잘못을 올바르게 고쳐줌으로써 궁극적으로 학습자의 언어 능력을 향상시키고 잘못을 반복하지 않도록 하는 일련의 과정. 교사가 오류 분석(☞p.82)과 검토를 거친 후에 학습자들이 반복적으로 범하는 잘못을 고쳐줌으로써 화석화를 막고, 학습자 스스로 잘못된 것을 깨달음으로써 고치고자 하는 동기가 유발되고 동시에 오류가 수정된 후의 만족감을 얻으면서 외국어 학습 능력이 발전하게 된다. 이를 위해 교사는 학습자가 인식하지 못하는 오류는 직접 고쳐주지만 가능하면 학습자 스스로 오류를 고치도록 유도하는 것이 바람직한데 이 때 사용하는 방법으로 대체 표현 제시(☞

p.40) 등이 있다. 참 오류 분석, 대체 표현 제시

273. 완성 연습(完成 練習, Completion drill)

교사가 학습하고자 하는 목표 문법이나 문형이 있는 선행절을 제시하면 학습자는 선행절에 적합한 후행절을 넣어 문장을 완성시키는 연습. 완성 연습의 예로서 다음과 같은 것이 있다.

> 예 -(으)면
> 　바쁘면 + (다음에 만납시다.)
> 　어려우면 + (친구에게 물어보세요.)
> 예 -니까
> 　배고프니까 + (빨리 식당에 갑시다.)
> 　바람이 많이 부니까 + (문을 닫으세요.)

274. 외국어로서의 영어(外國語로서의 英語, EFL, English as a Foreign Language)

영어가 의사소통을 위해 일반적으로 쓰이지 않는 사회에서 외국어로서 배우는 영어. 한국에서의 영어 교육이 이에 해당한다. ESL(English as a Second Language)(☞p.128)과 구별된다. 참 ESL(English as a Second Language)

275. 외재적 언어(外在的 言語, E-language, Externalized language)

잠재해 있으면서 발화 가능하거나 실제로 발화된 언어로서 내적 언어(☞p.35), 내재화된 언어(☞p.35)와 대비되는 개념. 촘스키 언어학 이론의 중요한 개념 중 하나이다. 참 내적 언어, 내재화된 언어

276. 외적 동기(Extrinsic motivation)

학습에 영향을 미치는 외부적 요인. 상을 주거나 벌을 주는 것과 같은 것은 학습 동기(☞p.119) 중에서 외적 동기에 해당하며 이와 반대로

학습자 스스로 부여하는 내적 동기(☞p.35)도 있다. 내적 동기가 외적 동기에 비해 학습 효과가 크고 지속력이 있다고 본다. 참 학습 동기, 내적 동기

277. 유도된 글쓰기(誘導된 글쓰기, Guided writing)

학습자가 다양한 배경지식, 언어 능력을 발휘하여 교사가 제시하는 일련의 쓰기 과제를 완성하는 쓰기 전 활동(☞p.74)의 하나. 질문에 대한 답 쓰기, 딕토 콤프(☞p.44), 도표·통계 보고 서술하기, 이야기 구성하기 등과 같은 것이 예이며 통제된 글쓰기(☞p.115)보다는 자유롭고, 자유로운 쓰기(☞p.98)보다는 엄격한 쓰기 활동이다. 참 쓰기 전 활동, 딕토 콤프, 통제된 글쓰기, 자유로운 쓰기

278. 유도 발화(誘導 發話, Inductive speech)

교사가 학습자의 반응을 이끌어내는 발화. 유도 발화는 크게 끌어내기, 절차 언급, 지시 등의 유형이 있고, 각각의 유형별로 나열형 질문, 참조형 질문, 연습 끌어내기, 문장 완성 끌어내기, 화제 제시와 절차형 질문, 절차 제시와 단순 행위 지시, 활동 지시 등이 있다.

유형	하위 유형	기능
끌어 내기	나열형 질문	학생의 대답을 미리 알고 질문함으로써 수업 진행을 유도
	참조형 질문	학생 대답을 모르고 질문함으로써 의사소통적 대화 유도
	연습 끌어내기	목표 문형, 어휘 연습 유도
	문장 완성 끌어내기	미완성된 발화의 완성 유도
	화제 제시	학습자들의 새로운 화제에 대한 주의 유도
절차 언급	절차형 질문	수업 절차에 필요한 특정 행위, 반응을 직접적으로 유도
	절차 제시	수업 진행에 관한 정보를 제공함으로써 반응 유도
지시	단순 행위 지시	목표어 학습을 위한 단순 행위 유도
	활동 지시	과제 수행을 위한 복잡한 활동 유도

한재영 외(2005: 88)

279. 유동적 짝 활동(流動的 짝 活動)

주어진 과제를 수행하기 위해 상대방을 바꾸어 가며 하는 짝 활동(☞p.110). 두세 명에게 정보를 묻거나 인터뷰하면서 주어진 정보를 알아내는 활동 방식이다. 이 때 학습자들은 자리에서 일어나서 교실을 돌아다니며 활동을 하게 되고 교사는 학생들이 짝을 잘 찾아 활동을 원활하게 할 수 있도록 방해하지 않는 선에서 민첩하게 조정 역할을 해야 한다. 대조되는 개념으로 고정된 짝 활동(☞p.17)이 있다. 참 짝활동, 고정된 짝 활동

280. 유의미적 연습(有意味的 練習, Meaningful drill)

말하기 단계에서 기계적 연습(☞p.32)이 끝난 후 목표 문법이나 구조를 익히되 학습자에게 필요한 표현이나 상황을 이용하여 좀 더 실제에 가깝도록 하는 연습. 올바른 대응을 하려면 의사소통적 이해가 필요하다. 유의적 연습(☞p.85)이라고도 한다. 참 기계적 연습, 유의적 연습

281. 유의적 연습(有意的 練習)

☞유의미적 연습(p.85)

282. 유창성(流暢性, Fluency)

원어민 화자처럼 자연스러운 휴지, 억양, 리듬, 강세, 속도, 간투사 등을 사용하면서 의사소통을 할 수 있는 특성. 유창성은 정확성(☞p.104)과 대비되기도 하는데 과거 문법 번역식 교육에서 정확성을 강조했다면 최근의 의사소통 중심 교육에서는 정확성과 함께 유창성이 말하기의 중요한 능력으로 간주되고 있다. 참 정확성

283. 응결 장치(凝結 裝置, Cohesion devices)

☞응집 장치(p.86)

284. 응답 연습(應答 練習, Response drill)

교체 연습(☞p.27)이나 연결 연습(☞p.79) 후에 교사의 질문에 적절히 대답을 하게 함으로써 목표 문형에 대한 학습자의 이해 여부를 확인하는 연습. 기계적 연습(☞p.32)을 마치고 나서 하는 유의미적 연습(☞p.85)에서 많이 이용한다. **참** 교체 연습, 연결 연습, 기계적 연습, 유의미적 연습

> **예**
> 수업 마치면 어디에 갈 거예요? - 밥 먹으러 식당에 갈 거예요.(-러 가다/오다)
> 이제 한국어가 쉽지요? - 아니요. 하면 할수록 어려워요.(-(으)면 (으)ㄹ수록)

285. 응용 연습(應用 練習, Applied drill)

외국어 학습에서 기계적인 연습(☞p.32)이나 유의미적 연습(☞p.85) 이후에 실제적인 의사소통 연습을 위해서, 또는 학습자들 자신이 생각한 것을 다양하게 표현할 수 있도록 하기 위해 여러 가지 방법으로 응용해서 하는 연습. 응용 연습은 활용 연습이라고도 하며 보통 게임, 과제 활동 등을 이른다. **참** 기계적 연습, 유의미적 연습

286. 응집성(凝集性, Cohesion)

발화나 텍스트의 주제에 맞게 내용 전체가 긴밀히 연결되는 특성. 응집성을 높이기 위해서 내용의 통일성과 균형성이 유지되어야 하고 지시어, 연결어가 적절해야 한다. 응집성을 높이는 장치로 쓰이는 지시어, 연결어를 응집 장치(☞p.86) 또는 응결 장치라고 한다. **참** 응집 장치

287. 응집 장치(凝集 裝置, Cohesion devices)

발화나 텍스트의 응집성(☞p.86)을 높이는 연결어, 지시어 등의 언어적 장치. 연결어로는 '그런데, 하지만, 더군다나' 등이 있으며 지시어로는 '그것은, 이와 같이, 이들은'과 같은 것이 있다. 할리데이

(Halliday)는 영어 텍스트에 나타난 응집 장치로 지시, 어휘적 응결, 대용, 접속 등을 들었으나 이를 한국어에 적용할 때는 다소 달라질 수 있다. 한국어는 연결어미, 접속 부사, 관용적 연결어 등이 응집 장치로 사용된다. 참 응집성

기능		형태
설명	부연(환언, 예시), 상술(한정, 요약, 증명, 보류, 전환)	그러니까, 즉, 예컨대, 다만, 결국, 특히, 아무튼, 하여튼, 그런데, 바꿔 말하면, 사실상
확대	나열, 대조, 배경, 선택	-고, -며, 그리고, 차라리, -뿐만 아니라, 이와 반대로, 아니면
강화	시간(순차, 전후, 지속), 인과(이유/원인, 결과, 목적) 조건(조건, 양보), 방식(비유, 비례)	-면서, -다가, -ㄹ수록, 그러므로, 그래도, 왜냐하면, 그럴망정, 그와 같이, 그럴수록

안경화(2007: 255~257)

288. 의미망 구성하기(意味網 構成하기, Semantic networks construction)

스키마(☞p.70) 활성화를 통한 읽기 활동의 하나. 읽을 텍스트 주제와 관련된 어휘를 학습자 스스로 연상, 분류, 조직함으로써 읽을 내용에 대한 배경지식의 활성화, 주제에 대한 이해를 극대화하는 방법이다. 주로 읽기 전 활동(☞p.94)으로 이용한다. 참 스키마, 읽기 전 활동

289. 의미 제시(意味 提示)

제시(☞p.106) 단계에서 목표 문법이나 표현의 의미를 학습자들에게 입력시키는 학습 방법의 하나. 이 때 교사는 가능하면 새로운 문법이나 표현, 어휘보다는 이미 배운 문법이나 표현, 어휘를 써서, 또 실물 자료나 시청각 자료, 교사의 실제적 행동 등을 통해 학습자들이 의미를 이해하기 쉽게 설명하는 것이 중요하다. 보통 수업에서 의미 제시 후에 형태 제시(☞p.123)로 이어진다. 참 제시, 형태 제시

290. 의미 지도(意味 地圖, Semantic map)

표현하고자 하는 내용이나 어휘들 간의 의미 관계를 쉽게 이해하기 위해 시각적으로 나타내는 방법의 하나. 주로 읽기나 쓰기 활동에서 문맥이나 주제 파악을 위해, 일관성 있는 글쓰기를 위해 내용과 관련이 있는 의미들을 마치 지도를 그리듯이 시각적으로 표현하거나 관계성을 찾는 데 쓰인다. 의미망 구성하기(☞p.87)와 유사한 활동이 의미 지도 만들기이다. 참 의미망 구성하기

291. 의미 협상(意味 協商, Negotiation)

학습자 간의 피드백을 통해 정확한 표현으로 발전시키는 과정 또는 방법. 본래의 의미는 원어민 화자와 비원어민 화자 간의 대화에서 오해를 바로 잡고 의사소통을 위해 상호 협력, 교섭하는 시도를 말하나 최근 형태에 초점을 둔 문법 교육(☞p.122)에서는 정확한 표현을 터득하게 하는 방법을 의미하고 있다. 참 형태에 초점을 둔 문법 교육

292. 의사소통 교수법(意思疏通 敎授法, Communicative approach)

학습자 간의 의사소통을 중시하여 다양한 상황에서 적절한 언어를 사용할 수 있는 능력을 기르는 것에 초점을 둔 교수법. 이 교수법에서 교사는 학습 효과를 높이기 위한 관리자, 조언자, 때론 공동 참여자일 뿐이며 모든 역할 놀이, 게임, 과제 해결 활동 등에서는 학습자들이 중심이 되어 수업이 진행된다. 구조주의적인 학습, 문법 규칙의 반복적 학습을 강조하는 문법 번역식 교수법(☞p.50)이나 청각 구두식 교수법(☞p.111)과 달리 구체적이고 실제적인 의사소통의 도구로서 필요한 언어를 습득하기 위해서 정확성보다는 상황이나 맥락 안에서의 적절성이 더 강조된다. 참 문법 번역식 교수법, 청각 구두식 교수법

293. 의사소통 능력(意思疏通 能力, Communicative competence)

특정 상황이나 목적에 맞게 의사소통을 하기 위하여 어휘, 문법, 담화 상의 지식을 적절히 사용하고 때로는 사회·문화적 지식도 적용할 수 있는 능력. 최근 한국어 교육에서도 정확한 문장 생성 능력보다는 의사소통 능력을 중시하며 이를 위한 연습과 활동에 초점을 맞추고 있다.

294. 의사소통 능력의 구성 요소(意思疏通 能力의 構成 要素)

커네일과 스웨인(Canale & Swain)이 의사소통을 원활히 하기 위해 필요하다고 정의 내린 네 가지 요소. 문법적 능력(☞p.51), 사회언어학적 능력(☞p.62), 담화적 능력(☞p.39), 전략적 능력(☞p.100)이 여기에 해당된다.
참 문법적 능력, 사회언어학적 능력, 담화적 능력, 전략적 능력

295. 의사소통론(意思疏通論, Communication argument)

문법을 익힘으로써 의사소통 능력이 향상되는 것이 아니라 실제 의사소통 활동을 함으로써 무의식적으로 문법이 습득되기 때문에 문법은 따로 규칙을 가르칠 필요가 없다는 주장. 문법 교육 반대론(☞p.49)의 하나이다. **참** 문법 교육 반대론

296. 의사소통 연습(意思疏通 練習, Communicative drill)

말하기에서 기계적 연습(☞p.32), 유의미적 연습(☞p.85)이 끝난 후 실제 의사소통에 가깝도록 하는 응용 연습(☞p.86). 이때는 주어진 표현이나 문법, 구조를 학습자의 수준과 상황에 맞추어 훨씬 자유롭고 실제적인 활동을 통해서 연습하게 한다. **참** 기계적 연습, 유의미적 연습, 응용 연습

297. 의사소통적인 학습자(意思疏通的인 學習者, Communicative learners)

교사의 설명이나 기계적인 연습보다는 자연스럽고 실제적인 활동을 통해서 의사소통을 하고자 하는 학습자. 구체적인 학습자(☞p.29),

분석적인 학습자(☞p.60), 권위 지향적인 학습자(☞p.29)와 함께 누난(Nnnan)
이 나눈 성인 학습자 유형(☞p.120) 중 하나이다. 참 구체적인 학습자, 분석적인
학습자, 권위 지향적인 학습자, 학습자 유형

298. 의사소통 전략(意思疏通 戰略, Communication strategy)

외국어 학습자들이 제한된 어휘와 문법을 가지고 의사소통을 하기
위해 사용하는 전략. 의사소통 전략에는 교수 전략(☞p.23), 학습자 전략
(☞p.120), 각 기능별 전략이 있다. 참 교수 전략, 학습자 전략

299. 의식 고양(意識 高揚, Consciousness raising)

문법 규칙이나 형태를 학습하는 과정에서 부딪치는 여러 가지의
문제들을 상호 활동을 통해 형식에 집중하게 하는 문법 교육의 한
방법. 형태에 초점을 둔 문법 교육(☞p.122)의 하나이다. 참 형태에 초점을
둔 문법 교육

300. 이중 언어(二重 言語, Bilingualism)

특정 지역이나 국가에 사는 집단 또는 개인이 사용하는 두 개의
언어 또는 한 사람이 두 개의 언어를 자유롭게 사용하는 일. 캐나다
퀘백 지역에서 영어와 프랑스어 두 언어를 사용하는 것이 그 예이다.

301. 이해 가능 입력 가설(理解可能入力 假說, Comprehensible input hypo-
thesis)

크라센(Krashen)의 제2 언어 습득 이론의 다섯 가지 이론 중 하나로
학습자가 자신의 이해 능력을 조금 넘는 수준의 입력 상황에서 이를
이해하려는 노력을 통해서 언어의 습득이 일어난다는 가설. 입력 가설
(input hypothesis)(☞p.95)이라고도 한다. 그러나 스웨인(Swain)의 이해
가능 출력 가설(☞p.91)은 이 가설에 의문을 제기한다. 참 입력 가설, 이해
가능 출력 가설

302. 이해 가능 출력 가설(理解可能出力 假說, Comprehensible output hypothesis)

언어 능력은 이해 가능한 입력도 필요하지만 더욱 중요한 것은 이해만이 아니라 발화할 기회, 즉 출력이 외국어 습득에 영향을 미친다는 가설. 크라센(Krashen)의 이해 가능 입력 가설(☞p.90)에 대응하여 스웨인(Swain) 주장한 가설이다. 참 이해 가능 입력 가설

303. 이해 영역(理解 領域, Comprehension territory)

듣기, 말하기, 읽기, 쓰기의 네 가지 영역 중 상대방이 말한 것을 듣거나 다른 이가 쓴 내용을 읽어서 이해하는 영역. 말하기와 쓰기는 표현 영역(☞p.117)에 속하며 이해 영역 중 음성 언어 부분은 듣기, 문자 언어 부분은 읽기에 속하며 이들에 대한 교육 방법은 각각의 특성에 맞게 이루어져야 한다. 참 표현 영역

304. 이해 중심 교수법(理解 中心 敎授法, Comprehension-based approach)

언어교육에서 듣기와 같은 학습자의 이해 능력을 충분히 발휘하게 하여 말하기, 쓰기와 같은 표현 기술을 자연스럽게 습득하도록 하는 교수법. 전신 반응 교수법(total physical response method)(☞p.100)과 자연적 접근법(natural approach)(☞p.97)이 여기에 해당된다. 참 전신 반응 교수법, 자연적 접근법

305. 인접쌍(隣接雙, Adjacency pairs)

대부분의 일상 대화에서 질문 후 대답, 요청 후 거절이나 수락, 사과 후 용서, 축하 후 감사 등과 같이 이어서 나타나는 문장 구조. 한 화자가 앞부분을 말하면 다른 화자가 다음 부분을 말해야 하는 것이 일반적인 규칙이지만 실제 대화에서는 인접쌍이 떨어져 있는 경우가 많고 뒷부분이 매우 다양한 응답으로 나타나기도 한다. 특히

한국어는 인접쌍이 떨어져 있는 경우가 많다는 구어적 특성(☞p.28)이 있다. 근접쌍(☞p.31)이라고도 한다. 월 구어적 특성, 근접쌍

306. 인지 과정(認知 過程, Cognitive process)

추론, 일반화, 연역적 학습, 검색, 기억 등 언어 학습에서 학습자가 사용하는 정신적 과정. 인지 과정은 외국어 학습에 매우 중요한 작용을 하는 것으로 과거에는 교사 중심 교육이 주를 이루었다면 최근에는 학습자의 인지 과정을 중시하는 학습자 중심 교육으로 전환되어 가고 있다.

307. 인지 양식(認知 樣式, Cognitive style)

인지 과정에서 나타나는 개인적인 성향이나 방식. 한국어 교육에서는 학습자의 인지 양식에 따라 장 독립적 학습자(☞p.98)와 장 의존적 학습자(☞p.99)로 나눈다. 월 장 독립적 학습자, 장 의존적 학습자

308. 인지주의 교수법(認知主義的 敎授法, Cognitive approach/method)

학습자 스스로 문법 규칙을 찾아내고 유추, 오류 수정(☞p.82) 등을 통해 스스로 언어를 터득해가는 학습자의 인지 능력과 언어 능력을 중시하는 교수법. 인지주의 심리학과 생성 문법(☞p.205)에 근거하며 언어는 습관에 의해 학습된다는 행동주의 이론을 반박하는 입장이다. 이 교수법은 학습 현장에서 구체적으로 사용되지는 않았지만 의사소통 교수법(☞p.88)에 영향을 주었다. 월 오류 수정, 생성 문법, 의사소통 교수법

309. 인터뷰 활동(인터뷰 活動, Interview activity)

말하기 활동 중에서 목표 문법이나 표현을 써서 다른 학생이나 관련된 대상 여러 명에게 질문을 하고 답을 얻는 활동. 교사의 질문에 대답하거나 짝과 하는 활동에 비해 역동적이며 다양한 상대방과 말할 수 있는 장점이 있다.

310. 일관성(一貫性, Coherence)

담화나 텍스트에서 문장들 사이에 내재되어 있는 일관된 의미 관계적 특성. 예를 들어 두 사람의 대화에서 각각의 문장이 문법적으로나 어휘적으로 관련이 없다 하더라도 주제에서 일관된 의미로 연결이 되어 있으면 일관성이 있다고 본다.

311. 일반 목적 한국어(一般 目的 韓國語, Korean for general purposes)

한국에서 일상생활에 필요한 한국어를 이해하고 표현하며 나아가 한국 문화를 이해하며 수용하는 것을 목표로 배우는 한국어. 대부분 초급에서의 한국어는 일반 목적 한국어를 지향하지만 고급으로 갈수록 학습자의 학습 목표가 구체화 되면서 학문 목적 한국어(☞p.119) 등 특수 목적 한국어(☞p.115)를 배우는 경향이 있다. 참 학문 목적 한국어, 특수 목적 한국어

312. 읽기 본 활동(읽기 本 活動, Reading activity)

본격적으로 글을 읽고 그 내용을 파악하기 위해 하는 활동. 글의 전반적인 이해와 세부적인 이해를 위해 훑어 읽기(☞p.125), 찾아 읽기(☞p.111) 등의 활동을 하며 그밖에 의미 유추하기, 이어질 내용 예측하기, 글의 순서 맞추기, 빈칸 채우기 등의 활동을 통해 글의 내용을 파악하도록 한다. 참 훑어 읽기, 찾아 읽기

313. 읽기 전략(읽기 戰略, Reading strategies)

독자가 글을 읽을 때 보다 더 쉽고 정확하게 이해하기 위해 의식적으로 사용하는 책략. 읽기 기술과 읽기 전략의 차이는 의도성으로 구분할 수 있다. 예를 들어 빠른 시간 안에 글의 요지를 파악하기 위해 훑어 읽기(☞p.125)를 하면 읽기 기술이고 긴 글의 요지를 빨리 파악해야 하는 과제 해결의 방법으로 이용하면 읽기 전략이 될 수

있다. 학습 목표에 따라 교사나 학습자는 다독, 정독, 찾아 읽기(☞p.111), 단어 연상법(☞p.38) 이용하기 등 다양한 읽기 전략을 사용한다. 참 훑어 읽기, 찾아 읽기, 단어 연상법

314. 읽기 전 활동(읽기 前 活動, Pre-reading activity)

글을 읽기 전에 학습자가 그 글을 읽을 준비를 하기 위한 활동. 글을 읽기 전에 글과 관련된 시각 자료·관련 어휘 제시, 글의 내용과 관련된 배경 지식 활성화하기, 브레인스토밍(brainstorming)(☞p.60)을 이용한 의미망 구성하기(☞p.87), 훑어 읽기(☞p.125), 찾아 읽기(☞p.111), 연상하기 등의 여러 가지 활동을 통해 본격적인 글 읽기 준비를 한다. 참 브레인스토밍, 의미망 구성하기, 훑어 읽기, 찾아 읽기

315. 읽기 활동 유형(읽기 活動 類型, Reading activity types)

읽기 능력을 향상시키기 위해서 개발된 여러 가지 유형의 활동. 예를 들면 DRA(Directed Reading Activity)(☞p.126), DRTA(Directed Reading Thinking Activity)(☞p.127), GRP(Guided Reading Procedure)(☞p.128), 직접 교수법(direct instruction)(☞p.109), SQ3R(Survey, Question, Read, Recite, Review)(☞p.130) 등을 말하기도 하고 낭독, 묵독, 정독, 다독을 말하기도 한다. 이 중 직접 교수법(direct instruction)은 문법 번역식 교수법에 반대해서 나타난 직접 교수법(direct method)(☞p.109)과 개념에서 다소 차이가 있다. 참 DRA, DRTA, GRP, SQ3R, 직접 교수법(1)(2)

316. 읽은 후 활동(읽은 後 活動, Post-reading activity)

학습자가 글을 읽고 나서 읽은 내용을 토대로 말하거나 쓰거나 듣거나 하면서 다른 언어 기능과의 통합적인 학습으로 이어지는 활동. 읽은 후 활동을 통해서 자연스럽게 실제적인 의사소통을 연습하게 하는 것이 중요하다. 질문에 답하기, 표·그래프·지도 완성하기, 이

야기 재구성하기, 토론하기, 읽은 내용을 바탕으로 글쓰기, 역할극(☞ p.79) 하기 등이 있다. **참** 역할극

317. 임계기(臨界期, Critical period)

학습자가 특별한 문법 교육을 받지 않고 자연스럽게 문법 지식을 형성할 수 있는 한계 연령 또는 시기. 결정적 시기 가설(☞p.142)에 따르면 언어적인 임계기는 대개 세 살부터 사춘기까지이고 이 시기를 지나면 외국어 습득이 어렵다. 한국어 교육 현장에서 대부분의 학습자들은 임계기를 넘긴 이들이므로 학습자에게 맞는 체계적이고 효과적인 문법 교육이 필요하다. **참** 결정적 시기 가설

318. 입력 가설(入力 假說, Input hypothesis)

☞ 이해 가능 입력 가설(p.90)

319. 입력 강화(入力 强化, Input enhancement)

교사가 가르치고자 하는 목표 문법에 대해 학습자들이 주목하도록 글자의 색이나 크기, 모양 등을 달리하거나 설명이나 제시에서 교사가 억양, 소리의 크기 등을 달리하여 학습자들이 주목하도록 하는 방법. 형태에 초점을 둔 문법 교육(☞p.122)에서 사용하는 방법의 하나이다. **참** 형태에 초점을 둔 문법 교육

320. 입력 조건(入力 條件, Input condition)

문법 교육의 원칙(☞p.49) 중 양육의 원칙(☞p.76)에 필요한 조건 중 하나로 교사가 제시하는 학습 목표, 문법 내용, 제시·활동 방법 등에 대해 학습자가 유용성을 인정하고 받아들이도록 하는 조건. 입력 조건이 충족되어야 학습자는 교사가 제시하는 문법 내용, 연습, 활동 등에 대해 적극적이고 능동적인 학습 태도를 갖게 된다. **참** 문법 교육의 원칙, 양육의 원칙

321. 입력 처리(入力 處理, Input processing)

문법 규칙을 설명하고 나서 여러 가지 연습이나 훈련을 통해 입력을 유도하는 형태에 초점을 둔 문법 교육(☞p.122)의 한 방법. 한국어의 연결어미, 조사, 불규칙 용언 연습 등은 모두 입력 처리 과정을 통해 학습자들이 습득하도록 하는 교육 방식이다. 참 형태에 초점을 둔 문법 교육

322. 입력 포화(入力 飽和, Input flood)

☞입력 홍수(p.96)

323. 입력 홍수(入力 洪水, Input flood)

교사가 가르치고자 하는 교육 내용이나 정보를 많이 제공하여 학습자가 차고 넘치는 언어 정보를 통해서 학습이 이루어지게 하는 문법 교육의 한 방법. 특히 형태에 초점을 둔 문법 교육(☞p.122)에서 사용하는 방법의 하나이다. 입력 포화라고도 한다. 참 형태에 초점을 둔 문법 교육

324. 잉여성(剩餘性, Redundancy)

특정 발화를 듣고 이어질 문장이나 표현, 정보를 예측할 수 있어 실제 소리를 듣지 않아도 의미를 이해할 수 있는 특성. 언어 교육에서 듣기란 이러한 잉여성을 습득하는 과정이고 시간이 흐를수록 잉여적인 요소가 증가한다. 말은 글에 비해 잉여적인 요소가 많기 때문에 듣기, 말하기에서는 교사가 이 특성을 잘 활용하는 것이 중요하다.

325. 자기 수정(自己 修正, Self-correction)

학습자들이 자신이 범한 오류를 스스로 확인하는 수정의 한 종류. 자기 수정은 언어 규칙을 알고 있기는 하지만 아직 체계적이고 정확하게 내재화와 자동화가 이루어지지 않은 학습자들이 할 수 있는 오류 수정이다. 또 다른 오류 수정의 형태로 동료 수정(☞p.42)이 있다. 참 동료 수정

326. 자기 주도적 수업(自己 主導的 學習, Self-directed class)

교육 목표 설정, 교육과정 수립 등 학습과 관련된 모든 내용을 교사가 중심이 되는 것이 아니라 학습자가 중심이 되는 수업 형태. 학습자 자신의 인지 활동을 중요시하며 학습자 중심 수업(☞p.121)과 유사한 개념이다. 교사 주도적 수업(☞p.22)과는 반대되는 개념이다. 참 학습자 중심 수업, 교사 주도적 수업

327. 자문화 중심주의(自文化 中心主義, Ethnocentrism)

자신의 문화 이외의 타문화를 거부 또는 혐오하거나 무시하면서 자신의 문화만을 우월하다고 생각하는 태도나 경향. 외국어 학습자나 교사 모두 자기 문화만을 중시하고 타문화를 수용하거나 존중하는 태도가 부족할 경우, 문화 교육이 어려울 뿐만 아니라 궁극적으로 언어 학습에도 장애를 초래할 수 있다.

328. 자연적 순서 가설(自然的 順序 假說, Natural order hypothesis)

문법의 습득은 자연스러운 단계 또는 예측 가능한 순서에 의해 진행되며 이 순서는 학습에 의해 바뀌지 않는다는 가설. 크라센(Krashen)이 주장한 제2언어 습득 가설(☞p.105) 중 하나이다. 참 제2언어 습득 가설

329. 자연적 순서론(自然的 順序論, Natural order argument)

자연적 순서 가설(☞p.97)과 유사한 주장으로 문법 항목의 습득은 가르치는 순서와 상관없이 자연적인 순서가 있다는 이론. 문법 항목을 정해 놓고 실시하는 문법 교육은 무의미하다는 문법 교육 반대론(☞p.49)을 지지하는 이론이다. 참 자연적 순서 가설, 문법 교육 반대론

330. 자연적 접근법(自然的 接近法, Natural approach)

어린아이들이 모국어를 습득하듯이 제2언어도 자연스럽게 습득해

야 한다는 자연주의 원리에 근거한 교수법. 1980년대 초에 발간된 테렐(Terrell)과 크라센(Krashen)의 『자연적 접근법』이란 책을 통해 알려지게 된 이 교수법은 제2언어 습득 가설(☞p.105), 또는 모니터 가설(☞p.47)에 이론적 기반을 두고 있다. 참 제2언어 습득 가설, 모니터 가설

330. 자유로운 쓰기(自由로운 쓰기, Free writing)

한 주제에 대해 주어진 시간 안에 쉬지 않고 가능한 한 많이 쓰게 하는 쓰기의 한 방법. 문법이나 정확성에 대해서는 초점을 두지 않고 씀으로써 쓰기의 유창성을 향상시키고 다음 단계 쓰기에 이용되는 개념들에 대해 일차적으로 이해를 시킬 수 있어서 쓰기 전 활동(☞p.74)으로 이용되기도 한다. 통제된 글쓰기(☞p.115), 유도된 글쓰기(☞p.84)에 비해 특별한 지시나 쓰기 목표를 제시하지 않는 쓰기이고 자유 쓰기라고도 한다. 참 쓰기 전 활동, 통제된 글쓰기, 유도된 글쓰기, 자유 쓰기

331. 자유 쓰기(自由 쓰기, Free writing)

☞자유로운 쓰기(p.98)

332. 장 독립적 학습자(Field independent learner)

사물이 속한 상황이나 배경, 즉 장(field)과는 별도로 사물을 이해하거나 지각하려는 경향이 있는 학습자. 이러한 인지 양식(☞p.92)을 가진 학습자는 자율적인 학습이 가능하고 스스로 문제를 해결하는 능력이 뛰어나다. 자기 나름대로 재구조화(☞p.99)하거나 분석, 추론, 이론화하려는 경향이 있기 때문에 맥락을 이용한 학습법을 익히는 것도 필요하다. 장 의존적 학습자(☞p.99)와 대조를 이룬다. 참 인지 양식, 재구조화, 장 의존적 학습자

333. 장르 구분하기(장르 區分하기)

주어진 텍스트를 읽고 어떤 종류의 글인지 알아맞히는 읽기 활동의

한 종류. 음성 언어로 발화된 내용의 종류를 알아맞히는 것이 담화 유형 구분하기(☞p.39)이고 장르 구분하기는 주로 읽기 자료 즉 텍스트를 이용한다는 점에서 차이가 있다. 🔳 읽기 활동, 담화 유형 구분하기

334. 장 의존적 학습자(Field dependent learner)

사물이 속한 상황이나 배경, 즉 장(field)에 영향을 많이 받는 학습자. 교사나 외부에서 정한 목표에 따라 학습하는 것을 선호하고 상황, 맥락을 이용해서 정보를 찾고 이를 통해 지시한 활동, 과제를 해결하는 성향이 있다. 장 독립적 학습자(☞p.98)의 인지 양식(☞p.92)과 대조를 이룬다. 🔳 장 독립적 학습자, 인지 양식

335. 재구조화(再構造化, Restructuring)

학습자가 이미 알고 있는 정보에 새로운 정보를 합쳐서 새로운 규칙을 습득하는 과정. 전통적으로 제시(☞p.106) 단계에서 이루어진다고 보았지만 최근에는 연습 - 활동 단계에서도 재구조화가 이루어진다고 본다. 재구조화의 연습 활동에서 문제 상황 만들기(☞p.52), 밀어주기(☞p.57), 발판 놓기(☞p.57) 등을 이용한다. 🔳 제시, 문제 상황 만들기, 밀어주기, 발판 놓기

336. 적절성의 원칙(適切性의 原則, The rule of appropriacy)

모든 문법 규칙은 학습자에게 맞도록 수준, 내용, 학습 방법, 요구 사항, 관심 분야 등을 재해석하고 적절하게 재구성해야 한다는 원칙. 문법 교육의 원칙(☞p.49) 중 하나로 기존의 문법 교육은 문법 자체를 모두 수용하고 가르치려 하는 교사 중심의 교육이었다면 앞으로는 학습자가 원하는, 학습자의 기대와 흥미, 수준에 맞는 문법 교육으로 변화해야 한다는 입장이다. 🔳 문법 교육의 원칙

337. 전략(戰略, Strategy)

교육의 효과를 최대한 늘리기 위해 교육 내용, 활동 등에 이용하는

방법과 기술. 전략에는 교수 전략(☞p.23)과 학습자 전략(☞p.120)이 있고, 기능별로 듣기 전략(☞p.43), 말하기 전략(☞p.45), 읽기 전략(☞p.93), 쓰기 전략(☞p.74) 등이 있다. 참 교수 전략, 학습자 전략, 듣기 전략, 말하기 전략, 읽기 전략, 쓰기 전략

338. 전략적 능력(戰略的 能力, Strategic competence)

커네일과 스웨인(Canale & Swain)이 말한 의사소통 능력의 구성 요소(☞p.89) 중 하나. 의사소통을 원활히 하기 위해서 의사소통에 참여하는 이들은 각기 기능별로 필요한 전략을 사용한다. 참 의사소통 능력의 구성 요소

339. 전신 반응 교수법(全身 反應 敎授法, TPR: Total Physical Response)

교사가 학습자에게 말하기를 강요하지 않고 먼저 듣고 이해하는 능력을 기르게 한 후 처음에는 들은 것에 대해 몸짓이나 행동으로 자연스럽게 반응하다가 차차 말하게 하는 교수법의 하나. 1950년대에 제임스 어서(James Asher)가 창안한 것으로 외국어 습득 과정은 어린 아이의 모국어 습득 과정과 다르지 않다고 보는 견해이다. 이 교수법은 이해 중심 교수법(☞p.91)의 하나이다. 참 이해 중심 교수법

340. 전체 활동(全體 活動)

여러 가지 언어 기능을 습득시키기 위해 교사가 활동을 유도할 때 짝 활동(☞p.110)이나 그룹 활동(☞p.30)이 아니라 전체 학생을 동시에 참여하게 하는 활동. 예를 들면 학생 모두가 돌아다니며 하는 인터뷰 활동, 학생들이 동시에 참여하는 빙고 게임 등이 전체 활동에 속한다. 참 짝 활동, 그룹 활동

341. 절대 평가(絶對 評價, Absolute evaluation)

평가 대상이 속해 있는 집단의 다른 학습자 능력과 비교하는 것이

아니라 정해진 학습 목표의 성취 여부만을 평가하는 방법. 준거 지향 평가(☞p.107)라고도 하며 상대 평가(☞p.62)나 규준 지향 평가(☞p.30)와 대조되는 개념이다. 참 준거 지향 평가, 상대 평가, 규준 지향 평가

342. 절차적 교수요목(節次的 敎授要目, Procedural syllabus)

실제로 일을 수행하는 데에 필요한 지식을 적절히 사용할 줄 아는 능력을 키우기 위해 설계된 교수요목(☞p.23). 개념적 교수요목(☞p.15)과 대조되는 개념이다. 참 교수요목, 개념적 교수요목

343. 절차적 지식(節次的 知識, Procedural knowledge)

실제로 일을 수행하는 데에 필요한 지식. 한국어 교육에서는 발화 상황에 맞추어 적절한 어휘와 표현을 써서 의사소통을 할 수 있는 지식, 또는 능력을 일컫는다. 절차적 지식과 대조되는 것으로 개념적 지식(☞p.15), 또는 선언적 지식(☞p.66)이 있다. 참 개념적 지식, 선언적 지식

344. 정독(精讀, Intensive reading)

글의 세부적 내용까지 정확하게 이해하기 위해 자세하고 꼼꼼하게 읽는 방법. 전공에 관련된 서적이나 업무에 필요한 서류, 계약서, 신청서 등을 읽을 때 사용하는 방법이다. 한국어 학습자의 경우 문법, 어휘 정보를 정확히 알아야 하는 본문 읽기도 이에 해당한다. 다독(☞p.36)과 대조적인 개념이다. 참 다독

345. 정보 결함 과제(情報 缺陷 課題)

학습자에게 필요한 정보를 다 제공하지 않고 짝 활동, 그룹 활동을 하면서 듣기나 읽기, 말하기를 통해서 다른 학습자로부터 부족한 정보를 찾아 메우도록 하는 과제. 여기에는 정보 빈칸(☞p.102), 정보 재구성하기(☞p.102), 정보 전이(☞p.102), 정보 차 활동(☞p.103)과 같은 과제들이 있다. 참 정보 빈칸, 정보 재구성하기, 정보 전이, 정보 차 활동

346. 정보 교환적 활동(情報 交換的 活動)

☞정보 차 활동(p.103)

347. 정보 빈칸(情報 빈칸, Information gap)

학습자에게는 전략적으로 알리지 않고 의사소통을 통해 다른 학습자들에게서 알아내어 과제를 완수하도록 하는 불완전한 정보. 학습자들은 정보 차 활동(☞p.103) 즉, 정보 차 메우기(☞p.103) 등을 통해 과제를 완수한다. 참 정보 차 활동, 정보 차 메우기

348. 정보 수집 활동(情報 收集 活動)

쓰기 전 단계(☞p.74)에서 쓰고자 하는 주제나 내용에 필요한 정보를 수집하는 일련의 활동. 듣기 활동의 정보 차 활동(☞p.103)과 동일한 의미로 쓰일 때도 있는데 이 경우에는 쓰기 전 단계의 정보 수집 활동과는 다른 활동을 의미한다. 참 쓰기 전 단계, 정보 차 활동

349. 정보 재구성하기(情報 再 構成하기)

이해한 정보를 다른 형태로 재구성하는 듣기 활동 유형의 하나. 노트 필기하기, 요약하기와 같은 쓰기나 논평하기와 같은 말하기로 재구성한다. 비슷한 활동으로 정보 전이(☞p.102)는 전 급에서 이용될 수 있지만 정보 재구성하기는 주로 고급 학습자들에게 유용하다. 참 정보 전이

350. 정보 전이(情報 轉移, Information transfer)

이해한 정보를 다른 형태의 정보로 바꾸는 것으로 듣기 활동에서 많이 이용되는 활동 유형. 예를 들어 표 완성하기, 양식 채우기, 표 그리기와 같은 것이 있다. 이 활동을 평가에 이용한 것이 정보 전이 평가(☞p.103)이다. 참 정보 전이 평가

351. 정보 전이 평가(情報 轉移 評價)

들은 정보를 다른 형태로 옮기는 정보 전이(☞p.102)를 올바로 했는지를 평가하는 주관식 듣기 평가의 하나. 내용을 듣고 지도에 표시하거나 도표 또는 서식을 완성하는 평가 방법이 여기에 속한다. 참 정보 전이

352. 정보 차 메우기(情報 差 메우기)

☞ 정보 차 활동(p.103)

353. 정보 차 활동(情報 差 活動, Information gap activity)

말하기 활동이나 말하기 평가에서 주로 사용하는 것으로 두 사람에게 각각 일부가 누락된 다른 정보를 주고 자연스러운 대화나 인터뷰를 통해 누락된 정보를 찾게 하는 활동. 정보 결함 과제(☞p.101)라고도 하며 비슷한 활동으로 정보 빈칸(☞p.102) 완성하기가 있다. 참 정보 결함 과제, 정보 빈칸

354. 정보 처리 과정(情報 處理 過程, Information processing)

언어 정보를 처리하는 과정. 크게 상향식(☞p.63)과 하향식(☞p.118) 그리고 상호작용식(☞p.64) 처리 과정으로 나눈다. 참 상향식, 하향식, 상호작용식

355. 정의적 여과장치 가설(情義的 濾過裝置 假說, Affective filter hypothesis)

외국어는 학습자의 자신감이나 학습 의욕 등과 같은 정의적 요인(☞p.104)에 의해 습득의 성과가 달라진다는 가설. 불안, 초조, 부담감, 긴장감, 사회·문화적 거리(☞p.62) 등에 의해 감정적으로 걸러지는 즉, 여과가 많을수록 습득에 방해를 받고 여과를 많이 거치지 않고 수용적으로 받아들일 경우 학습 효과가 높아진다. 크라센(Krashen)의 다섯 가지 제2언어 습득 가설(☞p.105) 중 하나이다. 참 정의적 요인, 사회·문화적 거리, 제2언어 습득 가설

356. 정의적 요인(情義的 要因, Affective factors)

인성(personality), 동기(motivation), 불안(anxiety), 사회·문화적 거리(☞p.62) 등과 같은 감정적 요인(☞p.14). 크라센(Krashen)은 정의적 여과장치 가설(☞p.103)에서 정의적인 요인이 학습에 많은 영향을 끼친다고 주장한다. 참 사회·문화적 거리, 감정적 요인, 정의적 여과장치 가설

357. 정치한 조절 기능론(定置한 調節 機能論, Fine tuning argument)

실제 대화에서 나타나는 모호한 의미를 교정하거나 일상생활에서 잘못 사용되는 언어를 진단, 교정하는 기준이 되는 문법이 필요하다는 이론. 예를 들어 '안경 쓴 여자와 남자'에서 이 표현만으로는 누가 안경을 썼는지 정확히 알 수 없지만 문법적, 구조적 지식을 습득하면 모호한 언어 의미를 확실히 밝힐 수 있다. 특히 문어에서 모호한 의미나 구조를 명시적으로 설명할 수 있다는 점에서 문법 교육 찬성론(☞p.49)이 지지를 얻는다. 참 문법 교육 찬성론

358. 정확성(正確性, Accuracy)

문법적으로 정확한 문장을 생산하는 능력. 유창성(☞p.85)과 대비되는 개념이다. 참 유창성

359. 제1언어(第一言語, First language, L1)

개인이 태어나서 제일 먼저 배우는 언어. 몇 개 언어를 사용하는 사회에서 한 언어를 사용하다가 학교에서 다른 언어를 배우기도 하는데 이 중 가장 편안하게 사용하는 언어를 지칭하기도 한다. 종종 모국어의 동의어로 사용되기도 한다. 제2언어(☞p.104)와 구별된다. 참 제2언어(L2)

360. 제2언어(第二言語, Second language, L2)

개인이 태어나서 배우는 모국어 외의 새로 배우는 모든 언어. 두

번째, 세 번째로 배우더라도 새로 배우는 언어는 제2언어라 하고 외국어와 동의어로 쓰이기도 한다. 싱가포르, 캐나다 등에서 사용하는 영어나 프랑스어처럼 공영어로 사용되는 언어를 일컫기도 한다.

361. 제2언어 능력(第二言語 能力, Second language competence)

제2언어, 즉 외국어와 관련된 언어학적 능력, 의사소통 능력, 문화 능력(☞p.54)으로 구성된 총체적 능력. 이들 제2언어 능력은 서로 깊은 연관성을 가진다. 참 문화 능력

362. 제2언어로서의 영어(第二言語로서의 英語, ESL, English as a Second Language)

영어가 의사소통의 수단으로 일반적으로 통용되는 사회에서 배우고 가르치는 영어. 외국어로서의 영어(EFL)(☞p.83)와 다른 의미로 사용되었으나 전 세계적으로 많은 나라에서 영어 사용이 늘어나면서 ESL과 EFL의 차이가 불분명해지고 있다. 참 외국어로서의 영어(EFL)

363. 제2언어 습득 가설(第二言語 習得 假說)

크라센(Krashen)이 제시한 제2언어 습득과 관련된 다섯 가지 가설. ①의식적으로 학습한 것은 자연스럽게 습득으로 이어질 수 없다는 습득·학습 가설(acquisition-learning hypothesis)(☞p.72), ②의식적으로 학습하여 얻어진 언어 정보는 발화를 모니터링하며 오류 수정 기능만 할 뿐이라는 모니터 가설(minitor hypothesis)(☞p.47), ③문법 습득은 일정한 순서에 의해 진행되며 그 순서는 학습으로 바뀌지 않는다는 자연적 순서 가설(natural order hypothesis)(☞p.97), ④학습자의 언어 수준보다 약간 높은 입력(i+1)이 제공될 때 이 입력이 습득으로 연결될 수 있다는 입력 가설(input hypothesis)(☞p.95), ⑤학습자에게 걱정이나 불안, 동기나 자신감 결여 등과 같은 정의적 장애가 있을 경우

입력이 성공적인 학습으로 이어지지 않는다는 정의적 여과장치 가설 (affective filter hypothesis)(☞p.103)이 있다. 참 습득·학습 가설, 모니터 가설, 자연적 순서 가설, 입력 가설, 정의적 여과장치 가설

364. 제시(提示, Presentation)

전통적인 PPP 모형(☞p.129) 수업에서 도입(☞p.41)을 끝내고 본격적인 연습을 하기 전에 의미나 형태에 대한 기본적인 정보를 제공함으로써 연습을 준비시키는 단계. 제시에는 의미 제시(☞p.87)와 형태 제시(☞p.123)가 있다. 참 PPP 모형, 도입, 의미 제시, 형태 제시

365. 제시 모형(提示 模型, PPP)

☞PPP 모형(p.129)

366. 제시 훈련 모형(提示 訓練 模型, PPP)

☞PPP 모형(p.129)

367. 좋은 규칙 조건(좋은 規則 條件)

문법 교육에서 학습자들이 규칙을 쉽게 이해하고 효과적으로 습득하기 위해서 갖추어야 할 여섯 가지 조건. 마이클 스완(Machael Swan)은 좋은 규칙의 조건으로 사실성, 제한성, 명료성, 간결성, 친숙성, 관련성을 제시했다. 사실성(truth)은 실제 생활에서의 언어를 사용하는 규칙, 제한성(limitation)은 사용 시에 어떤 형태적인 제약이 있는지를 분명히 보여주는 규칙, 명료성(clarity)은 애매하거나 모호하지 않은 분명한 규칙, 간결성(simplicity)은 지나치게 상세하게 설명하는 것보다는 필요한 만큼만 간결하게 설명하는 규칙, 친숙성(familiarity)은 학습자가 모국어나 이미 알고 있는 다른 언어 정보를 통해 쉽게 이해되도록 하는 규칙, 관련성(relevance)은 학습자 모국어와의 관련성을 말한다. 이러한 조건에 맞도록 문법을 선정하고 가르칠 때 교육

적으로 효과가 있다.

368. 주목하기(注目하기, Noticing)

언어 사용 과정에서 해당 말의 특성 중 미리 알고 있는 것이 있으면 특별히 관심을 가지고 집중하는 특성. 이 특성은 선행조직자론(the advanced-organizer argument)(☞p.66)을 뒷받침하여 문법 교육의 찬성론을 지지한다. 참 선행조직자론

369. 주변적 듣기(周邊的 듣기)

화자에게 최소한의 주의만을 기울이면서 말하는 이에게 집중하지 않고 주변적인 내용만을 듣는 듣기 유형(☞p.42). 식별적 듣기(☞p.72)나 주변적 듣기는 적극적으로 내용을 듣고 이해하려는 듣기 유형과 구별된다. 참 듣기 유형, 식별적 듣기

370. 주제 기반 언어교육(周邊 基盤 言語敎育, Theme-based language instruction)

주로 주제와 화제를 중심으로 교수요목을 짜고 그에 맞추어 진행하는 교육 방법. 내용 중심 교수요목(☞p.35)으로 운영하는 언어 교육 방법 중의 하나이다. 참 내용 중심 교수요목

371. 준거 지향 평가(準據 指向 評價, Criterion-referenced tests)

학습자의 능력이 목표한 바의 어느 수준까지 도달했는지를 알아보는 평가. 이 평가는 교육 초기에 정해 놓은 학습 목표, 교육 목표가 준거(criterion)가 된다. 규준 지향 평가(☞p.30)가 학습자들 간의 능력을 비교하는 상대 평가라면 준거 지향 평가는 학습 목표를 달성했는지 여부에 초점을 맞추고 이를 측정하는 절대 평가이다. 운전면허 시험이나 한국어 능력 시험(TOPIK)(☞p.121) 등이 이에 해당한다. 참 규준 지향 평가, 한국어 능력 시험(TOPIK)

372. 중간 언어(中間 言語, Interlanguage)

외국인 학습자가 목표 언어를 습득하는 과정에서 가지게 되는 모국어도 목표어도 아닌 중간 단계의 특별한 언어 체계. 셀린커(Selinker)가 처음 도입한 이래 넴저(Nemser), 코더(Corder) 등이 근사 체계(approximative system), 과도적 능력(transitional competence), 특이 방언(idiosyncratic dialects) 등으로 부르기도 했다. 학습자가 목표어를 완전히 습득하기 전에 보여주는 정확하지 않은 표현을 부정적 관점에서 보면 '오류(☞p.81)'이고 긍정적 관점으로는 '중간 언어'라고 할 수 있는데 이 둘을 배타적인 관계로 보기보다는 종합적으로 면밀히 분석함으로써 외국어 교육의 중요한 자료로 이용하는 것이 바람직하다. 참 오류

373. 지도안(指導案, Lesson plan)

☞ 교안(p.24)

374. 직선형 교수요목(直線形 教授要目, Linear syllabus)

☞ 선형 교수요목(p.67)

375. 직선형 교육과정(直線形 教育課程, Linear curriculum)

☞ 선형 교육과정(p.67)

376. 직선형 접근법(直線形 接近法, Linear approach)

☞ 선형 접근법(p.67)

377. 직소(Jigsaw)

학습자들이 과제를 수행함에 있어서 다른 과제 참여자가 가지고 있는 필요한 정보를 수집하여 과제를 완수하는 활동. 이 활동을 위해 교사는 정보 빈칸(☞p.102)을 이용하는 정보 차 활동(☞p.103), 정보 전이(☞p.102) 등의 방법을 이용한다. 참 정보 빈칸, 정보 차 활동, 정보 전이

378. 직접 교수법(1)(直接 敎授法, Direct method)

외국어 또는 제2언어 교수에서 문법 번역식 교수법(☞p.50)에 반대해서 19세기 후반에 개발된 교수법으로 목표어만 사용하도록 하는 교수법. 문법 규칙 등은 가르치지 않으며 말하기를 우선적으로 가르친다. 읽기 활동 유형(☞p.94)의 하나인 직접 교수법(2)(direct instruction)(☞p.109)과는 다른 개념이다. 참 문법 번역식 교수법, 읽기 활동 유형, 직접 교수법(2)(direct instruction)

379. 직접 교수법(2)(直接 敎授法, Direct instruction)

읽기 활동 유형(☞p.94)의 하나로 교사가 단계적인 지도 과정을 통해 학습해야 할 내용을 이해하도록 도와주는 교수 방법. 직접 교수법은 주의 집중시키기, 학습 내용 개관하기, 새로운 어휘·용어 소개하기, 단계적 학습 과정 설명하기, 시범을 통한 과정 보여 주기, 연습 활동 지도하기, 자발적 연습 지도하기, 다시 지도하기 등의 과정을 통해 이루어진다. 문법을 가르치지 않고 목표 언어만을 사용하게 하는 직접 교수법(1)(☞p.109)과는 다른 개념이다. 참 읽기 활동 유형, 직접 교수법(1)

380. 직접 평가(直接 評價, Direct test)

말하기나 쓰기의 경우 직접 글을 쓰거나 말을 하게 한 후, 평가자가 쓴 글을 읽거나 발화한 말을 듣고 평가하는 방식. 이 평가 방식은 다시 총체적 평가(☞p.112)와 분석적 평가(☞p.60)로 나눈다. 직접 평가가 어려울 경우 간접 평가(☞p.13) 방법을 이용하기도 한다. 참 총체적 평가, 분석적 평가, 간접 평가

381. 진단 평가(診斷 評價, Diagnostic test)

학습자가 이미 알고 있는 지식이나 기술이 어느 수준인지, 아직 습득하지 않은 지식과 기술이 무엇인지를 확인하기 위해 고안된 평가.

보통 언어교육에서 급을 정하거나 학습자의 언어 능력을 교사가 판단하기 위해 인터뷰, 지필 시험 등으로 학습자의 언어 능력을 미리 진단하는 것이 이에 해당한다. 진단 평가 중 반이나 급을 정하는 평가를 특히 배치 시험(☞p.58)이라고 한다. 그밖에 수업 진행 중과 수업 후에 하는 형성 평가(☞p.122), 총괄 평가(☞p.111)가 있다. **참** 배치 시험, 형성 평가, 총괄 평가

382. 집단 활동(集團 活動, Group work)

보통 4~8명 정도의 인원으로 협동심을 발휘하여 정확성보다는 유창성을 키우는 활동. 짝 활동(☞p.110)보다는 많고 전체 활동(☞p.100)보다는 적은 인원이 참여하며 우수한 학생과 언어 능력이 다소 떨어지는 학생을 섞어서 편성한다. 심각한 오류가 아니면 활동을 방해하지 않아야 하며, 그룹 구성원이 골고루 활동에 참여할 수 있도록 적절히 개입하는 등 교사가 유의할 점이 있다. 모둠 활동(☞p.48), 그룹 활동(☞p.30)이라고도 한다. **참** 짝 활동, 전체 활동, 모둠 활동, 그룹활동

383. 짝 활동(짝 活動, Pair work)

교사의 일방적 설명이나 제시를 줄이고 학습자 스스로 말할 기회를 갖게 하기 위해 둘 또는 세 명씩 짝을 지어 이야기를 나누거나 연습하게 하는 활동. 짝 활동에는 마음대로 짝을 찾게 하는 자유로운 짝 활동 이외에 고정된 짝 활동(☞p.17), 유동적 짝 활동(☞p.85)이 있다. **참** 고정된 짝 활동, 유동적 짝 활동

384. 차이 인식하기(差異 認識하기, Notice the gap)

외국어 학습자가 자기와 같이 언어 소통을 하는 원어민의 발화를 들으면서 발화 간의 차이를 의식적으로 알아차리는 것. 외국어의 새로운 항목 습득과 언어 능력 향상은 차이 인식하기를 통해 이루어진다

고 한다.

385. 창조적 받아쓰기(創造的 받아쓰기, Dictogloss)
☞ 딕토글로스(p.44)

386. 찾아 읽기
☞ 스캐닝(scanning)(p.70)

387. 청각 구두식 교수법(聽覺 口頭式 敎授法, Audio-lingual method)
행동주의 심리학과 구조주의 언어학을 근거로 듣기, 말하기를 강조하는 교수법. 제2차 대전 당시 미 육군이 사용한 외국어 훈련 방식으로 모방, 암기, 반복 연습을 통해 문장을 단계적이며 구조적으로 익혀 학습 성취도가 높은 장점이 있지만 기계적이며 부자연스러운 문장 연습으로 인해 자연스러운 의사소통 능력을 기르지 못하는 한계가 있다. 청화식 교수법(☞p.111)이라고도 한다. 참 청화식 교수법

388. 청크(Chunks)
☞ 어휘 청크(p.77)

389. 청화식 교수법(聽話式 敎授法, Audio-lingual method)
☞ 청각 구두식 교수법(p.111)

390. 총괄 평가(總括 評價, Achievement test)
수업을 마치고 난 후 목표한 대로 학습 결과가 성취되었는지를 알아보는 평가 방식. 평가에는 수업 진행 전에 하는 진단 평가(☞p.109), 수업 과정 중에 하는 형성 평가(☞p.122)가 있고 총괄 평가는 학습의 성취를 평가한다는 점에서 성취도 평가(☞p.68)와 유사하다. 참 진단 평가, 형성 평가, 성취도 평가

391. 총체적 평가(總體的 評價, Holistic evaluation)

직접 평가(☞p.109)에서 학습자가 쓴 글이나 발화한 문장에 대한 총체적 인상을 가지고 평가하는 방식. 한 편의 글이나 담화가 통일성, 일관성, 유기적 구성을 이루고 있는지 등을 전체적 측면에서 평가하는 방식이다. 분석적 평가(☞p.60)와 대조되는 평가 방법이다. **참** 직접 평가, 분석적 평가

392. 추측 전략(推測 戰略, Inferencing strategies)

학습자 자신이 모르거나 정확하게 알지 못하는 단어를 자신이 알고 있는 언어의 형태론적 지식에 맞추어 사용하는 말하기 전략(☞p.45) 중 성취 전략(☞p.68)의 하나. 발음이 비슷한 일본어의 단어를 그대로 사용하거나, 영어를 섞어서 사용하는 것 등도 이에 해당한다. **참** 말하기 전략, 성취 전략

393. 출력(出力, Output)

학습자들이 피드백을 받고 원래 자신이 가지고 있던 목표 언어에 대한 형태와 사용에 대한 가설을 조정하고 생산하는 일련의 활동. 입력과 대조를 이루는 개념이다.

394. 출력 강화(出力 强化, Output enhancement)

학습자가 출력(☞p.112)한 언어에 대해 물어보거나 질문을 유도함으로써 오류에 대해 수정하고 보다 더 정교한 표현으로 정리하게 하는 방법. 형태에 초점을 둔 문법 교육(☞p.122) 방법의 하나이다. **참** 출력, 형태에 초점을 둔 문법 교육

395. 출력 조건(出力 條件, Output condition)

발화를 성공적으로 하기 위해 양적으로나 질적으로 갖추어야 할 문법 학습을 위한 올바른 조건. 문법 교육의 원칙(☞p.49) 중 양육의

원칙(☞p.76)의 하나로 언어의 정확성과 유창성을 기르기 위해서 입력된 문법 내용에 대해 확신을 가지고 출력해야 문법 학습이 잘 이루어질 수 있다고 본다. 입력 조건(☞p.95)이 충족되어야 교사가 제시하는 문법 내용, 연습, 활동 등에 대해 적극적이고 능동적인 학습 태도를 갖게 되는 것처럼 출력 조건이 갖추어져야 학습한 외국어를 정확하고 유창하게 발화한다는 점에서 모두 문법 교육을 위한 조건으로 제시된다.

참 문법 교육의 원칙, 양육의 원칙, 입력 조건

396. 친숙도(親熟度, Familiarity)

특정한 어휘나 표현이 사용되는 빈도수를 측정한 값이나 그 언어 항목의 알려진 정도를 측정한 값. 언어교육에서 친숙도를 참고로 하여 필요한 어휘나 문장을 선택할 수 있다.

397. 침묵식 교수법(沈黙式 敎授法, Silent way)

교사 자신은 말을 거의 하지 않고 특수한 교구를 사용하여 지시하고 학습하는 교수법. 외국어는 반복 연습과 훈련에 의해 학습되는 것이 아니라 시행착오를 통하여 학습된다는 철학에 기초하여 교사는 가능한 한 말을 적게 하고 학습자가 적극적으로 학습에 참여하여 문제를 해결하고 발견하여 창조적인 활동을 전개하도록 유도한다. 침묵식 교수법에서는 '교사'라는 용어 대신에 'helper' 또는 'monitor' 라는 용어를 사용하며, 발음과 철자의 관계를 나타내는 음성 차트, 길이가 다른 나무 막대, 색깔이 다른 낱말 카드 등의 특수한 교구를 이용한다.

398. 침입적 간섭(侵入的 干涉, Interference)

모국어에 있는 구조, 규칙, 의미로 인해 목표 외국어의 학습을 방해하는 현상. 일본어 학습자의 경우 일본어 표현의 '-어 있다' 때문에

한국어에서 '입어 있다'로 표현하는 오류를 범하는 것이 그 예이다. 또 다른 간섭(☞p.13)으로 배제적 간섭(☞p.58)이 있다. 참 간섭, 배제적 간섭

399. 클로즈 테스트(Cloze test)

텍스트 문장 중에서 정해진 단어 수마다 건너 뛰어 빈칸을 만들어 놓고 빈칸을 채우게 하는 테스트의 한 방법. 일반적인 빈칸 채우기와 구별된다. 클로즈 테스트는 전반적인 언어 능력을 평가하는 데에 효과적이고 개별 문법 항목(☞p.15)에 대해 평가하기보다는 언어 지식, 언어 능력 전반에 대해 평가하기 때문에 형성 평가(☞p.122)보다는 진단 평가(☞p.109)에 적합하다. 클로즈 테스트를 한국어에 적용할 경우, 일정한 어절 수마다 빈칸을 만드는 것이 좋다. 참 개별 문법 항목, 형성 평가, 진단 평가

> 예
>
> 세종대왕이 하신 일 중에서 (가장) 훌륭한 일은 한글을 만드신 (것이다). 그때까지 우리나라에는 말은 있었지만 (글자가) 없었기 때문에 오랫동안 한자를 (사용해) 왔다. 그런데 한자는 배우기가 (어려워서) 보통 사람들은 글을 읽을 수 (없었을) 뿐만 아니라 쓸 수도 없었다.

400. 타당성(妥當性, Validity)

평가 도구로 쓰이는 내용들이 평가하고자 하는 대상을 정당하게 평가하는지를 가늠하는 중요한 요건 중의 하나. 평가 항목의 구성이 구체적이어야 하고 단계별, 영역별 평가 내용이 적절하고 선명해야 한다.

401. 토론식 교수법(討論式 教授法, Discussion method)

학생 전체 또는 집단을 말하기에 포함시키기 위해 교사와 학생, 학생과 학생 간에 일정한 주제를 놓고 서로의 의견을 이야기하는 방식. 교사의 통제 정도에 따라 암송형 토론, 안내된 토론, 사고형

토론, 소집단 토론 등이 있다.

402. 토픽(TOPIK)

☞ 한국어 능력 시험(p.121)

403. 통제된 글쓰기(統制된 글쓰기, Controlled writing)

쓰기에 대한 방법을 정확히 알려주고 그것에 따라 쓰도록 하는 쓰기 활동 유형의 하나. 자모, 문법, 맞춤법을 정확히 익히기 위해 사용하며 받아쓰기, 바꿔쓰기, 문장 연결하기, 빈칸 채우기 등에 여기에 속한다. 자유로운 쓰기(☞p.98)와 대조되는 개념이고 유도된 쓰기(☞ p.84)보다 더 엄격하게 제한을 두고 하는 쓰기 활동이다. 참 자유로운 쓰기, 유도된 글쓰기

404. 통합적 동기(統合的 動機, Integrative motivation)

목표 언어가 통용되는 사회에 적응하고 그 문화를 적극적으로 수용하기 위해서 외국어를 배우는 동기. 내적 동기(☞p.35)와 유사하며 또 다른 학습 동기(☞p.119)로서 도구적 동기(☞p.41)가 있다. 참 내적 동기, 학습 동기, 도구적 동기

405. 특수 목적 한국어(特殊 目的 韓國語, Korean for specific purposes)

일상생활에서 한국어를 사용하거나 한국 문화를 이해하기 위해 배우는 일반 목적 한국어(☞p.93)가 아니라 그 밖의 다른 특별한 목적을 위해 배우는 한국어. 특수 목적 한국어에는 대학이나 대학원, 연구 기관에서 학문이나 연구를 목적으로 한국어를 배우는 학문 목적 한국어(☞p.119)와 한국에서의 취직, 사업 등을 위한 비즈니스 한국어, 외국인 근로자들이 근로 현장에서 필요로 하는 이주 노동자를 위한 한국어, 한국인 배우자와 결혼한 이주 여성들에게 필요한 이주 여성을 위한 한국어 등이 있다. 참 일반 목적 한국어, 학문 목적 한국어

406. 파급 효과(波及 效果, Spin-off)

    교육에 이용되는 여러 평가가 다시 학습 계획이나 내용, 학습 동기화에 미치는 영향. 진단 평가(☞p.109)는 교육과정 계획에 영향을 주고, 성취도 평가(☞p.68)는 평가에 이용된 특정 문법 항목이 복습이나 학습의 동기화에 영향을 주기도 한다. **참** 진단 평가, 성취도 평가

407. 평가(評價, Evaluation)

    적절한 판단 기준에 의해 해당 영역에서의 학습자 능력이나 지식 정도를 측정하는 방법. 평가는 타당성(☞p.114), 신뢰도(☞p.72), 객관성, 실용도 등 몇 가지 요건을 갖추어야 하고 영역별 또는 수준별로 평가할 수 있다. 성취도 평가(☞p.68)와 숙달도 평가(☞p.69)로 구분하기도 한다. 또 직접 평가(☞p.109)와 간접 평가(☞p.13)로 나눌 수 있고 직접 평가는 총체적 평가(☞p.112)와 분석적 평가(☞p.60)로 나눈다. **참** 타당성, 신뢰도, 성취도 평가, 숙달도 평가, 직접 평가, 간접 평가, 총체적 평가, 분석적 평가

평 가	평가 내용에 따라	성취도 평가: 학습한 내용에 준해 습득 정도를 평가
		숙달도 평가: 학습 내용과 관계없이 능숙한 정도 평가
		표현 능력 평가: 말하기, 쓰기 등 표현과 관련된 능력 평가
		이해 능력 평가: 읽기, 듣기 등 이해와 관련된 능력 평가
	평가 시기에 따라	진단 평가: 학습 전 학습자 수준과 능력을 평가
		형성 평가: 학습 과정 중에 습득한 정도와 수준을 평가
		총괄 평가: 학습 후에 최종적으로 습득한 정도와 수준 평가
	평가 기준에 따라	준거 지향 평가: 교육 목표를 준거로 하는 절대적 평가
		규준 지향 평가: 집단의 평균을 규준으로 하는 상대적 평가
	평가 방법에 따라	직접 평가: 목표하는 내용 자체를 직접 평가(말하기, 듣기)
		간접 평가: 말하기, 듣기 등을 필답식 간접 방법으로 평가
		분리 평가: 기능별로 구성 성분에 대해 각각을 정확히 평가
		통합 평가: 언어 능력을 통합적, 종합적으로 평가
		총체적 평가: 평가 내용 전체를 종합적으로 보고 평가
		분석적 평가: 평가 내용의 각 항목을 분석적으로 평가

408. 평가적 이해(評價的 理解, Critical or evaluative comprehension)

보통 글을 읽거나 강의, 강연 등을 듣고 그 정보를 자신의 지식, 가치 기준 등과 비교하거나 판단하는 이해의 한 종류. 감상적 이해(☞ p.14)와 대조되는 개념이다. **참** 감상적 이해

409. 포트폴리오형 평가(포트폴리오型 評價, Portfolio type assessment)

사전에 교사가 평가의 기준을 제시하고 그에 따라 학습자는 자신의 학습 결과를 보여줄 선정된 작품이나 매일의 학습 과제물, 또는 활동 결과물을 체계적으로 모아 교사로부터 학습 향상도나 개선점을 평가받는 수행 평가(☞ p.69)의 한 형태. 최근 들어 외국어 교육 또는 한국어 교육 현장에서 중간 또는 기말 시험과 같은 일회성 평가 비중을 줄이고 평소 과제물, 활동과 같은 학습 결과물을 종합적으로 평가하는 포트폴리오형 평가 비중을 늘리는 추세이다. **참** 수행 평가

410. 표현 영역(表現 領域, Expression categories)

듣기, 말하기, 읽기, 쓰기의 네 가지 영역 중 음성이나 문자를 통해 상대방에게 자신의 의사를 표현하는 영역. 과거에는 문자 언어인 쓰기를 중요시했지만 최근에는 말하기 영역에 대한 중요성이 커지면서 교수법이나 교육 내용에 많은 변화가 나타났다. 이해 영역(☞ p.91)과 함께 각각의 특성에 맞게 교육이 이루어져야 한다. **참** 이해 영역

411. 프로젝트 수업(프로젝트 授業, Project instruction)

☞ 프로젝트 활동(p.117)

412. 프로젝트 활동(프로젝트 活動, Project activities)

책 읽기, 인터뷰하기, 토론하기 등과 같은 일련의 조사와 토론을 통해 결과물을 도출해 내는 활동. 초급 학습자들보다는 고급 학습자들에게 적합하고, 정확성보다는 유창성에 중점을 둔 활동이다. 시간

을 많이 필요로 하기 때문에 좋은 프로젝트를 선정하고 프로젝트 전, 본, 후 단계로 나누어 단계별 활동을 수행하면서 결과를 이끌어 낼 수 있도록 지도하는 것이 필요하다.

413. 프로젝트형 평가(프로젝트形 評價, Project evaluation)

프로젝트 활동(☞p.117)의 과정과 결과를 평가하는 수행 평가(☞p.69)의 한 형태. 예를 들어 '신문 만들기'와 같은 프로젝트 활동을 평가한다면 신문의 성격, 제목 정하기, 기사 선정하기, 방문·취재하기, 기사 쓰기 등등의 일련의 과정과 결과를 잘 수행했는지를 단계별로 평가한다.
참 프로젝트 활동, 수행 평가

414. 피드백(Feedback)

언어 습득 과정에서 학습 성과에 대해 교사나 다른 동료 학습자로부터 받는 평가나 정보. 외국어 학습에서의 피드백은 행동 결과에 대한 모든 정보를 말하는 일반적 의미와 구별되며 긍정적 피드백(☞p.31)과 부정적 피드백(☞p.60)이 있다. **참** 긍정적 피드백, 부정적 피드백

415. 하향식(下向式, Top-down)

이해와 학습 과정에서 기존에 입력된 전체적인 정보를 이용하여 작은 단계로 내려가면서 정보를 분석하고 처리하는 방식. 이 과정에서는 학습자가 가지고 있는 선행 지식, 경험, 정보 등을 이용한다. 하향식 모형(☞p.118), 하향식 처리과정 등으로도 불리며 반대되는 개념으로 상향식(☞p.63)이 있다. **참** 하향식 모형, 상향식

416. 하향식 모형(下向式 模型, Top-down model)

☞하향식(p.118)

417. 학교 문법(學校 文法, school grammar)

대체로 중학교나 고등학교에서 모국어 화자가 자신의 언어를 규범

에 맞게 쓰도록 하기 위해서 또 다양한 이론을 정리해서 문법이나 언어 규칙을 쉽게 이해하고 가르치기 위해 만든 문법. 교육 문법(☞p.25) 의 하나로 규범 문법(☞p.30)이라고도 할 수 있으며 기술 문법(☞p.32)과 구별된다. 참 교육 문법, 규범 문법, 기술 문법

418. 학문 목적 한국어(學問 目的 韓國語, Korean for academic purposes)
한국에서 대학이나 대학원 진학, 연구 기관에서의 연구를 목표로 하는 외국인 학습자들에게 필요한 한국어 또는 한국어 교육. 일반 목적 한국어(☞p.93)와 달리 의사소통은 기본이고 나아가 정확한 한국어 쓰기, 고급 수준의 표현과 이해, 학문 관련 주제와 어휘를 이용해서 강의를 듣고 토론하고 과제를 수행하는 능력을 갖추는 것이 목표인 특수 목적 한국어(☞p.115)의 하나이다. 참 일반 목적 한국어, 특수 목적 한국어

419. 학습 가능성(學習 可能性, Learnability)
교사의 가르침이 효과를 거두고 교육과정에 따라 목표한 내용이 학습자에게 전달될 수 있는 가능성. 교사는 학습자의 학습 능력, 동기, 배경 등에 따라 달라지는 학습 가능성을 고려해야 교육의 성과를 거둘 수 있다.

420. 학습 동기(學習 動機, Learning motivation)
학습 목표를 달성하고 학습을 지속적으로 유지시키는 데에 영향을 미치는 내적·외적 이유. 언어 학습 동기는 영향을 미치는 위치에 따라 외적 동기(☞p.83), 내적 동기(☞p.35)로 나누기도 하고 어떤 목적으로 언어를 배우려고 하느냐에 따라 도구적 동기(☞p.41)와 통합적 동기(☞p.115) 로 나누는데 이들의 경계는 불분명하고 변하기도 한다. 참 외적 동기, 내적 동기, 도구적 동기, 통합적 동기

학습 동기	자극에 따라	외적 동기	외부로부터 동기가 부여됨
		내적 동기	자기 내부로부터 부여됨
	목적에 따라	도구적 동기	취직, 학업 등 특정한 목표 달성을 위해
		통합적 동기	문화적 동화, 이해 등 일반 목적을 위해

421. 학습자 기대치론(學習者 期待値論, The learner expectations argument)

(1)(2)

학습자들은 스스로 언어 교육에 대해 나름의 기대를 가지고 접근한다는 이론. 기대 중 하나는 막연한 언어 학습보다는 구체적이고 체계적인 문법 교육을 기대하는 것(1)이고 다른 하나는 문법 위주의 수업이 아니라 실제에 가까운 의사소통 연습을 기대하는 것(2)이다. 전자의 관점에서는 문법 교육 찬성론(☞p.49)을 지지하는 이론이 되고 후자의 관점에서는 문법 교육 반대론(☞p.49)을 지지하는 이론이 된다. 참 문법 교육 찬성론, 문법 교육 반대론

422. 학습자 유형(學習者 類型, Types of learner)

성인 학습자가 언어를 습득하는 데에 나타나는 네 가지 유형. 구체적인 학습자(☞p.29), 분석적인 학습자(☞p.60), 의사소통적인 학습자(☞p.89), 권위 지향적인 학습자(☞p.29)가 있다. 참 구체적인 학습자, 분석적인 학습자, 의사소통적인 학습자, 권위 지향적인 학습자

423. 학습자 전략(學習者 戰略, Learner's strategies)

학습자가 외국어를 효과적으로 배우기 위해 사용하는 여러 가지 전략. 학습자가 학습 전략을 쓰는 것과 같이 교사는 교사 전략(☞p.22)을 이용한다. 학습자 전략에는 추측 전략(☞p.112), 회피 전략(☞p.125) 등이 있다. 참 교사 전략, 추측 전략, 회피 전략

424. 학습자 중심 과제(學習者 中心 課題, Learner-centered tasks)

　교사의 권위와 통제를 받지 않고 학습자가 중심이 되는 과제. 교사 중심 과제(☞p.22)와 반대되는 개념이다. **참** 교사 중심 과제

425. 학습자 중심 수업(學習者 中心 授業, Learner-centered instruction)

　학습과 관련된 모든 내용, 활동이 학습자가 중심이 되는 수업. 자기 주도적 수업(☞p.97)과 유사한 개념이며 교사 주도적 수업(☞p.22), 교사 중심적 수업(☞p.22)과는 반대되는 개념이다. **참** 자기 주도적 수업, 교사 주도적 수업, 교사 중심적 수업

426. 한국어 능력 검정 시험(韓國語 能力 檢定 試驗, KLPT / Korean Language Proficiency Test)

　한글학회가 주관하는 국내의 대표적인 한국어 능력 시험 중 하나. 외국인이나 해외 동포를 대상으로 의사소통 능력을 평가하는 숙달도 시험으로 어휘, 문법, 담화, 듣기, 읽기 등을 평가한다. 또 다른 한국어 능력 시험으로는 TOPIK(☞p.130)이 있다. **참** TOPIK

427. 한국어 능력 시험(韓國語 能力 試驗, TOPIK / Test of Proficiency in Korean)

　한국어의 보급과 확대를 꾀하고 외국인들의 국내 대학 입학이나 취업을 위해 한국어 능력을 평가하는 시험. 1997년부터 한국학술진흥재단, 한국교육과정평가원 등에서 시행하다가 2011년부터는 국립국제교육원에서 시행을 담당하고 있다. 1, 4, 7, 9월 연 4회에 걸쳐 국내는 물론, 미주, 아시아, 유럽, 아프리카 등지에서 실시하고 있다. 한글 학회가 주관하는 한국어 능력 검정 시험(KLPT)(☞p.121)과 함께 국내의 대표적인 한국어 능력 측정 시험의 하나이다. **참** 한국어 능력 검정 시험(KLPT)

428. 항목 학습(項目 學習, Item-learning)

　언어 학습 과정에서 단어나 숙어와 같은 개별 항목을 암기하는

학습 과정. 인간 기억력은 개별 항목을 학습하는 데에는 한계가 있기 때문에 새로운 문장을 계속 생성해 내기 위해 문법이라는 규칙을 학습하게 된다. 이것이 문장 제조기론(☞p.52)의 근거이다. 🔵 문장제조기론

429. 협동 전략(協同 戰略, Cooperative strategies)

의사소통 과정에서 상대방에게 정확하고 완전한 정보를 알리기 위해 자신이 표현할 수 없는 어휘나 구조 등을 몸짓이나 단어의 일부분으로써 표현하는 말하기 전략(☞p.45)의 하나. 특히 협동 전략은 말하기 전략(☞p.45) 중에서 성취 전략의 하나이다. 🔵 말하기 전략, 성취 전략

430. 형성 평가(形成 評價, Progress test)

수업 과정에서 교사가 목표로 하는 방향으로 학습자가 잘 수행하고 있는지를 알아보는 평가 방법. 평가에는 수업 진행 전에 학습자를 적절히 배치하기 위해 실시하는 진단 평가(☞p.109)와 수업을 마치고 하는 총괄 평가(☞p.111)가 있다. 🔵 진단 평가, 총괄 평가

431. 형식 스키마(形式 스키마, Formal schema)

학습자 기억 속에 내장되어 있는 스키마(☞p.70) 중에서 텍스트의 구조나 수사적인 구조에 대한 개념의 틀. 텍스트의 구조에 대한 정보가 많은 학습자, 즉 문법적 언어 정보가 많은 학습자는 그렇지 않은 학습자에 비해 텍스트 이해 능력이 우수하다. 형식 스키마와 대조되는 개념으로 내용 스키마(☞p.34)가 있다. 🔵 스키마, 내용 스키마

432. 형태에 초점을 둔 문법 교육(形態에 焦點을 둔 文法 敎育, Form-focused grammar instruction)

의사소통 중심의 말하기 교육에서 나타나는 정확성 부족의 문제점을 극복하기 위해 형태에 초점을 맞추되 과거의 문법 교육의 문제점을 개선한 문법 교육. 형태에 초점을 둔 문법 교육을 위해 입력 홍수(☞p.96),

과제 수행 필수 언어(☞p.20), 입력 강화(☞p.95), 의미 협상(☞p.88), 오류 교정용 대체 표현 제시(☞p.40), 출력 강화(☞p.112), 상호작용을 통한 강화(☞p.64), 딕토글로스(☞p.44), 의식 고양(☞p.90), 입력 처리(☞p.96), 가든 패스(☞p.13) 등의 다양한 방법을 이용한다. 참 입력 홍수, 과제 수행 필수 언어, 입력 강화, 의미 협상, 대체 표현 제시, 출력 강화, 상호작용을 통한 강화, 딕토글로스, 의식 고양, 입력 처리, 가든 패스

433. 형태적 규칙(形態的 規則)

실제 사용을 통해 도출해 내는 언어의 기술적 규칙(☞p.33) 중 형태적 측면의 규칙. 예를 들면 한국어의 과거형이나 불규칙형, 연결어미 규칙 등이 이에 해당한다. 형태적 규칙은 공식화하기 쉽고 논란 여지가 적은 장점이 있다. 형태적 규칙과 달리 사용상에 나타난 언어 규칙을 문법 교육에 이용해야 한다는 것이 사용의 원칙(☞p.61)이다. 참 기술적 규칙, 사용의 원칙

434. 형태 제시(形態 提示, Form presentation)

제시(☞p.106) 단계에서 목표 문법이나 표현·어휘의 형태적 특성과 제약 조건을 학습자들에게 제시하고 필요한 정보를 알려주는 일. 한국어의 문법 항목이나 표현은 실제 사용 시에 여러 가지 형태 변화와 제약이 나타난다. 받침 유무에 따른 '으' 결합 여부, 어간의 모음 형태에 따른 '아', '어' 변화형, 불규칙 변화형 등 여러 가지 형태적 특성이 있는데 형태 제시 단계에서 이를 학습자에게 정확하게 입력시켜 사용 시에 오류를 최소화하도록 한다. 보통 제시는 의미 제시(☞p.87)와 형태 제시로 나눈다. 참 제시, 의미 제시

435. 형태 초점(形態 焦點, Focus on form)

언어의 유창성 강조로 인해 나타난 부정확한 발화 교정을 위해

형태를 강조하는 문법 교육의 한 방법. 1990년대 이후 의사소통 중심의 언어 교육이 유창성에 초점을 맞추면서 언어의 정확성이 떨어지자 이를 극복하는 방법으로 형태를 강조하는 문법 교육을 실시하기 위해 개발된 방법이 '형태에 초점을 둔 문법 교육(☞p.122)'이다. 참 형태에 초점을 둔 문법 교육

436. 화자 교대(話者 交代, Turn taking)

☞ 순서 교대(p.69)

437. 확인 요구(確認 要求, Conformation request)

청자가 자기가 들은 내용이 맞는지를 확인하기 위해서 다시 묻는 말하기 전략(☞p.45)의 하나. "어제 아파서 병원에 갔어요." "병원요?"와 같이 다시 묻는 것은 의사소통에서 대화를 이어가기 위한 확인 요구의 예이며 말하기 전략의 하나이다. 참 말하기 전략

438. 확장 연습(擴張 練習, Expansion drill)

기본 문장에 적절한 문장 성분을 더 넣어 문장을 더 길게, 복잡하게 만들어 가는 연습. 단어, 구, 절 등을 기본 문장에 추가함으로써 관형절, 부사절을 포함한 긴 문장을 생성해 내는 연습이다.

예 케이크를 만들었다 + 맛있다
　　　→ 맛있는 케이크를 만들었다.
　친구에게 보냈다. + 미국에 살다 + 선물을 사다
　　　→ 미국에 사는 친구에게 보낼 선물을 샀다.
---

439. 활동(活動, Activity)

수업 목표 달성을 위해 교사가 부과하는 과제(☞p.19)를 수행하는 과정에서 목표 문법이나 어휘 등 입력된 언어 자료를 가지고 행하는 일련의 일들. 과제를 구성하는 요소가 될 수 있다. 참 과제

440. 회피 전략(回避 戰略, Avoidance strategy)

　제2언어나 외국어를 사용할 때 화자가 어려운 어휘나 복잡한 구조의 사용을 피하고 단순한 어휘와 구조를 사용하는 현상. 회피 책략이라고도 하는 이 학습자 전략(☞p.120)은 모국어의 전이 현상, 난이도, 개인적인 특징 등 여러 가지 원인에 의해 일어난다. 말하기 전략 중 단순화 전략(☞p.38)의 하나다. 참 학습자 전략, 단순화 전략

441. 회피 책략(回避 策略, Avoidance strategy)

　☞ 회피 전략(p.125)

442. 훑어 읽기

　☞ 스키밍(Skimming)(p.71)

443. A-요인(A-要因, Appropriacy-factors)

　학습자들에게 적절한 수업이나 활동이 되기 위해 필요한 요인들. 수업이나 활동이 어떤 학습자들에게는 효과적이나 다른 학습자들에게는 효과적이지 않은 것은 그 수업이나 활동이 적절하지 않았기 때문이고, 수업이 적절한가를 결정하는 것은 학습자의 연령, 수준, 요구, 흥미, 과거나 현재의 경험과 기대, 집단의 크기나 구성, 문화적 요인과 교육적 맥락 등이다. A(appropriacy)-요인과 함께 중요한 요인으로 E(efficiency)-요인(☞p.127)도 충분히 고려해야 한다. 참 E(efficiency)-요인

444. ACTFL(American Council on the Teaching of Foreign Language)

　미국의 외국어 평가 관련 비영리기관. 여기에서 만든 말하기 시험 유형인 OPI(Oral Proficience Interview(☞p.129)는 현재 한국어 말하기 평가에도 응용, 참고가 되고 있다. 참 OPI(Oral Proficience Interview)

445. ACTFL 등급(ACTFL 等級)

OPI(Oral Proficience Interview(☞p.129) 평가를 위해 ACTFL에서 설정한 말하기 등급. 등급 기준과 각 등급에서 요구하는 말하기 수준은 아래 표와 같다.

NOVICE	배운 자료를 이용하여 최소한의 대화를 할 수 있다.	Novice-Low
		Novice-Mid
		Novice-High
INTERMEDIATE	학습 요소를 재조합하여 언어를 창조할 수 있다. 묻고 답할 수 있다.	Intermediate-Low
		Intermediate-Mid
		Intermediate-High
ADVANCED	대화 참여, 다양한 의사 전달, 문단 길이의 연결된 담화로 표현한다.	Advanced
		Advanced plus
SUPERIOR	공식, 비공식적 대화 참여, 모국어 화자와 같은 담화전략을 사용한다.	Superior

446. Big C(Big culture)

브룩스(Brooks)가 정의한 문화의 의미 두 가지 중 하나로 고전 음악, 무용, 문학, 건축과 같은 예술 분야나 경제, 정치 제도 등 비교적 큰 의미로 해석할 수 있는 문화적 관례. little c(☞p.129)와 대조되는 개념이다. 1960년대 이전에는 'big C'에 대한 이해와 교육이 강조되었지만 의사소통 기능이 강조되면서 'little c'에 대한 이해와 교육이 중요시되고 있다. 참 little C

447. Cloze test

☞클로즈 테스트(p.114)

448. DRA(Directed Reading Activity)

읽기 능력을 향상시키기 위해 오래 전부터 널리 사용되어 온 읽기 활동 유형(☞p.94)의 하나. 소설이나 전기와 같이 내용이 있는 글을 읽게 하며 동기 유발 및 배경 지식·경험의 개발, 낭독 또는 묵독으로 글 읽기, 읽기 기능 학습, 후속 학습 활동, 강화 학습 활동의 다섯 단계로 읽기 지도를 한다. 참 읽기 활동 유형

449. DRTA(Directed Reading Thinking Activity)

학습자가 글의 내용에 대해 예측하고 그 예측이 맞는지를 확인하면서 학습자 스스로 생각하게 하는 읽기 활동 유형(☞p.94)의 하나. DRTA 읽기 활동은 '읽는 목적 설정 또는 확인하기, 읽는 목적이나 자료의 성격에 맞게 읽기, 읽는 상황 관찰하기, 독해 지도하기, 중요 읽기 기능(skill) 지도하기'의 과정을 거치는데 DRA가 교사 중심적 읽기 활동이라고 하면 DRTA는 학습자 중심의 읽기 활동이라고 할 수 있다. 이 밖에 GRP(☞p.128), 직접 교수법(2)(☞p.109), SQ3R(☞p.130)과 같은 읽기 활동 유형이 있다. 참 읽기 활동 유형, GRP, 직접 교수법(2), SQ3R

450. E-요인(E-要因, Efficiency-factors)

문법을 효율적으로 가르치기 위해 필요한 세 가지 요인. E(efficiency)-요인에는 경제성(economy), 용이성(ease), 유효성(efficacy)이 있는데 ①경제성은 가르칠 문법이 짧고 간단해야 하며, ②용이성은 교사가 계획하고 준비하기에 시간 적게 들고 쉬워야 하고, ③유효성은 가르친 후 효과가 커야 한다는 것이다. E(efficiency)-요인을 만족해도 A(appropriacy)-요인(☞p.125)이 만족되지 않으면 성공적인 수업을 기대할 수 없다. 참 A(appropriacy)-요인

451. EFL(English as a Foreign Language)

외국어로서의 영어. 한국에서 배우는 영어는 여기에 속하며 ESL (English as a Second Language)과 구별된다. 참 ESL

452. ELT(English Language Teaching)

제2언어로서의 영어(English as a Second Language) 교육 또는 외국어로서의 영어(English as a Foreign Language) 교육을 지칭하며 주로 영국에서 사용되는 용어. 북미에서는 TESOL(Teaching of English to Speakers of Other Language)이라는 용어를 더 많이 사용한다.

453. ESL(English as a Second Language)

제2언어로서의 영어. 싱가포르 등에서 사용하는 영어로 외국어로서의 영어를 지칭하는 EFL(English as a Foreign Language)과 구별된다. 참 EFL

454. GRP(Guided Reading Procedure)

독해와 회상 능력을 키우고 교과서적 성격의 글 읽기 능력을 키우는 데 적합한 읽기 활동 유형(☞p.94)의 하나. 교사가 먼저 읽기의 목적을 설명하고 나서 정해진 시간 동안 학습자들이 자료를 읽되 가능한 한 많은 내용을 기억하게 한다. 책을 덮고 읽은 내용을 기억하게 하고 정확성과 관계없이 기억한 내용을 발표하게 한다. 다시 책을 보고 학습자들이 말한 정보들을 확인하면서 마지막으로 잘못 이해된 부분, 충분하게 이해하지 못한 부분을 수정하는 자기 수정(self-correction)(☞p.96)을 통해 읽기 능력을 향상시킬 수 있다. 이밖에 DRTA(☞p.127), 직접 교수법(2)(☞p.109), SQ3R(☞p.130) 등의 읽기 활동 유형이 있다.

참 읽기 활동 유형, 자기 수정, DRTA, 직접 교수법(2), SQ3R

455. i+1

학습자가 이미 알고 있는 정보나 지식(i)보다 약간 상회하는 수준의 정보나 내용. i+1을 제공할 때 학습 효과가 크다는 크라센(Krashen)의 이해 가능 입력 가설(☞p.90)에서 제기된 개념이다. 참 이해 가능 입력 가설

456. Jigsaw(직소) ░░

☞ 직소(p.108)

457. KLPT(Korean Language Proficiency Test) ░░░░░░░░░░░░░░░░░░░

☞ 한국어 능력 검정 시험(p.121)

458. Little C(Little Culture) ░░░░░░░░░░░░░░░░░░░░░░░░░░░░░░░░░░░░░

브룩스(Brooks)가 정의한 문화의 의미 두 가지 중 하나로 특정한
집단이 공유하고 있는, 인간 생활의 모든 면을 포함하는 문화. 일상생
활에서 나타나는 행동 양식, 태도, 가치, 신념이 이에 해당하며 또
다른 문화의 개념인 Big C(Big culture)(☞p.126)와 구별한다. 의사소통
기능이 강조되면서 'Big C'보다는 'Little C'에 대한 이해와 교육이
중요시되고 있다. **참** Big C

459. OPI(Oral Proficience Interview) ░░░░░░░░░░░░░░░░░░░░░░░░░░░░

ATCFL에서 영어 말하기 능력을 알아보기 위해 개발한 일대일
말하기 평가 방식. 학습자가 평가자와 나누는 대화를 녹음하고 녹음
된 파일을 세 명의 평가자가 동시에 들은 후 학습자의 말하기 능력을
판단하는 평가 방법. 정확한 평가를 위해서 OPI 평가자는 자격에
필요한 요건을 갖추어야 한다.

460. PPP 모형(PPP 模型, presentation-practice-production model) ░░░░░

교사가 먼저 설명을 통해 제시(presentation)(☞p.106)하고 학습자가
연습(practice)(☞p.80)하게 한 다음 정확한 형태를 생성(production)(☞
p.65)해 내도록 유도하는 전형적인 문법 수업 형태. 최근 의사소통 중심
교육이 확산되면서 정확성에 초점을 둔 PPP 모형보다 유창성과 실제
발화에 중점을 둔 TTT 모형(☞p.130)을 선호하는 경향이 있다. **참** 제시,
연습, 생성, TTT 모형

461. SQ3R

효과적인 읽기 학습의 방법으로 구안된 읽기 활동 유형(☞p.94)의 하나. 훑어보기(survey), 질문 만들기(question), 읽기(read), 암송하기(recite), 재검토하기(review)의 다섯 단계를 거치면서 읽기 자료의 내용을 충분히, 정확하게 이해하게 된다. 이 밖에 DRA(☞p.126), DRTA(☞p.127), GRP(☞p.128), 직접 교수법(2)(☞p.109)와 같은 읽기 활동 유형이 있다. 참 읽기 활동 유형, DRA, DRTA, GRP, 직접 교수법(2)

462. TOPIK(Test of Proficiency Korean)

☞한국어 능력 시험(p.121)

463. TTT 모형(TTT 模型, Task-Teach-Task model)

교사가 제시한 의사소통 과제를 수행하고 나서 과제에 쓰인 문법 항목이나 어휘, 표현 항목을 교사가 확인시킨 후 다시 관련 과제를 수행하는 수업 모형. PPP 모형(☞p.129)은 정확성을 중시하는 수업 모형이라면 TTT 모형은 과제 기반 교수법(task-based method)(☞p.19)을 근거해서 유창성을 중시하는 수업 모형이다. 참 PPP 모형, 과제 기반 교수법

464. 2인조 교육 방식(二人組 敎育 方式, Team Teaching)

교사 한 명이 한 학급을 담당하는 것이 아니라 두 명의 교사가 한 팀이 되어 수업을 운영하는 방식. 문법 항목(☞p.51)을 담당하는 교사(Language Teacher)와 실제적인 언어 사용을 담당하는 교사(Subject Teacher)로 나누어 수업을 하는 것이 한 교사가 두 영역을 모두 담당하는 것보다 더 효율적이다. 특히 외국에서 한국어를 교육할 경우, Language Teacher는 한국어가 능통한 현지인 교사, Subject Teacher는 원어민 교사가 담당하면 학습 효과를 훨씬 높일 수 있다. 참 문법 항목

465. 5C

외국어 교육에서 궁극적으로 달성해야 할 중요한 다섯 가지 목표. 1999년에 미국에서 발표한 외국어 교육의 다섯 가지 중요한 목표를 말한다. 목표 언어로 의사소통을 하고(Communication), 목표 언어는 그 문화를 이해하고 연구하는 매체가 되어야 하고(Culture), 목표 언어의 문화에 대한 지식을 쌓아 그 문화와의 연계를 강화하며(Connection), 목표 언어의 문화와 자국 문화와의 차이점을 알고 이해하며 (Comparison), 목표 언어 습득을 계기로 다른 문화에 대한 공동체 의식을 형성(Community)하는 다섯 가지가 외국어 교육의 목표라고 본다. 5Cs라고도 한다.

참고문헌

김중섭(2004), 한국어 교육의 이해, 한국문화사.

박경자 외(2001), 응용언어학 사전, 경진문화사.

박영순 편(2002), 한국어교육학의 현황과 과제, 한국문화사.

서울대학교 공편(2011), 한국어 교육의 이론과 실제, 아카넷.

신성철 역(1996), 외국어 교수·학습의 원리, H. Douglas Brown 저, 한신
　　문화사.

안경화(2007), 한국어 교육의 연구, 한국문화사.

이경화(2007), 읽기 교육의 원리와 방법, 박이정.

이관규 외 역(2004), 문법을 어떻게 가르칠 것인가?, 한국문화사(How to
　　Teach Grammar by Scott Thornbury, 1999).

이미혜(2005), 한국어 문법 항목 교육 연구, 박이정.

한재영 외(2005), 한국어 교수법, 태학사.

허용 외(2009), 한국어 교육의 이해, 한국문화사.

제2부

한국어학 및 일반언어학

001. 가청도(可聽度, Sonority)

같은 조건에서 발음했을 때 소리가 멀리 들리는 정도. 음향적으로 청자의 귀에 도달하는 에너지의 양, 즉 음향의 강도를 말한다. 모음이 자음보다 가청도가 높으며 개구도(☞p.138)에 따라 가청도를 설정하는 학자(소쉬르)도 있다. 일반적으로 '저모음>중모음>고모음>반모음>공명자음>장애음' 순으로 가청도가 높다. 음절은 가청도가 높은 모음이나 비음, 유음 등과 가청도가 낮은 자음과 결합함으로써 이루어진다. 참 공명도, 개구도

002. 각자병서(各字竝書)

같은 자음 두 글자를 나란히 붙여 쓰는 방법. 보통은 ㄲ, ㄸ, ㅃ, ㅆ, ㅉ 등이 있는데 주로 한자음의 초성 표기에 사용되었다. 이밖에 ㆀ도 간혹 사용되었다. ㅆ은 주로 고유어 단어의 어두음 표기에 쓰였다. 참 합용병서

003. 간접 높임(間接 높임)

높임의 대상과 관련된 것을 높임으로써 간접적으로 높이는 방법. '아버님께서는 진지를 드셨습니다.'라는 문장에서 '진지'라는 어휘를 통해 '아버님'을 높이게 된다. 또한 '선생님, 시간이 있으십니까?'라는 문장에서는 '시간'을 높이는 것이지만 실제로 그와 관련된 인물인 '선생님'이 높임의 대상이 된다. '연세, 춘추, 댁, 말씀, 병환'같은 어휘는 간접 높임을 실현하는 어휘들이다. 참 높임법, 직접 높임

004. 간접 명령(間接 命令, Indirect imperative)

하라체 종결어미 '-(으)라'로 실현되는 명령법. 매체를 통한 간접적 발화 상황, 곧 신문기사의 제목이나 군중의 구호, 주장을 담은 선전 문구, 책의 제목 등에 자주 나타난다. 직접 명령의 해라체는 청자가

나이가 어리거나 신분이 낮을 때 쓰이므로 2인칭의 '너'가 주어가 되어야 하나 간접 명령의 하라체에서는 주어가 3인칭이라는 점이 특징이다. '정부는 어민의 피해를 보상하라.'는 간접 명령의 예이다. 해라체의 직접 명령문을 간접 인용문으로 바꾸면 하라체의 간접 명령형으로 나타난다. 직접 명령문 [예 "많이 먹어라"라고 한다.]를 간접 인용문으로 바꾸면 '많이 먹으라고 한다.'가 된다. 이와 같이 하라체의 간접 명령형 종결어미 '-(으)라'를 중화된 명령형이라고도 한다. 참 명령법, 직접 명령

005. 간접 발화 행위(間接 發話 行爲, Indirect speech act)

문장 형태에 따른 언표 내적 행위(☞p.230) 대신에 다른 발화 행위로 이루어지는 화행. 흔히 간접화행이라고도 한다. 문장 형태와 언표 내적 행위가 일치하지 않는 경우가 있는데 '방이 덥네.'라는 평서문이 단순한 진술이 아니라 '창문 좀 열어줘.'라는 요청으로 쓰일 때가 그렇다. 이러한 예를 간접 발화 행위라고 한다. 하나의 문장은 문자적인 직접화행으로 쓰일 수도 있고 비문자적인 간접화행으로 쓰일 수도 있다. 예를 들어 '이 집에는 사나운 개가 있습니다.'라는 평서문은 '진술'이라는 언표 내적 효력을 가지는 직접화행으로 쓰일 수도 있지만 '주의/위협'의 언표 내적 효력을 가지는 간접화행으로 쓰일 수도 있다. 참 직접 발화 행위

006. 감정적 의미(感情的 意味, Affective meaning)

연상적 의미의 하나로, 화자의 개인적 감정이나 태도와 같은 정서가 언어에 반영되어 나타나는 의미. 감정적 의미는 정서적 의미라고도 할 수 있는데 화자의 감정은 주로 소리의 고저, 강세, 길이, 억양 등과 같은 운율적 요소에 의하여 나타난다. '케이크가 아주 맛있었어.'를 말할 때 '아주-'하고 길게 말함으로써 화자의 감정이나 정서를

드러낼 수 있다. 참 개념적 의미, 내포적 의미, 사회적 의미, 반사적 의미, 배열적 의미, 주제적 의미

007. 감탄법(感歎法, Exclamative)

화자가 청자를 별로 의식하지 않거나 거의 독백 상태에서 자기의 느낌을 표현하는 문장 종결법. 이러한 문장 종결법이 실현된 문장은 감탄문이라고 한다. '아, 벌써 아침이 밝았구나!'에서 '-구나'는 해라체의 전형적인 감탄형 종결어미이다. 형용사에서는 '아이, 좋아라!'처럼 '-아라/-어라'형의 감탄문이 실현되기도 한다. 감탄문은 간접 인용절로 안길 때에는 종결어미가 평서법의 '-다'로 바뀐다. 예를 들어 '너는 노래도 잘 부르는구나'의 감탄문은 간접 인용절로 안길 때 '나는 네가 노래도 잘 부른다고 말했다.'로 바뀐다. 참 문장 종결법, 평서법, 의문법, 명령법, 청유법

〈감탄형 종결어미〉

단순 형태	a. -구나, -구면, -구려, -군, -아라/-어라
	b. -아/-어
복합 형태	a. -다는구나, -자는구나, -라는구나, -냐는구나
	b. -노라

008. 감탄사(感歎詞, Interjections)

화자의 감정을 나타내거나 대답을 나타내는 단어 부류. 감탄사는 위치가 비교적 자유로워서 문장의 처음, 중간, 끝 어느 곳에나 놓일 수 있다. 감탄사는 화자의 즉흥적인 감정을 표시하는 단어 부류이므로 문어보다는 구어에 더 많이 사용된다. 감탄사는 ①화자의 놀람, 느낌, 성냄 등의 감정을 나타내는 감정 감탄사(예 아서라, 여보세요, 이봐), ②발화 현장에서 상대방을 의식하며 자신의 생각이나 의지를 표시하는 의지 감탄사(예 네, 아니요, 예, 아무렴, 오냐, 글쎄), ③특별

한 의미 없이 나는 소리나 입버릇이나 더듬거림을 나타내는 입버릇 감탄사(囫 어, 에, 거시기, 에헴, 그래, 말이지, 말입니다)가 있다. 참 품사, 독립언

009. 강도(強度, Strength)

소리의 강한 정도. 자음의 경우 '유기음, 경음>평음>비음, 유음', '폐쇄음, 파찰음>마찰음'의 순으로 강도가 세다. 모음의 경우에는 '저모음>중모음>고모음>반모음'의 순으로 강도가 세다.

010. 강세(強勢, Loudness)

음절 안에서 어떤 부분을 강하게 발음하는 세기. 강세는 음파의 진폭이 크고 작음에 비례한다. 음성적 조건들이 같으면서 강세의 위치 차이로 구별되는 언어가 있는데 영어의 경우 한국어와 달리 강세가 변별적인 기능(뜻을 분화하는 기능)을 가진다. permit을 [pə́rmit]로 발음할 때는 명사가 되며 [pərmít]로 발음할 때는 동사가 된다. 참 운소, 장단, 고조, 연접, 억양

011. 개구도(開口度, Degree of opening, Aperture)

자음이나 모음을 발음할 때 입을 벌리는 정도. 개구도는 혀의 높이, 혀의 전후 이동, 입을 벌리는 정도에 따라 달라지게 된다. 참 가청도

012. 개념설(概念說, Conceptual theory)

언어 표현의 의미가 그 표현을 알고 있는 사람의 마음이나 정신 속에서 그 표현과 연합되어 있는 관념 또는 개념이라고 보는 이론. 언어 표현과 지시물 사이에 심리적 영상(mental image)이라는 매개체를 내세워서 둘을 간접적 관계로 설명한다. 이 때 심리적 영상이란 한 언어 표현을 접할 때 우리의 마음이나 정신 속에 떠오르는 관념이나 개념을 말한다. '고양이'라는 단어를 듣거나 글자로 볼 때 머릿속에

는 고양이에 대한 어떤 영상이 떠오르는데 그 영상을 곧 '고양이'의 의미로 본다. 이 이론에서는 의미를 인간의 마음속에 존재하는 심리적 실체로 파악하고 있으며 이 견해는 소쉬르(F. de Saussure)의 기호이론과 오그덴과 리차즈(Ogden & Richards)의 의미 삼각형(☞p.246)으로 대표된다. '도깨비, 용'과 같은 단어처럼 실제적 대상이 없어도 사람들이 그 의미를 생각해 낼 수 있음을 설명해 줄 수 있는 이점이 있다. 한계로는 ①개념이나 영상에 대한 개인적 차이를 어떻게 객관적인 의미로 처리할 수 있을 것인가 하는 문제, ②영상을 동반하지 않는 단어(접속사, 조사 등)의 의미를 어떻게 파악할 수 있는가 하는 문제가 있다. 참 지시설, 행동설, 용법설

013. 개념적 의미(槪念的 意味 Conceptual meaning)

어떤 언어 표현에 대해서 일반적으로 추론해 낼 수 있는 가장 보편적이면서 핵심적인 의미. 개념적 의미는 의사소통의 중심적 요소이며 언어의 본질적 기능을 수행하는 데에 필수적인 의미이다. '소녀'의 개념적 의미는 [+인간], [-남성], [-성인] 등의 의미 성분(☞p.246)으로 분석할 수 있다. 개념적 의미는 그 언어 표현을 사용하는 사람이나 그 말이 쓰이는 상황에 관계없이 언제나 일정한 의미이기 때문에 중심적 의미(☞p.271) 또는 기본 의미라고 말하기도 하고 외연적 의미(denotative meaning), 인지적 의미(cognitive meaning)라고도 한다.
참 내포적 의미, 사회적 의미, 감정적 의미, 반사적 의미, 배열적 의미, 주제적 의미

014. 개별문법(個別文法, Individual grammar)

보편문법(☞p.189)에 각 언어의 고유한 문법적 특징을 더해 놓은 문법. 보편문법이 제공한 틀에 각 언어의 특징을 덧붙이면 개별문법이 구성된다. 한국어와 영어는 타동사가 있고 타동사는 목적어를 취한다는 공통점이 있지만 한 문장에 나타나는 타동사와 목적어의 순서가 다르

다. 한국어는 목적어가 타동사에 앞에 위치하지만 영어는 그 반대이다. 어순과 관련된 특성은 개별 언어에 따라 다르면서도 일정한 유형적 제약을 받는다. 참 보편문법

015. 개음절(開音節, Open syllabic)

종성(받침)이 없는 음절. 한국어 '나', '구'와 같이 받침이 없는 음절을 개음절이라고 한다. 일본어의 음절 구조는 개음절이며 한국어는 개음절과 폐음절(☞p.289)이 모두 존재한다. 참 음절 구조, 폐음절

016. 객체 경어법(客體 敬語法)

한 문장에서 주어의 행위가 미치는 대상인 객체를 높이는 경어법. '철수는 할머니를 모시고 집으로 갔다.'라는 문장에서 주어 '철수'의 행위가 미치는 대상인 객체 '할머니'가 존대를 받고 있다. 객체 경어법은 특정 대상을 존대하느냐 하지 않느냐로 나누어지는 경어법이다. 객체의 존대 여부는 객체와 주체의 비교로 결정된다. 앞 예문에서 '할머니'는 화자보다 주체인 '철수'와 비교되어 존대된다. 객체 경어법은 문법 형태소가 따로 없고 '드리다, 여쭙다, 뵙다, 모시다'와 같이 객체에 대한 존대를 나타내는 특수한 동사로 실현된다. 참 대우법, 주체 경어법, 상대 경어법

017. 거듭적기

☞ 중철(p.272)

018. 거센소리

☞ 격음(p.141)

019. 격률 울타리(格率 울타리, Maxim hedge)

화자가 대화 격률(☞p.165)을 준수하는 정도를 언급하는 한정적 표현.

격률 한정어구라고도 한다. 다음 발화에서 두 사람의 이별에 대한 언급에서 격률 울타리가 사용되었다. ①더 이상의 설명이 필요 없이, 성격이 맞지 않아서 두 사람이 헤어지기로 했습니다.(양의 격률(☞p.219) 준수) ②사실대로 말씀드리면, 성격이 맞지 않아서 두 사람이 헤어지기로 했습니다.(질의 격률(☞p.276) 준수) ③무엇보다 중요한 것은, 성격이 맞지 않아서 두 사람이 헤어지기로 했습니다.(관계의 격률(☞p.149) 준수) ④분명하게 말하건대, 성격이 맞지 않아서 두 사람이 헤어지기로 했습니다.(태도의 격률(☞p.282) 준수) 화자는 발화하면서 자신이 대화 격률을 준수하고 있다는 것을 드러내며 격률의 준수 정도에 대해서 말을 하는 경우가 있다. 참 대화 격률

20. 격식체(格式體, Formal style)

상대 경어법의 사용에서 격식적인 표현. 상대 경어법에서 '합쇼체(아주높임), 하오체(예사높임), 하게체(예사낮춤), 해라체(아주낮춤)'는 격식적인 표현이다. 격식적인 표현은 의례적이어서 심리적인 거리감을 나타낸다. '철수야, 책을 조용히 읽어라.'는 해라체로 의례적인 용법으로 쓰이는 격식체이다. 격식체는 보통 나이, 직업, 직위 등의 사회적 규범에 의해 어느 특정 등급으로 실현된다. 격식체는 표현이 직접적, 단정적, 객관적이고 표현 형태가 문장 종결법과 직접적으로 관련을 맺는다. 참 대우법, 상대 경어법, 주체 경어법, 객체 경어법

21. 격음(激音, Asprirated sound)

기식을 동반하는 소리로 숨이 거세게 나오는 소리. 한국어의 ㅊ, ㅋ, ㅌ, ㅍ 등이 있다. 참 경음, 평음

22. 격조사(格助詞, Case marker)

체언(☞p.278)이나 체언의 역할을 하는 말이 문장 속에서 일정한 자격

을 가지도록 기능하는 조사. 격조사에는 주격 조사(☞p.267), 목적격 조사(☞p.177), 보격 조사(☞p.188), 관형격 조사(☞p.149), 부사격 조사(☞p.191), 호격 조사(☞p.300), 서술격 조사(☞p.205) 등이 있다. **참** 조사, 보조사, 접속 조사

023. 결정적 시기 가설(決定的 時機 假說, Critical period hypothesis)

언어를 자연스럽게 습득할 수 있는 시기가 정해져 있다는 가설. 결정적 시기 가설은 레네베르크(Eric lennerberg)가 제안하였다. 어떤 아이가 출생 후 언어를 전혀 습득하지 못하고서 결정적 시기가 지나면 모어를 습득하려고 해도 완전하게 습득할 수 없다는 것이다. 보통 결정 시기를 출생 이후 사춘기까지로 본다. 이 가설의 실례로 지니와 이사벨의 사례가 있다. 지니라는 소녀는 14세가 될 때까지 사회에서 격리된 채로 감금되어 자랐고 발견 당시 전혀 언어를 습득하지 못한 상태였다. 지니는 빠른 속도로 어휘와 문법을 습득했지만 문장구조를 습득하는 데에 어려움이 있어 언어 습득 정도가 2.5세 수준에 머물렀다. 반면 이사벨은 어머니가 말을 하지 못했으며 다른 사람과의 접촉도 단절된 채 성장하여 6살이 될 때까지 언어를 습득하지 못했다. 6살에 발견된 후 정상적인 언어 환경에서 1년을 보내는 동안, 일반 아동과 동등한 언어 능력을 습득하게 되었다. 지니와 이사벨의 언어 습득에서 보이는 차이를 결정적 시기 가설로 설명할 수 있다. 지니가 발견된 것은 14살 때였으므로 언어 습득을 위한 결정적 시기가 지난 뒤였고 이사벨이 발견 된 나이는 6살이므로 결정적 시기 내에 있었기 때문에 생득적 언어 능력(☞p.224)을 기반으로 언어 습득 과정을 경험할 수 있었다. **참** 임계기

024. 겹문장(Complex sentence)

☞ 복문(p.190)

025. 경구개음(硬口蓋音, Palatal sound)

혀의 앞부분을 경구개에 대어 내는 소리. 한국어의 ㅈ, ㅉ, ㅊ 등이 있고 구개음화 된 ㄴ, ㄹ, ㅅ, ㅆ 등도 경구개에서 소리가 난다. 참 양순음, 치음, 치조음, 연구개음, 성문음, 자음 체계

026. 경음(硬音, Tense sound, Fortis)

후두 부분이 긴장하거나 성문(聲門)을 폐쇄하여 내는 소리. 한국어에는 ㄲ, ㄸ, ㅃ, ㅆ, ㅉ 등이 있다. 참 격음, 평음

027. 경음화(硬音化, Glottalization)

평장애음인 ㄱ, ㄷ, ㅂ, ㅅ, ㅈ가 ㄲ, ㄸ, ㅃ, ㅆ, ㅉ의 경음으로 바뀌는 현상. 경음화는 ①평폐쇄음 뒤에서 일어나거나(예 먹더라[먹떠라], 앞사람[압싸람]), ②동사나 형용사 어간의 말음이 ㄴ, ㅁ으로 끝나면 일어난다.(예 신더라[신떠라], 감지[감찌]) ③관형형 어미 '-(으)ㄹ' 뒤에서 일어나기도 하며(예 살 것[살껃], 만날 사람[만날싸람]), ④한자어에서 ㄹ 뒤의 ㄷ, ㅅ, ㅈ이 경음화된다.(예 발동[발똥], 발성[발썽], 발전[발쩐]) 참 음운 과정, 대치

028. 경험설(經驗說, Empiricism)

문법이 없는 최초의 공백 상태에 관한 견해로, 어린이는 언어에 관한 아무런 지식 없이 태어나고 모든 언어 능력은 주로 연상에 의해서 일생을 통해 습득된다는 설. 생득설(☞p.204)과 배타적인 관계이다. 언어 습득과 관련해서 경험설을 주장하는 대표적인 학자는 스키너(B.F.Skinner)이다. 스키너는 본질적으로 연상에 의해서 습득되며 인간의 언어적 커뮤니케이션은 자극과 반응의 연속이라고 보았다. 어떤 환경에서 자극을 받아 말을 하게 되면 청자의 입장에서 그 말은 다시 자극이 되어 그 반응으로서 말을 하게 된다. 이러한 자극과 반응이

되풀이되어 연속되는 과정을 통해 언어를 습득한다고 보았다. 유아의 언어 습득은 백지 상태에서 시작하여 주변의 어른들의 대화 또는 유아에 대한 말을 자료로 하여 자극-반응의 과정을 거치면서 점차 성인의 언어 능력을 가지게 된다고 본다. 참 언어습득, 언어습득단계, 생득설

029. 계열 관계(系列關係, Syntagmatic relation)

문장 안에서 선택된 위치에서 대체될 수 있는 종적인 관계.(세로의 관계) 언어 단위들 간의 관계는 계열 관계와 통합 관계(☞p.285)로 나눌 수 있다. 계열 관계를 예로 들어 보면 '철수가 집에 간다.'에서 '철수' 자리를 대신할 '영희, 민수, 강아지' 등은 계열 관계에 해당한다. 참 통합 관계

030. 고정부(固定部)

발음할 때에 덜 움직이거나 움직이지 않는 조음 기관. 고정부는 조음점(☞p.265)이라고도 하며 윗입술, 입천장 등이 여기에 속한다. 참 조음점

031. 고정함축(固定含蓄, Conventional implicature)

대화에 사용된 특정 어휘의 자질에 의해서 일어나는 함축. 고정함축은 오직 발화 문장에 사용된 단어의 고정적 자질(conventional feature)에 의해서 추가적인 의미를 함축한다. 예를 들어 영어 접속사 'but', 'p but q' 형식의 문장과 'p and q' 형식의 문장은 동일한 문장 의미를 가지고 있다. 다만 'p but q'의 문장에서는 p와 q 사이에 대조의 의미가 함축되어 있다는 점이 다르다. 이때 대조의 의미는 단어 'but' 이 가지고 있는 특성에 의해서 나타난다. 'Mary was killed but John was pleased.'의 예에서, 메리가 죽임을 당했다는 사실(p)은 but이 가지고 있는 고정함축에 의해서 존이 기뻐했다(q)는 사실과 대조된다.

한국어에서 접속부사 '그래서', '그러나', '-던들', 어미 '-어도'도 고정 함축을 발생시킨다. 참 대화함축

032. 고조(高低, Pitch)

음절 안에서 나타나는 소리의 높낮이. 성조(聲調, tone)라고도 한다. 성대의 진동수, 즉 음파의 주파수가 많고 적음에 비례한다. 중국 및 동남아시아, 아프리카, 인디언 등의 언어에서는 각 음절 또는 형태소 가 특정한 높낮이를 가지고 있다. 중세 한국어에는 고저 현상이 존재 했으나 현대 한국어에서는 경상, 함경도에서 방언에서 고저 현상이 존재한다. 참 운소, 강세, 장단, 연접, 억양

033. 공명도(共鳴度, Sonority)

소리가 잘 들리는 정도. 학자에 따라서는 공명도를 가청도(☞ p.135)라 고도 한다. 유성음은 무성음보다 공명도가 크고 같은 유성음이라도 조음점의 간극이 큰 모음은 간극이 작은 비음이나 유음보다 공명도가 크다. 참 가청도

034. 공명음(共鳴音, Sonorant)

구강이나 비강을 통해 공기가 흐르면서 울리는 소리. 장애음(☞ p.257) 에 반대되는 말로 모음, 유음, 비음을 말한다. 참 장애음, 유음, 비음

035. 공손 책략(恭遜 策略, Politeness strategy)

상대의 대면 욕구에 대한 위협을 적게 하기 위한 여러 가지 언어적 전략 또는 비언어적 전략. 브라운과 레빈슨(Brown & Levinson)에서 인간은 어떤 종류의 욕구를 채우기 위해 행동을 한다는 전제 하에 상호작용 행위를 위한 여러 가지 전략을 이해할 필요가 있다고 보았 다. 공손 전략과 관계되는 것으로 체면(face) 욕구를 드는데 이것에는 ①소극적 체면과 ②적극적 체면 두 가지가 있다. 소극적 체면이란

자기의 행동이 다른 사람으로부터 방해받지 않으려는 욕구로서 영역에 대한 권리, 행동의 자유, 부담으로부터의 자유를 가리키는 것이다. 적극적 체면이란 다른 사람으로부터 인정받고 허용된다는 긍정적인 자기 이미지를 의미하는 것이다. 사람은 이 두 가지 대면 욕구를 가지고 사회생활을 영위하는데 이 대면 욕구가 다른 사람으로부터 위협을 받게 되면 문제가 생긴다. 이와 같이 위협을 가하는 것 같은 행위를 FTA(face-threatening act)라고 한다. 이 FTA를 적게 하기 위해 행하는 언어적, 비언어적 전략을 공손 책략이라 한다.

036. 공시 언어학(共時 言語學, Synchronic linguistics)

어떤 특정한 시기의 언어의 양상을 체계적으로 연구하는 언어학의 한 분야. 어떤 특정한 시기의 언어의 양상을 체계적으로 연구하는 언어학으로 소쉬르(Saussure)의 등장으로 통시 언어학(☞p.285)과 공시 언어학의 구별이 엄격해졌다. 참 통시 언어학

037. 공시태(共時態, Synchrony)

한 시기의 정적인 언어의 모습. 한 시기의 한 언어에 공존하면서 체계를 형성하는 언어의 모습을 말한다. 언어교육이나 대조언어학 등의 분야에서 공시태를 중시한다. 참 통시태

038. 공지시적(共指示的, Co-referential)

두 언어 표현이 실제로 하나의 사물을 지시하는 경우. 예를 들어 조응(☞p.265)은 언어적 표현이 가리키는 것과 동일한 실체를 지시하는데, 이때 조응 표현은 선행사와 지시 대상이 같으므로 공지시적 관계에 있다. '갑수는 매일 우유를 배달한다. 그는 성실한 청년이다.'에서 대명사 '그'는 앞에 나오는 선행사 '갑수'를 지시하는데, 이때의 '그'는 '갑수'라고 하는 언어적 표현을 지시하는 것이 아니라 그것이 가리

키는 지시 대상으로서의 '갑수'를 지시한다. 따라서 '갑수'와 '그'는 공지시적 관계에 있다. 참 조응

39. 공통적 성분(共通的 成分, Common component)

한 의미 영역에 속하는 모든 어휘가 공통으로 가지고 있는 의미 성분(☞p.246). 한 의미 영역에 속하는 아저씨, 소년, 소녀는 [인간]이라는 공통적인 성분을 가지고 있다. [인간]이라는 공통적 성분은 '아저씨, 소년, 소녀'를 한 의미 영역으로 범주화하면서 인간이 아닌 다른 개체와 의미적으로 구별되게 한다. 참 의미 성분, 진단적 성분, 보충적 성분

40. 공통 조어(共通 祖語)

다른 언어들의 조상이 되는 언어. 예를 들어 그리스어, 라틴어, 산스크리트어의 공통 조어는 원시인구어(proto Indo-European)이다. 참 조어, 어족, 재구

41. 과거 시제(過去 時制, Past tense)

사건시가 기준시에 선행하는(사건시>기준시) 시간 표현. 문법적으로는 어미(선어말어미, 관형사형어미), 과거를 나타내는 시간 부사로 실현된다. 과거 시제의 선어말어미는 '-았-/-었-/-였-'으로 '아이가 밥을 먹었다.'는 동사의 과거 시제이다. '나는 정말 피곤했다.' '그 사람은 내 친구였다.(이-었-다.)'는 형용사와 '이다'의 과거 시제이다. 과거 시제의 선어말어미는 양상모음 어간 뒤에서는 '-았-'으로, 음성 모음 어간 뒤에서는 '-었-'으로, 어간 '하-' 뒤에서는 '-였-'으로 교체된다. 선어말어미 '-었-'은 사건시가 기준 시점인 발화시와 일치하는 현재의 일이나 사건시가 발화시에 후행하는 미래의 일을 표시하기도 한다. 관형사형어미는 용언에 따라 형태가 구분된다. 용언이 동사일 때, '-(으)ㄴ', 용언이 형용사나 '이다'일 때는 '-(었)던'으로 나타난다.

'예쁘던 꽃이 모두 떨어졌다.', '가까운 친구이던 그가 내 곁을 떠났다.'에서 형용사나 '이다'에서 과거 시제의 관형사형 어미 '-(었)던'이 나타난다. 참 대과거, 미래 시제, 현재 시제

42. 과도음(過渡音)

☞ 활음(p.302)

43. 관계 관형절(關係 冠形節, Relative clause)

관형절의 수식을 받는 체언과 동일한 체언이 관형절의 기저문에 들어 있으나 표면적인 문장 구성에서는 그것이 생략(동일 명사구 삭제)되는 관형절. '내가 태어난 경주는 옛날 신라의 수도였다.'라는 문장에서 관계 관형절의 피수식 명사 '경주'는 관형절 내부의 문장 성분('내가 경주에서 태어나-')이 된다. 참 관형절, 동격 관형절

44. 관계 반의어(關係 反義語, Relative antonym)

두 단어가 상대적 관계를 형성하면서 의미상 대칭을 이루는 반의어. '남편'과 '아내'에는 x가 y의 남편이면 y가 x의 아내가 되는 상대적 관계이며 두 단어는 어떤 기준(성별)을 사이에 두고 대칭 관계를 이루고 있다. 관계 반의어는 대립쌍을 이루고 있는 단어들이 일정한 방향성을 가지고 있다는 점에서 방향 반의어(directional antonym)라고 말하기도 한다. 관계 반의어는 대립쌍의 상호 관계에 따라서 몇 가지 하위 유형으로 나눌 수 있다. ①역의 관계(converse)는 서로 대체될 수 있는 두 단어 사이의 관계(예 남편-아내, 주다-받다)를 나타내는데 동일한 상황을 바꾸어 표현한 환언 관계(paraphrase)를 설명할 수 있다. ②역행 관계(reverse)는 단어가 한 방향(→)으로 이동하는 것을 나타내고 다른 단어는 반대 방향(←)으로 이동하는 것을 나타낸다. (예 밀다-끌다/당기다, 가다-오다) ③대척 관계(antipodal)는 두 단어

가 방향의 양쪽 끝을 나타낸다.(例 출발점-도착점) ④대응 관계(counterpart)는 표면에서 위상의 차이를 보이는 관계이다.(例 볼록-오목, 두둑-고랑) 참 반의 관계, 상보 반의어, 등급 반의어

045. 관계언(關係語)

주로 체언(☞p.278) 등에 붙어서 체언과 서술어의 관계를 나타내는 단어 부류. 관계언은 조사를 말하는 것으로 '철수가 밥을 먹는다.'에서 '가'는 철수가 주어임을, '을'은 밥이 목적어임을 나타낸다. 조사에는 격조사(☞p.141)와 보조사(☞p.188), 접속 조사(☞p.262)가 있다. 참 체언, 격조사, 보조사, 접속 조사

046. 관계의 격률(關契의 格率, The maxim of relevance)

그라이스(Grice)가 제시한 대화 격률(☞p.165) 중에서 관련성이 있게 하라는 격률. 명령문은 시간상 현재와 관련이 있다. '물 좀 주세요.'라는 명령 발화에서 화자가 요구하는 행위를 청자가 이행하는 시간은 현재이다. 따라서 이 발화에는 '지금 물을 주세요.'라는 의미가 함축되어 있다. 관계의 격률을 위배함으로써 발생하는 함축의 예는 다음과 같다. A가 '가정 형편은 어떻습니까?'라고 묻자 B는 '커피가 다 식었군요.'라고 대답한다. B는 A의 질문에 관련성이 없는 말을 함으로써 가정 일에 대해 말하고 싶지 않다는 의미를 함축하고 있다. 이때 A는 B의 가정 사정이 좋지 않다는 추론을 하게 될 수 있다. 참 대화 격률, 양의 격률, 질의 격률, 태도의 격률

047. 관형격 조사(冠形格 助詞)

앞의 체언이 뒤에 오는 체언을 수식함을 나타내는 조사. '철수의 가방'에서 관형격 조사 '의'가 결합되어 '철수의'가 후행하는 명사 '가방'을 수식하는 역할을 한다. '나의 가방, 너의 가방'과 같이 1인칭

과 2인칭일 경우에는 '내'와 '네'로 형태가 축약되기도 한다. 관형격 조사는 실제 문장에서 수식 관계 및 소유 관계 등 다양한 의미 관계를 나타내기도 한다. 예를 들어, '나의 책'은 '내가 가진 책'이라는 의미로 소유 관계를 드러낸다. '언니의 결혼'은 '언니가 결혼함'이라는 의미로 주어 관계를 드러낸다. '주권의 박탈'은 '주권을 박탈함'이라는 의미로 목적어 관계를 드러낸다. 🔽 조사, 격조사

048. 관형사(冠形詞)

체언 앞에서 체언의 내용을 꾸며주는 단어 부류. 관형사는 일반적으로 체언을 수식하지만 모든 체언에 제약 없이 결합되는 것은 아니다. 일반적으로 명사와 잘 결합하고 대명사와 수사는 관형사의 결합이 제약된다. 명사 중에서도 고유명사와는 결합이 제약된다. 관형사는 다른 품사와 비교하면 그 수가 적은 편이며 종류에는 ①지시 관형사(예 이, 그, 저, 이런, 그런, 저런, 어느), ②수 관형사(예 한, 두, 세, 여러, 모든, 온갖), ③성상 관형사(예 새, 헌, 옛, 갖은) 등으로 나뉜다. 만약 관형사가 함께 어울려 쓰일 때는 지시 관형사, 수 관형사, 성상 관형사 순으로 결합된다.(예 이 두 옛 친구, 저 모든 헌 차) 🔽 품사, 수식언, 부사

049. 관형어(冠形語, determiner)

체언으로 된 주어, 목적어 등의 앞에 놓여 그것을 수식해 주는 말로 부속성분 중의 하나. 관형어는 관형사, 용언의 관형사형, 체언이나 체언 구실을 하는 말에 조사 '의'가 붙어 관형어가 된다. '서점에서 새 책을 몇 권 샀다. 정원에 예쁜 꽃이 많다.'에서 '새, 예쁜'이 관형어이다. '어린이는 어른의 스승이다.'에서 '어른의'는 체언에 조사 '의'가 붙어 관형어가 된 것이다. 🔽 문장 성분, 주어, 목적어, 서술어, 보어, 부사어, 독립어

050. 관형절(冠形節, Relative clause)

안긴 문장의 서술어가 관형사형 어미 '-은, -는, -을, -던' 등과 결합하여 구성된 절. 구성 형식에 따라 관계 관형절(☞p.148)과 동격 관형절(☞p.167), 긴 관형절과 짧은 관형절로 구분된다. '<u>예쁜</u> 꽃이 피었다.', '그는 <u>우리가 돌아온</u> 사실을 모르고 있었다.'에서 밑줄 친 부분은 안긴 문장의 서술어 '예쁘다, 돌아오다'가 각각 관형사형 어미와 결합하여 관형절을 이루고 있다. 참 명사절, 서술절, 부사절, 인용절

051. 교착어(膠着語, Agglutinative language)

언어 유형론적 특징에 따른 언어 분류 중 하나. 언어 유형론적으로 분류하면 교착어, 굴절어, 고립어, 포함어로 나누어지는데 한국어는 교착어에 해당한다. 교착어는 '가(어간)+시(높임)+었(과거)+겠(추측)+더(회상)+군(감탄)+요(높임).'와 같이 핵심적인 구성 요소인 어간 '가'에 다양한 의미와 문법 범주(☞p.51)를 실현하는 형태들이 연이어 첨가되는 성격을 지니고 있다. 참 언어 유형론, 문법 범주

052. 교체(交替, Alternation)

한 형태소가 환경에 따라 음상이 달라지는 현상. '밥'이라는 형태는 '밥이, 밥만'에서 각각 [pabi], [pamman]으로 [밥, 밤]과 같이 실현되는데 이렇게 주변 환경에 따라 여러 가지 형태로 실현되는 현상을 교체라고 한다. 참 이형태, 변이

053. 구강(口腔, Oral cavity)

입안. 앞쪽 입술부터 뒤쪽 인두와 연결되는 입안의 공간이다. 참 비강

054. 구강음(口腔音, Oral sound)

코로 나가는 공기를 막고 입안으로 공기를 내보내면서 내는 소리.

구강음은 비음(☞p.196)에 상대되는 말이다. 연구개 뒷부분을 올려 비강 통로를 막아 기류를 입안으로 보내는 소리로 비음을 제외한 자음이 모두 구강음이다. 참 비음

055. 구정보(舊情報, Old information)

화자가 발화할 때 청자의 의식 속에 들어 있는 지식. 화자가 직접적으로 표현하지는 않았지만 앞의 맥락을 통해서 청자가 인식할 수 있는 지식이면 그것은 구정보이다. 일반적으로 조사에 의해서 신정보(☞p.214)와 구정보가 실현되는데 구정보에는 보조사 '은/는'이 결합된다. '옛날 어느 마을에 나무꾼이 살았는데 어느 날 그 나무꾼은…….' 이라는 전래동화의 도입 부분에서 처음 등장하는 '나무꾼'은 신정보이기 때문에 조사 '이'가 붙지만 뒤에 등장하는 '나무꾼'은 구정보이기 때문에 '은'이 붙는다. 참 신정보

056. 국어(國語, National language)

한 나라의 말. 세계 여러 나라에서 보통 자국의 언어를 국어라는 용어보다는 영어(English), 프랑스 어(French) 등으로 부르지만 한국, 일본, 대만에서는 자국의 말을 '국어'라고 부른다. 최근 들어 '국어'는 내국인의 교육(국어 교육)에 사용되는 명칭으로, '한국어(☞p.293)'는 외국어로서의 국어(한국어 교육)라는 의미로 사용된다. 참 한국어

057. 굴라어(Gullah)

미국 조지아 지역에서 아프리카 노예들의 후손이 사용하는 언어. 크레올(☞p.281)의 한 예이다. 참 크레올

058. 굴절접사(屈折接辭, Inflectional affix)

단어의 어미(☞p.221) 변화를 담당하는 접사. 한국어의 어미가 여기에 속한다. 영어에서는 시제(-ed)나 인칭과 시제 일치를 위해 사용되는

‘-s’가 여기에 속한다. 파생접사와 달리 새 단어를 만들어내지 못하고 동사나 형용사 등의 어미 변화만을 담당한다. 한국어에서는 굴절접사를 어미라 부르며 굴절접사는 모두 굴절접미사만 존재하고 굴절접두사는 존재하지 않는다. 참 접사, 어미

59. 규칙적 음운 대응(規則的 音韻 對應, Regular sound correspondence)

분화된 언어 둘 사이에서 형태나 음운이 규칙적으로 대응되는 것. 비교언어학에서는 규칙적 음운 대응을 연구하여 분화된 언어들의 공통 조어(☞p.147)를 재구(☞p.257)한다. 음운 대응의 규칙성은 인구어에 속하는 라틴어, 독일어, 영어 사이의 비교에서 잘 드러난다. 양순음을 보면 라틴어의 무성파열음 [p]는(예 pater) 독일어와 영어의 무성마찰음 [f]에 대응하고(예 Vater, father) 라틴어의 무성마찰음 [f]는(예 frater) 독일어와 영어의 유성파열음[b]에(예 Bruder, brother) 대응된다. 그리고 라틴어의 유성파열음 [b]는(예 labium) 독일어와 영어의 무성파열음 [p]에(예 Lipp, lip) 대응한다. 음운 대응의 관계를 확인하여 널리 알린 것이 그림(J.Grimm)이기 때문에 이 대응 관계를 그림의 법칙(Grimm's Law)이라고 한다. 즉, 그림의 법칙은 인구어에서 게르만어파(영어, 독일어 등) 언어들과 다른 언어들 사이의 자음 대응 관계를 잘 보여준다. 참 재구, 공통 조어, 조어, 어족

60. 그림문자(그림文字, Pictogram)

어떤 생각을 관련된 사물을 그려서 표현하는 원시 문자. 문자 발달의 제1단계에 해당한다. 13~16세기 중앙아메리카에 있었던 미스텍(Mixtec) 부족의 그림에는 전사들이 다른 부족을 점령하는 모습이 그려져 있다. 여기에는 해골 모양이 그려져 있는데 이것은 죽음을 의미한다. 참 문자 발달 단계

061. 근접학(近接學, Proxemics)

대인 간의 거리와 커뮤니케이션의 관계에 대해 연구하는 분야. 서로 말하는 사람 사이의 거리를 물리적인 것으로 인지하는 것이 아니라 거리가 커뮤니케이션의 의미를 말하고 있음을 무의식적으로 이해하며 이와 같은 근접학은 문화적 공간을 이르는 것으로 홀(Hall)이 붙인 이름이다. 그는 거리대(zone of proximal)를 상정하고 '밀접 거리'에서 '사회적 거리'까지를 제시한다. 대인 관계에서 개인 거리의 지각은 마치 언어의 문법 구조처럼 의식 밖에서 이루어지며 문화에 따라 다르다는 것을 지적하였다. 예를 들어 60대 후반의 사람과 20대 학생들 사이에는 커뮤니케이션에서 개인적 공간이 다른데 60대의 개인 공간은 넓고 20대의 개인 공간은 좁다고 말할 수 있다. 참 접촉학, 대물학, 시간학

062. 글라이드(Glide)

☞ 활음(p.302)

063. 금기어(禁忌語, Taboo word)

일상적인 언어 사용 상황에서 사람들이 사용하기를 꺼리는 말. 금기어는 일상생활에서 대체 표현들로 사용된다. 성과 배설물, 질병, 죽음, 신체적 상해에 관련된 말들이 주로 금기어가 된다. 예를 들어 '똥' 같은 단어는 사람들이 꺼리어 '대변, 인분, 변' 등의 한자말로 사용한다. 그리고 이러한 금기어들은 상대방을 무시하고 당혹스럽게 하기 위한 욕설로 쓰이기도 한다. 욕에서 사용하는 금기어는 속어(☞ p.210)의 일종이다. 참 속어

064. 기(氣, aspiration)

기류의 세기. 혀와 연구개의 막음이 개방된 후 구강을 빠져나가는 기류의 세기를 기(氣)라고 하는데 기류의 차이에 의해 유기음(☞p.237)과

무기음(☞p.178)으로 구별된다. 참 유기음, 무기음

065. '기' 명사절(기 名辭節)

아직 일어나지 않은 일들에 대한 내용들을 나타내는 명사절(☞p.175). '-기' 명사절은 안은 문장의 서술어가 되는 용언의 어휘적 특성에 따라 공기 관계가 형성된다. '바라다, 희망하다, 기다리다' 등과 같은 희망이나 기대의 뜻을 지닌 동사와 공기하며 '적당하다, 알맞다' 등의 형용사와도 공기한다. 또한 '-기' 명사절은 매우 다양한 형식으로 나타나서 '-기 위하여, -기 때문에, -기 쉽다, -기 좋다, -기에 적절하다, -기로 하다' 같은 관용구를 이루기도 한다. 예를 들어 '어머니는 내가 성공하기를 바란다.'라는 문장에서 '-기' 명사절은 그것이 표현하는 사태가 앞으로 일어날 것이라는 점을 표현한다. 참 명사절, '음' 명사절

066. 기본 문형(基本 文型, basic sentence pattern)

기본적인 문장의 틀. 한국어에서 문형은 주어, 서술어, 목적어, 보어, 필수적 부사어(☞p.192)가 서로 어울려 만들어 내는 문장의 기본적인 틀로, 다음과 같은 다섯 가지 정도로 나눌 수 있다. ①주어+서술어(예 꽃이 핀다.), ②주어+부사어+서술어(예 민수가 집에 있다.), ③주어+목적어+서술어(예 영희는 사과를 좋아한다.), ④주어+보어+서술어(예 준호는 어른이 되었다.), ⑤주어+목적어+부사어+서술어(예 어머니는 나를 아이로 여긴다.)이다.

067. 기본형(基本形, basic allomorph)

형태소의 많은 이형태 중에서 대표로 삼은 형태. 어떤 형태소(☞p.300)는 환경에 따라 여러 이형태로 교체(☞p.151)되는데 그 중 하나를 골라 나머지 이형태들의 대표로 삼은 것을 말한다. 기본형을 잡는 여러 기준이 있는데 ①나머지 이형태가 음운적, 형태적 환경에 따라 변이

된 것이라고 합리적으로 설명되는 방향으로 잡는다. 예를 들어 '밖'은 '박', '밖', '방'의 세 가지 이형태로 교체가 일어나는데 이중에서 나머지를 모두 합리적으로 설명할 수 있는 '밖'을 기본 이형태로 잡게 된다. ②역사적인 사실을 고려하여 기본형을 잡을 수도 있다. 예를 들어 주격 조사 '이'는 '가'보다 먼저 존재했으므로 '가'보다는 '이'를 기본형으로 잡는다. ③임의로 어느 하나를 기본형으로 삼거나 통계적으로 우세한 이형태를 기본형으로 잡을 수도 있다. **참** 교체, 형태소

068. 긴 부정문(긴 否定文)

보조용언에 의해 긴 형태로 실현되는 부정문. 긴 부정문은 '책을 읽지 못했다.', '책을 읽지 않았다.'와 같이 '-지 못하(다), -지 않(다)' 같은 보조용언에 의해 부정이 실현된다. '말다, 없다, 모르다, 아니다'의 경우 긴 부정문만 허용된다. 긴 부정문은 짧은 부정문(☞p.277)에 비해 서술어의 제약이 적다. 한국어의 부정문은 긴 부정문이 기본적인 부정문이라 할 수 있고 짧은 부정문은 긴 부정문의 간이형이라 할 수 있다. 긴 부정문은 짧은 부정문에 비해 격식적인 상황에서 사용된다. **참** 부정법, 짧은 부정문

069. 긴장음(緊張音, Tense)

발음할 때 성대와 조음 위치 주위의 근육이 긴장되는 음. 한국어에서는 경음과 유기음이 발음 기관을 긴장시키면서 내는 소리이다. **참** 이완음

070. 끊어적기

☞ 분철(p.193)

071. ㄴ 첨가(ㄴ 添加, ㄴ Addition)

모음 'ㅣ'나 활음 'j'로 시작하는 실질 형태소(☞p.215) 앞의 자음이

있을 때 'ㄴ'이 첨가되는 현상. '솜이불[솜니불]'에서 앞 말은 자음 'ㅁ'으로 끝나고 뒤는 모음 'ㅣ'로 끝나기 때문에 'ㄴ' 첨가가 일어난다. ㄴ 첨가는 복합어 생성에서 자주 발생하게 되는 현상으로 ①합성어(예 꽃+잎→꽃잎[꼰닙]), ②파생어(예 맨+입→맨입[맨닙], 짓+이기다→짓이기다[진니기다])도 일어난다. 그리고 단어와 단어 사이에서도 발생하게 된다.(예 '할 일[할닐(ㄴ 첨가)→할릴(유음화)]') 참 음운 과정, 첨가

072. 난독증(難讀症, Dyslexia)

언어를 구사하고 이해하는 데에 문제가 없지만 글을 읽는데 장애를 가지는 증상. 난독증은 뇌 전체의 정신적 문제가 아니라 읽기와 관련된 왼쪽 뇌의 신경 연결회로가 다른 사람들과 다르게 구성되어 일어나는 현상이다. 치료해야 하는 증상이지만 정신적 능력과는 상관이 없다.

073. 남성어(男性語, Male language)

남성이 사용하는 특유의 표현이나 말. 여성어(☞p.231)보다는 솔직하고 직설적이며 허물이 없다. 참 여성어

074. 내적 재구(內的 再構, Internal reconstruction)

어느 한 언어 자료에 의해서 이루어지는 재구. 내적 재구는 어느 한 언어의 특정한 시기의 공시적 자료를 이용하여 그 언어의 역사를 추정하는 연구 방법론이다. 이 재구 방법은 친족 관계가 있는 다른 언어가 없거나 알려지지 않아 비교 재구를 할 수 없는 경우, 조어에서 그 언어의 상세한 언어 변화를 재구하는 경우 등에 사용된다. 참 재구

075. 내포문(內包文, Embedded clause)

한 문장이 다른 더 큰 문장 속에 내포되어 하나의 성분으로 기능하

는 문장. 내포문의 대표적인 예는 명사, 관형사, 부사의 기능을 하는 것이며 이때 내포된 문장을 명사절, 관형사절, 부사절로 부른다. 웹 접속문, 안긴 문장, 안은 문장

076. 내포적 의미(內包的 意味, Connotative meaning)

연상적 의미의 하나로, 한 언어 표현이 지시하는 것에 덧붙어 나타나는 의미. 전달 가치와 관련되어 개념적 의미(☞p.139)에 추가적으로 나타날 수 있는 의미이다. '소녀'의 경우 [+여성][+인간] 등의 개념적 의미 외에 [수줍은][미성숙한] 등과 같이 추가적으로 나타날 수 있는 의미를 내포적 의미라 한다. 내포적 의미는 개인이나 집단 또는 사회의 전반적인 관점에 따라서 지시물에 대한 추정적인 특성을 갖는다. 이 의미는 한 언어 사회 내에서 누구나 공통적으로 인식하는 의미라 할 수 없기 때문에 개념적 의미가 될 수 없으며, 특정 상황이나 문맥에서 개념적 의미에 덧붙여 나타날 수 있다. 웹 개념적 의미, 사회적 의미, 감정적 의미, 반사적 의미, 배열적 의미, 주제적 의미

077. 높임법(Honorifics)

화자가 어떤 대상에 대하여 높임 또는 낮춤의 뜻으로 표현하는 문법 범주. 한국어에서는 문장 표현에 참여하는 인물 사이의 높고 낮음의 관계에 따라 언어 표현이 다르다. '어머니가 할머니께 선물을 드리셨습니다.'와 '형이 동생에게 선물을 주었다.'라는 문장 안에서 화자와 청자는 나타나 있지 않으나, '어머니'와 '형'은 주체가 되고 '할머니'와 '동생'은 객체가 된다. 앞의 문장은 뒷 문장에 비해 청자와 주체, 객체를 모두 높여 표현한 문장이다. 높임법은 규칙으로서의 문법적 현상이면서도 실제적인 언어 활동과 관련되는 문법 범주이어서 때로는 발화 상황에 의존하는 화용론적 성격을 띠기도 한다. 높임법은 높임의 대상에 따라 상대 높임법, 주체 높임법, 객체 높임법이

있는데 상대 높임법은 어말어미(종결어미)에 의해 실현되고 주체높임법은 선어말어미'-(으)시-'나 어휘, 객체 높임법은 어휘에 의해서 실현된다. 참 직접 높임, 간접 높임, 대우법, 상대 경어법, 주체 경어법, 객체 경어법, 대우법

78. 뇌의 국부화(腦의 局部化, Localization of function)

뇌의 부위는 서로 다른 기능을 통제하고 있음. 보통 왼쪽 반구는 언어 처리를 통제하고 있으며 오른쪽은 공간에 있어서의 방향성, 시공간적 처리와 같은 다른 능력을 통제하고 있다. 뇌의 앞쪽에 장애를 입으면 말을 하는 것이 어려워지는 경향이 있으며 뇌의 뒤쪽에 상처를 입으면 듣고 이해하는 데에 지장이 생기는 경향이 있다. 이것은 뇌의 기능이 국부화되어 있기 때문이다. 참 실어증, 브로카 실어증, 베르니케 실어증

79. 능동부(能動部, Articulator)

발음할 때에 능동적으로 움직이는 조음 기관. 능동부는 조음체(☞ p.265)와 같은 말로 아랫입술과 혀 등이다. 참 조음체

80. 다의어(多義語, Polysemy)

하나의 단어가 둘 이상의 의미를 가지고 있는 단어. 다의어의 의미들은 서로 관련성이 있어야 한다. 다의어는 하나의 중심적 의미와 중심적 의미에서 파생된 주변적 의미를 갖는다.

예를 들어, 동사 '먹다'는 '밥을 먹다, 나이를 먹다, 돈을 먹다'처럼 의미적으로 관련성을 보인다. 그래서 '먹다'는 각기 다른 단어로 인식되지 않고 하나의 단어로 받아들여진다. 참 동음어

81. 다의어의 생성 원인(多義語의 生成 原因)

다의어가 발생하는 원인. 다의어의 발생에는 다섯 가지 요인이 있다. ①적용의 전이(shifts in application)(예 끊다: 테이프를 끊다,

관계를 끊다 등) ②사회 환경의 특수화(specialization in a social milieu)(囫 집: 가옥→바둑 용어로 같은 돌로 둘러싸인 공간) ③비유적 언어(囫 개: 앞잡이라는 비유적 의미) ④동음어의 재해석(囫 weed: 잡초, 과부) ⑤외국어의 영향의 요인(囫 정상: summit meeting에서 summit의 영향으로 '국가의 수뇌' 뜻이 추가됨)이 있다. 참 동음어

082. 단모음(單母音, Single vowel)

소리를 내는 도중에 입술 모양이나 혀의 위치가 고정되어 변하지 않는 모음. 한국어의 단모음은 ㅏ, ㅐ, ㅓ, ㅔ, ㅗ, ㅚ, ㅜ, ㅟ, ㅡ, ㅣ이며 이 중에서 ㅚ, ㅟ는 이중 모음으로 발음할 수도 있다. 참 이중모음

083. 단문(單文, Simple sentence)

주어와 서술어가 한 번만 나타나는 문장. 단문은 '홑문장'이나 '단순문'이라고도 불린다. 참 복문

084. 단순문(單純文, Simple sentence)

☞ 단문(p.160)

085. 단어(單語, Word)

최소 자립 형식. 단어는 그 내부에 휴지(休止, pause)와 분리성(分離性, isolability)을 둘 수 없다. 즉 '작은아버지(叔父)'는 한 단어로 '작은#아버지'와 같이 쉼을 둘 수 없고, '우리 숙부'라는 뜻으로 '작은 우리 아버지'와 같이 한 단어인 '작은아버지'의 내부에 '우리'를 넣어 분리할 수 없다. 즉 단어는 그 내부에 휴지를 둘 수 없고 다른 단어를 끼워 넣을 수도 없는 의미 단위이다. 단어는 구조에 따라 단일어, 복합어(파생어, 합성어)로 나뉜다. 참 단일어, 복합어, 파생어, 합성어

086. 단어문자(單語文字, Logogram)

사물을 나타내는 그림이 지속적으로 추상화, 단순화되어 사물과의

유사성이 많이 약화되어 생긴 문자. 문자 발달의 제2단계로 표의문자(ideogram)라고도 한다. 대표적인 예로 한자가 있다. 한자의 자형은 처음에 그림에 가까웠으나 지속적으로 추상화되어 오늘날의 한자로 발달하게 되었다. 참 문자 발달 단계

87. 단일어(單一語, Simple word)

하나의 형태소로 이루어진 단어. '책, 하늘, 사과, 어머니'는 하나의 형태소로 이루어진 단일어이다. 참 단어, 복합어, 파생어, 합성어

88. 담화 분석(談話 分析, Discourse analsis)

담화의 구조와 과정을 분석하는 연구로 의사소통에 영향을 주는 언어사용을 연구하는 분야. 담화 분석은 의도를 표현하기 위해 문맥 속에서 언어를 사용하는 과정에 초점을 두어 연구한다. 담화분석은 대응 관계, 인접쌍(adjacency pair)(☞p.91), 화자 교대(Turn-taking)(☞p.124) 등의 발화 관계, 담화에 있어서의 화제의 도입 방법 등을 연구한다. 참 인접쌍, 화자 교대

89. 담화 직시(談話 直視, Discourse deixis)

발화 그 자체를 포함하고 있는 담화상의 어떤 부분에 대한 지시를 기호화한 것. '김 회장은 개인 재산의 일부를 사회에 환원하겠다고 말했다. 그러나 그것은 위기에 처할 때마다 하는 말잔치에 불과했다.' 에서의 '그것'은 '개인 재산의 일부분을 환원하겠다.'는 앞에 나온 담화의 한 부분을 지시한다. 곧 '그것'은 담화연속체의 한 부분을 이루고 있는 언어적 표현을 가리키는데 이와 같이 담화의 한 부분을 이루고 있는 언어적 표현에 대한 직시를 담화 직시라고 한다. 담화 직시는 대체로 시간 직시나 장소 직시에 사용되는 직시 표현으로 실현되는데 그것은 담화가 일련의 시간과 공간 속에서 전개되기 때문

이다. '앞, 위, 다음, 아래'가 그 예이다. '이, 그, 저'도 다양하게 사용된다. 담화 직시는 조응(anaphora)(☞p.265)과 구별할 필요가 있다. 담화 직시가 담화 연속체 속의 언어적 표현 그 자체를 지시하는데 반하여 조응은 언어적 표현이 가리키는 것과 동일한 실체를 지시한다. **참** 직시, 시간 직시, 인칭 직시, 장소 직시, 사회 직시, 조응

090. 닿소리(子音, Vowel)

자음. 주시경 선생의 용어로 자음은 홀소리(모음)에 닿아서 나는 소리라 하여 닿소리라 하였다. 닿소리는 음절에서 주변 위치를 차지하기 때문에 홀로 쓰일 수 없고(비성절성) 반드시 모음과 함께 나타난다. **참** 자음, 홀소리

091. 대과거(大過去, Pluperfect)

과거의 일이되 그 다음에 그것과 관련되는 일이 선행되었다는 점을 함축한 시간 표현. 선어말어미 '-았-'에 다시 '-었-'을 첨가하여 '-았었-'의 형태로 표현한다. '정원에 꽃이 피었었다.'는 '정원에 꽃이 피었다.'와 달리 과거의 어떤 사건, '피었었다'보다 나중에 일어난 사건이 함축되어 있다. '지금은 정원에 꽃이 다 졌지만'과 같은 것이 함축되어 있다고 볼 수 있다. **참** 시제, 과거 시제, 미래 시제, 현재 시제

092. 대등 접속(對等 接續, Coordination)

접속문에서 선행절이 후행절에 대등적으로 이어진 접속. 선행절과 후행절이 의미적으로 주종 관계에 있지 않는 문장으로 '하늘이 푸르고 바람도 시원하다'와 같은 문장이 대등 접속의 예가 된다. 대등 접속은 등위 접속이라고도 한다. **참** 대등하게 이어진 문장

093. 대등하게 이어진 문장(對等하게 이어진 文章)

대등적 연결어미(-고, -지만, -든지)로 이어진 문장에서 선행절과

후행절이 가지는 의미 관계가 나열, 대조, 선택으로 실현되는 문장. '어제는 하늘도 맑았고 바람도 잠잠했다.'라는 문장은 '-고'라는 대등적 연결어미로 이어져 있고 선행절이 후행절에 대해 가지는 의미 관계는 '나열'이다. 이 문장은 선행절과 후행절이 의미적으로 대등한 관계에 있으므로 두 절의 순서가 바뀌어도 의미가 크게 달라지지 않는다. **참** 이어진 문장, 접속문, 종속적으로 이어진 문장

094. 대명사(代名詞, Pronoun)

사람이나 사물의 이름을 대신 나타내는 단어 부류. 대명사는 명사(☞ p.174)를 대신하는 품사로 볼 수 있는데 상황 지시(deixis)(☞ p.204)적인 특징이 있다. 대명사는 무엇을 대신하느냐에 따라 인칭 대명사, 지시 대명사 등으로 나뉜다. 한국어의 대명사는 종류가 많으나 실제로 활발하게 쓰이지는 않는다. 앞 문장의 명사를 대명사로 받는 것보다는 명사를 계속 반복적으로 언급하는 것이 일반적이며 특히 존대해야 할 사람을 가리킬 때는 대명사를 사용할 수 없다. 한국어는 전체적으로 대명사가 발달하지 않은 언어에 속한다. **참** 품사, 체언

095. 대모음 추이(大母音 推移, The Great Vowel Shift)

중세 영어 후기(15세기)에 시작되어 근대 영어 시기(17세기)에 종결된 영어의 모음 체계에서 나타난 변화. 중세 영어 시기에 강세가 있는 7개의 장모음에 변화가 생겼고 단모음은 상당수 이중 모음화되었다. 현대 영어의 철자법은 대모음 추이 이전에 정해진 것으로 대모음 추이 이전의 중세영어의 발음을 반영한다. 같은 모음의 반복이 장모음을 나타낸다는 일반적 원리를 적용하여 중세 영어는 [e:]를 'ee'로, [o:]를 'oo'로 적었다. 따라서 'feet'의 발음은 [fe:t]이고, 'food'의 발음은 [fo:d]였다. 그러나 대모음 추이 후 모음의 발음이 변하였으나 철자는 유지되었기 때문에 'feet'의 발음은 [fi:t], 'food'의 발음은

[fu:d]가 되었다. 대모음 추이가 영어의 철자와 발음의 괴리 현상에 영향을 미친 것이다.

096. 대물학(對物學, Objectics)

의사소통과 물리적 물건과의 관계를 연구하는 분야. 사람은 의사소통을 할 때도 반드시 물건과 함께 있게 되는데 음식물, 장식물, 실내 가구 등이 그것이다. 문화권마다 물건이 의사소통에서 하는 역할이 다르다. 선글라스를 끼고 대화에 참여하는 미국인은 예절과 관계가 없으나 한국인은 이를 예의가 없다고 느끼기도 한다. 🔖 근접학, 접촉학, 시간학

097. 대우법(對偶法, Honorifics)

화자가 어떤 대상을 높여서 말하는 법. 높임의 대상이 누구인가에 따라 세 가지로 구분된다. 어떤 서술의 주체, 즉 한 문장의 주어가 높임이 대상인 경우(주체 대우법), 주체가 하는 행위가 미치는 대상이 높임의 대상인 경우(객체 대우법), 청자가 높임의 대상인 경우(상대 대우법)이다. 🔖 높임법, 주체 경어법, 객체 경어법, 상대 경어법

098. 대응(對應, Correspondence)

비교언어학에서 공통 조어를 추정하기 위해 분화된 언어들 사이에서 음운과 형태면에서 비교하게 되는데 분화된 언어들 중 음운이 규칙적으로 일치함. 인구제어에서 'pitár-'(산스크리트어), 'pitar-'(고대페르시아어), 'patēr'(그리스어), 'pater'(라틴어), 'fadar'(고트어)는 '아버지'를 의미하는 단어이다. 모음과 자음이 완전히 일치하지는 않으나 전체적으로 유사하다. 게르만어파의 고트어만이 어두에 f-가 있고 이에 대해 다른 어파의 언어에는 p-가 있는 점은 차이점이다. 이들 단어는 유사성이 크고 특히 친족 명칭에 속하는 기초 어휘이기

때문에 그 기원이 동일하다고 할 수 있다. 게르만어파의 여러 언어에서 '아버지'를 의미하는 단어는 'fader'(고대 아이슬란드어), 'fæder'(고대 영어), 'fadar'(고대 프리지아어)와 같이 모두 어두에 f-를 가지고 있다. 게르만어파가 속하는 모든 언어의 f-가 다른 어파의 언어의 p-와 규칙적으로 일치하고 있는 것을 알 수 있다. 게르만제어의 f-는 다른 어파의 언어의 p-와 대응한다고 할 수 있다. 참 공통 조어, 조어, 재구, 비교 재구

099. 대치(代置, Replacement)

어느 한 소리가 다른 소리로 바뀌는 현상. 대치에는 평폐쇄음화(☞p.289), 비음화(☞p.196), 치조음화(☞p.279), 유음화(☞p.237), 경음화(☞p.143), 활음화(☞p.302), 조음 위치 동화(☞p.264)가 있다. 참 음운 과정, 평폐 쇄음화, 비음화, 치조음화, 유음화, 경음화, 활음화, 조음 위치 동화

100. 대화 격률(對話 格率, Gricean maxims)

그라이스(Grice)가 제안한 원만한 대화를 위해 지켜야 할 네 가지의 격률. 양의 격률(☞p.219), 질의 격률(☞p.276), 관계의 격률(☞p.149), 태도의 격률(☞p.282)이 있다. 대화 참여자들은 대화에 필요한 적절한 양의 정보를 제공하면서, 진실하게, 전후 관계에 맞게, 분명하게 말하라는 것이다. 참 양의 격률, 질의 격률, 관계의 격률, 태도의 격률

101. 대화 함축(對話 含蓄, Conversational Implicature)

대화 격률과 같은 화용론적 원리에 의해서 추론되는 함축. 대화에서 협력 원리와 대화 격률이 지켜지고 있다고 가정할 때, 대화 격률에 대한 화자의 가정과 청자의 추론에 의해서 파악되는 함축이다. 대화 함축은 특별한 맥락이나 배경 지식이 필요 없이 추론되는 일반대화 함축(generalized conversational implicature)과 특별한 맥락이 반드시

필요한 특정 대화 함축(particularized implicature)으로 구별한다. ①
일반 대화 함축은 '김 부장은 자녀가 몇 명인가요?'라는 발화는 화자
가 김 부장의 자녀가 모두 몇 명인지 모르고 있음을 함축하는데 이
함축은 질의 격률을 지키고 있다는 가정에 의해서 발생한다. 이것은
청자가 특별한 맥락이나 배경 지식 없이도 청자가 추론할 수 있다.
②특정 대화 함축은 A가 B에게 '오늘 저녁 동창회 모임에 나올 수
있어?'라고 묻자 B는 '오늘이 아버지 제삿날이야.'라고 대답한다. B
의 대답은 A의 물음에 직접 관련이 없는 것으로 보인다. 그러나 A는
B가 대화 격률을 준수할 것이라는 전제 속에서 자신의 질문과 B의
대답 사이의 관련성을 얻기 위해 배경지식을 활용하게 된다. 특정
대화 함축은 청자가 함축 의미를 추론하기 위해서 반드시 특정의
맥락이 필요하다. 참 고정 함축

102. 독립어(獨立語, Independant constituent)

문장 속에 있되 다른 단어나 문장 전체와 직접 관계를 갖지 않고
독립적으로 기능하는 말로 독립성분 중의 하나. 감탄사, 호격어, 접속
부사, 제시어 등이 독립어에 해당한다. '아아, 내가 조금만 더 빨리
왔더라면.'에서 '아아'는 감탄사로 독립어이고, '영순아, 저기 하늘에
떠 있는 게 뭘까?'에서 '영순아'는 체언에 호격 조사가 결합하여 독립
어가 되었다. 독립어는 문장 내의 특정 성분과 관련되지 않기 때문에
문장 부사어의 일종으로 생각될 수 있는데, 독립어는 그것을 뒤따르
는 문장의 한 성분이 되지 못하지만 문장 부사어는 하나의 성분이
된다는 점에서 차이가 있다. 참 문장 성분

103. 독립언(獨立言)

문장에서 다른 문장 성분과 직접적으로 관계를 맺지 않는 단어
부류. 독립언에는 감탄사(☞p.137)가 속한다. 독립언은 문장에서 그 위치

가 비교적 자유롭고 독립언 하나만으로도 문장이 될 수 있다. **참** 체언,
관계언, 용언, 수식언

104. 동격 관형절(同格 冠形節)

관형절과 피수식 체언이 의미상 동격 관계에 있는 절. '그는 <u>우리가
돌아온</u> <u>사실</u>을 모르고 있었다.'라는 문장에서 '우리가 돌아온'이 피수
식 명사 '사실'을 수식하고 있다. 이때 '우리가 돌아오다'는 그 자체로
한 문장의 성분을 다 갖추고 있으며 따로 떼어 놓으면 독립적인 문장
이 된다. 동격 관형절의 피수식 명사는 보문명사라고 한다. 보문명사
는 그 어휘적 의미와 관련되어 관형절의 관형사형 어미와 선택 제약의
관계가 성립된다. 예를 들어 '기억'은 과거의 행위를 내용으로 하기
때문에 관형사형 어미 '-ㄴ'의 수식을 받지만 '계획'의 경우에는 미래
의 행위를 내용으로 하기 때문에 관형사형 어미 '-ㄹ'의 수식을 받는
다. **참** 관형절, 관계 관형절

105. 동사(動詞, Verb)

사람이나 사물의 동작이나 작용을 나타내는 단어 부류. 동사는
형용사와 함께 활용한다는 점에서 다른 품사와 뚜렷한 차이를 보인다.
동사는 형용사와 달리 활용에서 제약이 적다. 동사는 ①목적어 여부
에 따라 자동사(**예** 가다, 오다)와 타동사(**예** 먹다, 사다)로 구분할 수
있고, ②행동의 자발성 여부에 따라 능동사(**예** 문을 열다)와 피동사
(**예** 문이 열리다)로 구분할 수 있다. ③행동의 자작성(自作性) 여부에
따라 주동사(**예** 책을 읽는다)와 사동사(**예** 책을 읽힌다)로도 구분할
수 있고 ④의미나 기능에 따라 이동 동사(**예** 가다, 오다, 다니다),
대칭 동사(**예** 결혼하다, 싸우다, 만나다) 등으로도 구분할 수 있다.
참 품사, 용언, 형용사

106. 동사와 형용사의 구별

동사와 형용사는 활용한다는 점에서 공통적이나 어미의 결합 양상이 차이를 보이기도 한다. 형용사는 명령형 어미(-어라), 청유형 어미(-자)를 취할 수 없으나 동사는 그러한 결합 제약이 없다. 동사는 현재형 종결어미로 '-는다'나 '-ㄴ다'를 취하지만(예 먹는다, 간다) 형용사는 '-다'를 취한다.(예 예쁘다, 높다) 동사는 현재형 관형형 어미로 '-는'을 취하지만(예 먹는 사람, 가는 길) 형용사는 '-은'이나 '-ㄴ'을 취한다.(예 높은 빌딩, 예쁜 눈) 참 동사, 형용사

107. 동시 조음(同時 調音, Coarticulation)

두 소리의 조음 동작이 동시에 겹치는 현상. 두 소리가 이어 나올 때 앞소리의 조음 동작이 뒷소리를 조음할 때까지 남아 있어 뒷소리의 조음 동작과 겹치게 된다. '신'은 [ɕin]으로 발음되어 'ㅅ'이 구개음화되어 발음된다. 치조 마찰음 'ㅅ'은 전설 고모음 'ㅣ' 앞에서 구개음화된다. 이것은 뒷소리의 조음 동작이 앞소리의 조음 동작에 영향을 미쳤기 때문이다.

108. 동음어(同音語, Homonym)

단어의 형태는 같으나 의미가 다른 단어. '풀[草]'과 '풀[糊]'처럼 고유어끼리 짝을 이루는 동음어도 있고 '시내[溪]'와 '시내[市內]' 같이 고유어와 한자어의 동음어 짝도 있다. '결정[決定]', '결정[結晶]', '결정[潔淨]' 같이 한자어 동음어도 많다. 참 다의어

109. 동의 관계(同義 關係, Synonymy)

음운적으로 서로 다른 단어가 동일하거나 매우 비슷한 의미를 가지고 있는 의미 관계. '죽다, 숨지다, 사망하다'는 동일하게 [죽음]이라는 의미를 가지고 있기 때문에 이 세 단어는 동의 관계에 있다. 참 유의 관계

110. 동의성(同意性, Synonymy)

동일한 상황을 지시하는 두 문장 사이의 의미 속성. 동의성은 둘 이상의 언어 표현에 하나의 해석이 결합된 구조를 가지고 있다. '영수가 수지를 업었다.'와 '수지가 영수한테 업히었다.'는 동의성을 갖는 문장이다. 동의문은 상호함의(mutual entailment)의 관계에 있는 두 문장이라고 규정지을 수 있으며 환언(paraphrase)에 의한 언어 표현은 대부분 동의 관계에 있다. 참 항진성, 모순성, 변칙성, 중의성, 함의, 전제

111. 동의어(同義語, Synonym)

음운적으로 서로 다르지만 동일하거나 매우 비슷한 의미를 가진 단어. 예를 들어 '흉내'와 '시늉', '걱정'과 '근심' 등은 동의어이다. 참 동의 관계

112. 동의어의 생성 원인(同義語의 生成 原因)

동의어가 발생하는 원인. 동의어는 다음과 같은 조건에서 생성되게 되는데 ①서로 다른 방언권에 있는 화자들이 동일한 지시 대상을 두고 각각 다른 단어를 사용함으로써 만들어지거나 ②문체나 격식의 차이에 의해서 ③특정 전문 분야에서 관련 영역을 보다 정밀하게 기술하기 위해 전문어를 사용하게 되면서 ④ 동일한 지시 대상을 가리키는 두 단어 가운데 한 단어는 중립적인 표현으로 쓰이고 다른 한 단어는 특별한 내포를 가지고 쓰이거나 ⑤완곡어법(euphemism)에 의해서 의해 생성된다. 참 동의어, 동의 관계, 동의어의 유형

113. 동의어의 유형(同義語의 類型)

동의어를 발생되는 원인에 따라 나눈 종류. 동의어의 생성 배경에 따라 나누어진다. 방언의 차이에 의한 동어의, 문체이나 격식에 의한 동의어, 전문어에 의한 동의어, 내포의 차이에 의한 동의어, 완곡어법

(euphemism)에 의한 동의어가 있다. ①방언의 차이에 의한 동의어로는 '하루살이-날파리-날타리'가 있고 ②문체나 격식의 차이에 의한 동의어로는 '얼굴-안면, 열쇠-키, 대한민국-한국' 등이 있다. 한자어나 외래어는 보다 정중하며 격식 있다고 생각하는 경향이 있다. 또한 외래어나 한자어를 순우리말로 바꾸어 쓰거나 축약이나 단축으로 줄여서 쓰고 있는 예도 있다. '색인-찾아보기', '조직폭력배-조폭'이 각각 그 예다. ③전문어에 의한 동의어로는 '충수-맹장, 염화나트륨-소금'이 있다. ④내포의 차이에 의한 동의어가 있는데 동일한 지시 대상을 가리키는 두 단어 중 한 단어는 중립적인 표현으로 쓰이고 다른 한 단어는 특별한 내포를 가지고 쓰이는 경우이다. '아내'가 중립적인 표현이라면 '부인'과 '마누라'는 각각 [+귀함]과 [-귀함]이라는 부차적인 의미가 있다고 할 수 있다. ⑤완곡어법에 의한 동의어로는 '죽다-돌아가다, 똥-대변'등이 있다. 죽음 · 질병 · 두려움 · 성 · 신체 특정 부위와 같은 것은 직설적인 표현을 피하고 대신에 완곡어를 사용함으로써 직접 표현과 그것을 대신하는 완곡 표현 사이에 동의 관계가 형성된다. 참 동의 관계, 동의어의 생성

114. 동의어의 충돌(同義語의 衝突)

동일한 대상을 둘 이상의 단어가 지시함으로서 동의어들 사이에서 일어나는 충돌. 동의어 충돌의 특징을 경쟁에서 살아남은 쪽의 관점에서 보면 음절이 짧은 말, 동음어를 갖지 않는 말, 문화적으로 우위에 있는 말이 살아남는다. 그리고 동의어 간 충돌이 일어나면 다섯 가지 유형의 결과를 다음과 같이 가져온다. ①동의어가 공존한다.(예 시늉-흉내, 걱정-근심) ②한 쪽은 살아남고 다른 쪽은 소멸한다.(예 천千-즈믄, 벽壁-ㅂ 름) ③동의중복(tautology)의 합성어로 사용된다.(예 틈새, 가마솥, 뼛골) ④의미의 범위가 확대, 축소 또는 제 3의 의미로 바뀐다.

(예 온의 의미 변화 : 百 →전체) ⑤의미의 가치가 향상되거나 하락한
다.(예 보람: 表迹→좋은 결과) 참 동의 관계, 동의어의 유형

115. 동철자 동음어(同綴字 同音語, Homograph)

　동음어 중에서 철자와 소리가 같은 동음어. '은행'(銀行)과 '은행'
(銀杏)이 그 예가 될 수 있다. 또한 '눈'[眼]과 '눈:'[雪] 같은 경우는
소리의 장단에서 구별이 있기 때문에 동음어가 아니라고 말할 수도
있지만 운율적 요소에 의한 구분은 일반적으로 하지 않는다. 참 동음어,
이철자 동음어

116. 동화(同化, Assimilation)

　주변 음운 환경과 같거나 비슷하게 바뀌는 현상. '국물[궁물]'과
같이 후행하는 비음 'ㅁ'에 의해 선행 'ㄱ'이 비음 'ㅇ'으로 바뀌는
것도 동화의 한 예이다. 이때 동화를 입는 음소 'ㄱ'을 피동화음(被同
化音)이라 하고 피동화음에 영향을 주어 동화를 일으키는 음소 'ㅁ'을
동화음(同化音)이라 한다. 참 이화

117. 동화의 분류(同化의 分類)

　여러 가지 기준으로 동화를 나눈 것. 동화는 ①피동화음과 동화음
과의 유사성 정도에 따라 완전동화(完全同化, complete assimilation)
와 부분동화(部分同化, complete assimilation)로 나뉜다. 유음화 '신
라→실라'는 ㄴ이 뒤에 ㄹ과 완전히 같아지는 완전동화이다. 비음화
는 완전동화와 부분동화도 있는데 '닫는→단는'은 완전동화이고 '잡
는→잠는'은 부분동화이다. ②동화음과 피동화음의 거리에 따라 직
접동화(直接同化)/인접동화(隣接同化)와　간접동화(間接同化)/원격
동화(遠隔同化)로 나뉜다. 비음화 '닫는→단는'은 피동화음과 동화음
이 인접해 있으므로 직접동화이고, 움라우트 '아기→애기'는 피동화

음 ㅏ와 동화음 ㅣ 사이에 자음 ㄱ이 끼어 있으므로(개재 자음) 간접 동화이다. ③동화의 방향에 따라 순행동화(順行同化)와 역행동화(逆行同化)로 나뉜다. 동화음이 피동화음보다 앞에 있으면 순행동화라 하고 동화음이 피동화음보다 뒤에 있으면 역행동화라 한다. 유음화 '달나라→달라라'는 순행동화, '논리→놀리'는 역행동화의 예이다. **참** 동화

118. 된소리

☞ 경음(p.143)

119. 두음법칙(頭音法則, Word initial rule)

어두에 ㄹ이나 ㄴ을 꺼리는 현상. 두음법칙에는 ㄴ 두음법칙과 ㄹ 두음 법칙이 있다. 어두의 ㄴ은 ㅣ나 j 앞에서 ㄴ이 탈락하여 ㅇ으로 쓴다. '녀자>여자', '년세>연세', '닉명>익명'의 예는 모두 ㄴ 구개음화의 예이다. 또한 한자어 '례의>녜의>예의', '리유>니유>이유'와 같이 어두의 ㄹ은 ㅣ나 j 앞에서 ㄴ으로 바뀌게 되고 ㄴ이 탈락하여 ㅇ으로 쓰게 된다. 그러나 '라디오, 레몬'과 같이 외래어의 어두에는 두음법칙이 적용되지 않는다.

120. 등급 반의어(等級 反義語, Gradable antonym)

두 단어 사이에 등급성이 있는 반의어. 두 단어 사이에 중간 상태가 있을 수 있으며 그렇기 때문에 한 쪽을 부정하는 것이 바로 다른 쪽을 의미하는 것이 아니다. 등급 반의어 '뜨겁다'와 '차갑다' 사이에는 덜 뜨겁거나 덜 차가운 중간 상태, '따스하다, 미지근하다, 시원하다'가 존재한다. 등급 반의어는 전형적으로 형용사가 많은데 형용사 가운데서도 등급화가 가능한 측정 형용사가 대부분이다.(**예** 높다-낮다, 크다-작다, 넓다-좁다 등) **참** 반의 관계, 상보 반의어, 관계 반의어

121. 등위 접속(等位 接續, Coordination)

☞ 대등 접속(p.162)

122. 랑그(Langue)

머릿속에 공유된 언어 공동체의 공통된 언어 능력. 스위스의 언어학자 소쉬르가 처음 사용한 언어학적 개념이다. 각 개인의 머릿속에 저장된 사회 관습적인 언어의 체계로서 개인의 언어 사용에 상대하여 사회가 공유하는 제약을 통틀어 이른다. 개별적인 언어인 파롤(☞p.286)과 상대되는 개념으로 쓰인다. 참 파롤

123. 링구아 프랑카(Lingua franca)

공통 언어가 없는 집단이 서로 의사를 전달하기 위해 쓰는 보조언어, 혹은 공통어. 링구아 프랑카는 모어는 아니지만 주로 공통어로서 넓게 사용되는 언어이다. 지역에 따라 정식 언어가 사용되기도 하고 피진(☞p.291)가 사용되기도 한다. 다른 언어를 사용하는 민족이 공존하는 지역이나 국제적 협력이나 업무의 의사소통을 위해 사용하는 공통어를 말한다. 예를 들면 외교 관계에서는 영어와 프랑스어가 쓰이며 아프리카 동부지역에서는 스와힐리어, 인도에서는 힌디어와 영어, 남태평양에서는 멜라네시아 피진, 동인도제도에서는 바자르 말레이어가 쓰이고 있다. 참 피진, 크레올어

124. 마찰음(摩擦音, Fricative)

완전히 막지 않고 좁은 틈을 남겨 놓아 공기가 그 사이로 빠져나가게 하여 마찰을 일으켜 내는 소리. 한국어의 마찰음은 ㅅ, ㅆ(치조 마찰음), ㅎ(성문 마찰음)이 있다. 참 파찰음

125. 말소리의 생성 과정(말소리의 生成 過程)

말소리(음성)가 만들어지는 과정. 말소리는 '발동→발성→조음'의

과정을 거쳐 만들어진다. 발동은 폐에서 기류를 만드는 과정이고 발성은 기류를 1차 변형하여 말소리를 만드는 것이며 조음은 기류를 2차 변형하여 음가를 형성하는 과정이다. 참 발음 기관

126. 명령법(命令法, Imperative)

화자가 청자에게 자기의 의도대로 행동해 줄 것을 요구하는 문장 종결법. 명령형 종결어미로 실현되며 이것이 실현된 문장이 명령문이다. 예를 들어 '길이 막히니 서둘러 출발하십시오.' 같은 문장이 명령문이다. 명령문의 주어는 청자이고 서술어는 동사로 한정되며 시간 표현의 선어말어미 '-었-, -더-, -겠-'과 함께 나타나지 않는다. 그리고 명령법에는 직접 명령법과 간접 명령법이 있다. 참 문장 종결법, 평서법, 감탄법, 의문법, 청유법, 직접 명령, 간접 명령

〈명령형 종결어미〉

단일 형태	a. '-아라/-어라/-여라, -거나,-너라, -게, -오, -소, -ㅂ시오, -소서', '(으)려무나, -(으)렴'
	b. '-아/-어, -지', '-도록'
복합 형식	a. '-대라, -재라, -래라'
	b. '-앗'

127. 명사(名詞, Noun)

사람이나 사물의 이름을 나타내는 단어 부류. 명사는 '책상, 머리, 하늘, 비빔밥'과 같이 대체로 사물의 명칭을 나타낸다. 명사는 ①자립성의 유무에 따라 자립 명사(예 컴퓨터, 의자, 물)와 의존 명사(예 것, 줄, 수, 밖, 때문)로 나눌 수 있고 ②감정의 유무에 따라 유정 명사(예 사람, 강아지, 고양이)와 무정 명사(예 책상, 나무, 장미)로 나눌 수 있으며 ③사물의 추상성 여부에 따라 구체 명사(예 장미, 책상, 나무)와 추상 명사(예 슬픔, 희열, 분노) 등으로 세분할 수 있다. 참 품사, 체언

128. 명사절(名詞節, Noun clause)

명사처럼 기능하는 절. 한 문장의 서술어가 명사형 어미 '-(으)ㅁ'이나 '-기'가 결합된 형태로 구성되며 의존명사 '것'으로 형성되기도 한다. 명사절은 일반 명사처럼 주어나 목적어가 될 수 있으며 부사격 조사가 결합하면 부사어가 될 수도 있다. '<u>그가 고향을 떠났음</u>이 분명하다. 나는 <u>네가 다시 돌아오기</u>를 바란다.'에서 '그가 고향을 떠났음, 네가 다시 돌아오기'는 명사절이다. 또는 '-는가/(으)ㄴ가'나 '-는지/(으)ㄴ지' 등의 종결어미로 끝난 문장이 명사절이 되는 경우도 있다. '이제부터 우리가 무엇을 할 것(인가/인지)를 생각해 보자.'와 같은 예이다. 참 서술절, 관형절, 부사절, 인용절, '기' 명사절, '음' 명사절

129. 명시적 수행발화(明示的 遂行發話, Explicit preformative utterance)

수행 동사가 문장의 표면에 노출되어 있는 발화. '나는 너와 미술관에 갈 것을 약속한다.', '본인은 두 사람이 이 순간부터 부부가 된 것을 선언합니다.' 같은 발화들은 '약속하다', '선언하다' 같은 수행동사가 문장 표면에 노출되어 있다. 이러한 발화들을 명시적 수행발화라고 한다. 참 비명시적 수행발화, 수행동사

130. 명제 내용 조건(命題內容條件, Propositional content condition)

서얼(Searl)이 제시한 적정 조건 중 발화에는 명제 내용이 명시되어야 한다는 조건. 예를 들어, 약속 발화의 명제 내용 조건은 '발화된 문장의 명제 내용은 화자의 미래 행위를 서술하여야 한다.'이다. 참 적정 조건, 예비조건, 성실 조건, 본질 조건

131. 모순성(矛盾性, Contradiction)

한 문장의 내용이 항상 사실이 될 수 없는 의미 속성. '모든 무생물은 살아 있다.', '창수는 형보다 나이가 세 살 많다.'와 같은 문장은

항상 거짓이 되는 명제로 모순성이 있다. '철호가 영수를 때리는 것을 멈췄다.'와 '철호가 영수를 때린 적이 없다.'의 두 문장은 서로 양립할 수 없는 관계로 두 문장 사이에는 모순성이 있다. 참 항진성, 변칙성, 중의성, 동의성

132. 모음(母音, Vowel)

성대의 진동을 받은 소리로 혀와 입천장 사이로 공기 마찰 없이 내는 소리(ㅏ, ㅑ, ㅓ, ㅕ, ㅗ, ㅛ, ㅜ, ㅠ, ㅡ, ㅣ 등). 모음은 성대의 진동을 받은 소리가 목, 입, 코를 거쳐 나오면서 그 통로가 좁아지거나 완전히 막히거나 하는 따위의 장애를 받지 않고 나는 소리다. 모음에는 단모음과 이중모음이 있다. 참 홀소리, 자음, 단모음, 이중모음

133. 모음동화(母音同化, Vowel assimilation)

동화를 입은 피동화음이 모음이 되는 동화. 모음동화의 예는 모음조화(☞p.177), 움라우트(☞p.236) 등이 있다. 참 동화, 자음동화

134. 모음의 분류(母音의 分類)

모음을 혀의 위치와 높이, 입술 모양에 따른 분류. 한국어의 단모음은 '아, 어, 오, 우, 으, 이, 에, 애, (위, 외)'이다. 단모음을 혀의 앞뒤 위치와 혀의 높이, 입술의 모양으로 나눌 수 있다. 한국어의 모음은 평순모음이 원순모음보다 많고 전설 원순모음과 후설 원순모음의 원순 저모음은 존재하지 않는다.

혀의 위치 / 혀의 높이	전설모음		후설모음	
	평순	원순	평순	원순
고모음	이	(위)	으	우
중모음	에	(외)	어	오
저모음	애		아	

135. 모음조화(母音調和, Vowel harmony)

두 음절 이상의 단어에서 뒤의 모음이 앞 모음의 영향으로 그와 가깝거나 같은 소리로 되는 언어 현상. 'ㅏ', 'ㅗ' 따위의 양성 모음은 양성 모음끼리, 'ㅓ', 'ㅜ' 따위의 음성 모음은 음성 모음끼리 어울리는 현상이다. 모음조화의 예로는 '깎아', '숨어', '알록달록', '얼룩덜룩', '졸졸', '줄줄' 등이 있다. 참 양성 모음, 음성 모음

136. 모음 축약(母音 縮約, Vowel contraction)

'ㅟ'가 'ㅗ'로, 'ㅕ'가 'ㅔ'로 바뀌는 현상. 모음 축약은 일부 방언에서 발생하며 이는 표준 발음으로 인정되지 않는다. '두+어→두어→둬:→도:'로 바뀌게 되는데 이는 'ㅟ'가 'ㅗ'로 축약된 예이다. '며느리[메느리], 경상도[겡상도]'로 바뀌게 되는데 이는 'ㅕ'가 'ㅔ'로 축약된 예이다. 참 음운 과정, 축약

137. 목구멍소리(Glottal sound)

☞ 성문음(p.208)

138. 목적격 조사(目的格助詞)

체언이 서술어의 목적어임을 나타내는 조사. '철수는 김밥을 먹었다.'에서 '김밥'에 '을/를'이 붙어서 '김밥을'이 서술어의 목적어임을 드러내 준다. 구어에서 '사괄 먹었어.'나 '사과 먹었어.'와 같이 축약되거나 생략되기도 한다. 참 조사, 격조사

139. 목적어(目的語, Object)

타동사에 의해 표현되는 동작이나 행위의 대상을 나타내는 말로 주성분 중의 하나. 목적어는 주로 체언 구실을 하는 말(체언, 명사구, 명사절, 종결형 문장)에 목적격조사 '을/를'이 붙어서 이루어진다. '철수가 새 책을 샀다. 민수는 다리의 상처가 결코 가볍지 않음을

알았다.'에서 '새 책을, 다리의 상처가 결코 가볍지 않음을'이 목적어에 해당한다. 서술어가 되는 용언에 따라서는 용언의 파생명사가 목적어로 나타나기도 하는데 이를 동족목적어라고 한다. (예 꿈-꾸다, 잠-자다) 참 문장 성분, 주어, 서술어, 보어, 부사어, 관형어, 독립어

140. '못' 부정문(못 否定文)

부정 부사 '못'이나 보조용언 '-지 못하(다)', '-지 말(다)'로 실현되는 부정문. '못' 부정은 의도는 있지만 능력이 없는 부정 표현이다. '문이 잠겨서 집에 들어가지 못했다.'가 그러한 예이다. '못' 부정은 화자가 의도는 있지만 능력이 부족하거나 타의에 의해 주체의 의지대로 되지 않는 일을 나타낸다. 즉 화자가 바라기는 하지만 여건이 허락되지 않을 때 '못' 부정을 사용한다. '-려고, -고자, -고 싶다, -ㄹ게, -(으)마'와 같이 의도가 들어 있는 표현과는 쓰이지 못한다. '망하다, 잃다, 염려하다, 고민하다, 걱정하다, 후회하다' 등과 같은 동사는 능력이 있다면 당연히 피하고자 하는 상황을 나타내기 때문에 '못'과는 어울릴 수 없다. 또한 '못'은 원칙적으로 형용사문에 쓰이지 못한다. 그러나 '만족스럽다, 넉넉하다, 신사답다'와 같이 그러한 상태를 바라는데도 여건이 허락지 않아 상태가 기대만큼 이루어지지 않을 때는 '못' 부정을 쓸 수 있다. 참 부정법, '안' 부정문

141. 무기음(無氣音, unaspirated)

기(氣)를 동반하지 않고 내는 소리. 유기음과 대립되며 한국어의 폐쇄음(☞p.289)과 파찰음(☞p.287), 경음(☞p.143)이 이에 속한다. 참 기, 유기음, 격음

142. 무성음(無聲音, voiceless sound)

성대 진동이 일어나지 않는 소리. 무성음은 폐로부터 올라오는 기류가 후두를 통과할 때 성문을 활짝 열어 성대를 진동시키지 않으면

생성된다. 한국어의 파열음, 마찰음, 파찰음은 성대 진동을 수반하지 않는 무성음이다. 참 유성음

143. 문법 단위(文法 單位, Grammatical unit)

의미를 지닌 언어 단위. 언어 단위(☞p.224)는 음소, 음절의 음성 단위와 형태소, 단어, 어절, 구, 절, 문장의 의미 단위로 나누어지는데 이 의미 단위를 문법 단위라 한다. 참 언어 단위

144. 문법론(文法論, Grammar)

문법 단위(형태소부터 문장)를 연구하는 언어학 분야. 형태론(☞p.300)과 통사론(☞p.282)을 아울러 지칭하는 말로 문법론에서는 형태소에서 단어의 구성, 단어에서 문장 구성까지를 연구 대상으로 삼는다. 참 형태론, 통사론

145. 문법 범주(文法 範疇, Category of Grammar)

동일한 의미 또는 문법적 기능을 나타내는 문법의 총칭. 성이나 수, 시제 등이 여기에 속한다. 예를 들어 '앉았다, 먹었다, 하였다'에서 각각 형태 '-았-, -었-, -였-'은 과거의 뜻을 표시한다. 이 경우에 하나의 범주를 이룬다고 하고 범주의 명칭을 '과거'라고 한다.

146. 문법상실증(文法喪失症, Agrammatism)

명사와 같은 실질어만을 단편적으로 말하고 문장을 구성하는데 필요한 문법적 요소를 말하지 못하는 증상. 문법적 요소란 영어의 경우 관사, 전치사 등을 말하고 한국어의 경우 조사 같은 것을 말한다. 문법상실증 환자들은 'The ball was kicked by the boy.'의 문장은 이해하지만 'The girl was kicked by the boy.'라는 문장은 잘 이해하지 못한다. 앞의 문장의 경우, 문법적 구조를 이해하지 못하더라도 사람이 공을 찬다는 의미는 쉽게 파악된다. 반면에 뒷문장 같은 경우는

문장 구조를 이해해야 제대로 의미를 파악할 수 있기 때문이다. 참 브로카 실어증

147. 문자론(文字論, Graphonomy)

문자를 연구하는 언어학 분야. 문자론은 크게 두 분야로 나누어지는데 하나는 문자의 발생 단계에서부터 여러 문자의 발전 단계를 거쳐 현대에 이르는 과정을 연구하는 역사적 문자론이고 다른 하나는 문자의 언어 자체와의 관련성, 즉 문자가 언어에 대해서 가지는 기능 또는 법칙을 연구하는 언어학적 문자론이다.

148. 문자 발달 단계(文字 發達 段階)

문자 발달의 여섯 단계. 제1단계는 그림문자 단계이고 제2단계는 단어문자/표의문자 단계이고 제3단계는 설형문자와 상형문자 단계이다. 제4단계는 음절문자 단계이고 제5단계는 자음 음소문자이며 제6단계는 완전한 음소문자 단계이다. 참 그림문자, 단어문자, 음절문자

149. 문장 성분(文章 成分, Sentence constituents)

문장을 이루는 여러 부분. 문장 성분에는 주어, 목적어, 서술어, 보어, 관형어, 부사어, 독립어가 있는데 이들이 적절히 모여서 하나의 문장을 만들어 낸다. '철수가 노래를 크게 부른다.'라는 문장은 주어(철수가), 목적어(노래를), 부사어(크게), 서술어(부른다)의 문장 성분으로 구성된다. 문장 성분은 주성분과 부속성분, 독립성분으로 나뉘는데 주성분은 문장의 큰 골격을 이루는 성분을 말하는 것으로 주어, 목적어, 보어, 서술어가 이에 해당된다. 부속성분은 문장을 이루는 데에 필수적인 성분은 아니나 다른 성분을 수식해 주는 관형어, 부사어가 이에 속한다. 독립성분은 문장과 관련을 맺지 않는 성분으로 독립어가 여기에 속한다.

150. 문장 의미론(文章 意味論, Sentence semantics)

문장의 의미와 그 속성 등을 연구하는 의미론. 문장 의미론의 연구 대상은 한 문장 안에 내재하는 의미의 속성, 문장과 문장 사이에 내재하는 의미의 속성이다. 한 문장의 의미 속성에는 항진성, 모순성, 변칙성, 중의성이 있으며 두 문장 사이의 의미 속성에는 동의성, 모순성, 함의, 전제가 있다. 참 항진성, 모순성, 변칙성, 중의성, 동의성, 함의, 전제

151. 문장 종결법(文章 終結法)

화자가 종결어미로 자신의 생각이나 느낌을 표현하는 방법. 문장을 어떻게 끝맺는가와 관련되는 문법 범주로, 문체법(style) 또는 어법(語法)이라고도 하며 문장이 표현하는 사태에 대한 화자의 태도를 뜻하는 서법(敍法, mood)의 한 가지에 포함시키기도 한다. 문장 종결법은 종결어미의 분류와 동일하게 이루어지는데 학교문법에서는 평서법, 감탄법, 의문법, 명령법, 청유법으로 구분한다. 이것이 실현되는 양상을 '(밥을) 먹다'를 각각 해라체의 종결형식으로 구분해 보면 '먹는다(평서), 먹는구나(감탄), 먹느냐(의문), 먹어라(명령), 먹자(청유)'와 같이 된다. 참 평서법, 감탄법, 의문법, 명령법, 청유법

152. 문체적 의미(文體的 意味, Stylistic meaning)

☞ 사회적 의미(p.199)

153. 미래 시제(未來 時制, Future tense)

사건시가 기준시에 후행하는(기준시>사건시) 시간 표현. 문법적으로는 어미와 미래를 나타내는 시간 부사로 나타난다. 미래 시제의 어미로는 선어말어미 '-겠-'과 관형사형어미 '-(으)ㄹ'이 있다. 미래 시제의 선어말어미는 '내일도 눈이 내리겠다.'와 같이 '-겠-'으로 나타난다. 그러나 드물지만 '내일도 눈이 오리라고 생각한다.'처럼 '-(으)

리-'로 표현되는 경우도 있다. 또한 '지금은 서울에도 눈이 올 것이다.' 와 같이 복합 형식 '-(으)ㄹ 것-'으로 표현이 되기도 한다. 관형사형의 미래 시제는 '앞으로 해야 할(하-ㄹ) 일을 함께 논의해 봅시다.'처럼 '-(으)ㄹ'로 나타난다. 이것은 '-겠-'과는 달리 양태성이 나타나지 않고 미래의 뜻만을 실현하거나 때로는 시제가 부정적(否定的)으로 해석되는 경우도 있다. 🖫 시제, 과거 시제, 대과거, 현재 시제

154. 반모음(半母音, Semivowel)

모음과 같이 발음하지만 음절을 이루지 못하는 소리. 개구도(☞p.138)로 보아 자음 가운데서 가장 열린 소리와 모음 가운데서 가장 닫힌 소리의 중간에 해당하는 소리이다. 예를 들어 ㅑ (j+a), ㅘ(w+a) 등에서 단모음에 선행하는 j, w가 반모음이다. 반모음은 모음적인 성격과 자음적인 성격을 모두 가진 소리로 그 특성이 모음과 유사한 면이 있어서 반모음이라고 한다. 한편으로는 반모음이 홀로 음절을 형성할 수 없다는 점에서 자음과 같아 반모음을 반자음(☞p.184)이라고 부르기도 한다. 🖫 반자음

155. 반복 합성어(反復 合成語, Repetitive compound)

한 어근이 반복되어 이루어진 합성어. '곳곳, 둥글둥글'은 어근 '곳'과 '둥글'을 반복하여 만들어진 반복 합성어이다. 반복 합성어는 ①한 어근이 완전히 똑같이 그대로 반복될 수도 있고(예 졸졸, 대충대충, 깜박깜박, 굽이굽이), ②어근의 음상이 어느 정도 바뀐 채 반복될 수도 있다.(예 허겁지겁, 허둥지둥, 울긋불긋, 싱글벙글) 또한 ③두 어근 사이를 연결하기 위해서 어떤 요소를 개재시켜 합성어를 만들 수도 있다.(예 높디높다, 차디차다, 기나길다, 머나멀다) 🖫 합성어, 복합어, 파생어

156. 반사적 의미(反射的 意味, Reflected meaning)

연상적 의미의 하나로 한 언어 표현이 가지고 있는 여러 개의 개념적 의미 가운데서 하나가 우리에게 다른 의미적 반응을 일으킴으로써 나타나는 의미. '여인숙'(旅人宿)은 '여행객이 머물 수 있는 값이 좀 싼 숙소'를 가리키는데, '여인'이라는 말의 간섭을 받아 여인(女人)들만 가는 곳이라는 느낌을 받는 사람이 있다면 반사적 의미에 속한다.

참 개념적 의미, 내포적 의미, 사회적 의미, 감정적 의미, 배열적 의미, 주제적 의미

157. 반의 관계(反義 關契, Antonymy)

서로 반대되거나 대립되는 의미를 가진 단어 사이의 의미 관계. 반의 관계는 논의의 관점에 따라 대립 관계, 상반 관계 등 다른 명칭이 사용되기도 한다. 반의 관계는 의미상 많은 공통성을 가지고 있으면서 오직 하나의 매개변수가 달라져 성립한다. '총각'의 반의어가 '처녀'인 것은 많은 공통성을 가지고 있으면서 '성(gender)'이라고 하는 하나의 매개 변수가 다르기 때문이다. 반의 관계에 있는 단어는 다음과 같은 성립조건이 필요하다. ①반의 관계에 있는 단어는 동일 의미 영역에 속해야 하고 동일 어휘범주에 속해야 한다.(동질성의 조건) ②반의 관계에 있는 단어는 공통적인 의미 특성 속에서도 서로가 대립되는 대조적 배타성이 있어야 한다.(이질성의 조건) **참** 반의어

158. 반의어(反意語, Antonym)

반의 관계에 있는 단어들. 예를 들어 '살다-죽다', '남자-여자' 등이 반의어의 예에 속한다. **참** 반의 관계

159. 반의어의 유형(反義語의 類型)

반의어를 특성에 따라 나눈 단어 부류. 반의어의 유형으로는 상보 반의어, 등급 반의어, 관계 반의어가 있다. **참** 반의 관계, 상보 반의어, 등급

160. 반자음(半子音)

☞ 반모음(p.182)

161. 발동(發動, Initiation)

소리를 만드는 데에 필요한 기류를 일으키는 작용. 대부분의 말소리는 폐에서 발동되는데 폐에서 발동된 기류는 공기의 흐름에 불과할 뿐 아직 말소리의 성격은 띠지 않는다. 이 기류는 성대를 통과해야 말소리의 성격을 띠게 된다. **참** 말소리의 생성 과정, 발성, 조음

162. 발성(發聲, Phonation)

폐에서 나온 기류가 성대를 통과하면서 일어나는 모든 종류의 기류 조정 과정. 후두를 통과한 기류는 말소리(음성)의 기본적인 성격을 띠게 된다. **참** 말소리의 생성 과정, 발동, 조음

163. 발음 기관(發音 器官, Organs of speech)

말소리(음성)을 내는 데 쓰는 신체의 각 부분. 발음 기관은 성대, 목젖, 구개, 이, 잇몸, 혀 등이 있다. **참** 조음 기관

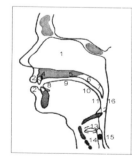

1. 코안(비강)	9. 앞혓바닥
2. 입술	10. 뒷혓바닥
3. 이	11. 혀뿌리
4. 윗잇몸(치조)	12. 울대마개
5. 센 입천장(경구개)	13. 목청(성대)
6. 여린 입천장(연구개)	14. 숨통(기관)
7. 목젖	15. 밥줄(식도)
8. 혀끝	16. 인두벽

164. 발화 행위(發話 行爲, Speech act)

언어 행위의 구성 요소 중 하나로 어떤 문장의 뜻과 지시를 결정하

는 행위. 발화를 통해 이루어지는 행위는 약속, 선언, 명령, 주장, 질문, 요청, 경고, 축하, 사과 등 여러 가지가 있다. 오스틴(J.L.Austin)은 언어를 화자에 의해서 이루어지는 발화 행위로 보는데 언어 곧 발화를 행위의 측면에서 보고 이의 체계화를 시도하는 이론을 발화 행위 이론(speech act theory)라고 하며 이를 줄여서 화행이론 또는 화행론이라고 부른다. 오스틴은 모든 문장이 진위로 판단되는 진술만은 아니며 문장의 의미는 다양하고 문장의 형태가 평서문이라 할지라도 항상 진술로만 쓰이는 것은 아니며 약속, 명령, 경고, 요청 등으로도 사용된다. 그리고 문장들은 단순한 발화에 그치는 것이 아니라 각각 하나의 행위를 실천하는 것이라고 본다. 그리고 우리가 행하는 발화를 행위의 측면에서 언표적 행위, 언표 내적 행위, 언향적 행위로 나누었다. 참 언표적 행위, 언표 내적 행위, 언향적 행위

165. 방언론(方言論, Dialect)

한 언어에 존재하는 다양한 방언을 연구하는 언어학 분야. 방언은 지역에 따라 나누어지는 지역 방언(☞p.273)과 사회적인 계층, 성별, 나이에 따라 나누어지는 사회 방언(☞p.198)이 있다. 일반적으로 방언론이라고 하면 지역 방언을 말하며 사회 방언은 사회언어학(☞p.198)으로 다루어지기도 한다. 방언은 오랜 세월에 걸쳐 다양한 언어 자산이 숨어 있기 때문에 한국어사 연구의 자료가 되기도 한다. 참 지역방언, 사회방언, 사회언어학

166. 방점(傍點)

음절에 따라 그 높낮이를 보이기 위해 글자 왼쪽에 찍어 놓은 둥근 점. <훈민정음> 해례본에 음절의 높낮이를 나타내기 위해 글자 왼쪽에 점을 더한다는 규정이 있다. 평성은 점을 찍지 않고 거성과 상성은 글자의 왼쪽에 각각 한 점과 두 점을 찍어서 구별하였다. 참 성조

167. 배열적 의미(配列的 意味, Collocative meaning)

연상적 의미의 하나로 한 언어 표현이 함께 배열된 다른 단어로 인해 얻게 되는 의미. '귀여운 아이'라는 단어의 배열에서의 '귀여운'은 개념적 의미(☞p.139)로 해석할 수 있지만 '귀여운 어른', 귀여운 총리', '귀여운 군인'에서의 '귀여운'은 본래의 개념적 의미로 해석하기에는 무리가 있다. 이러한 의미는 '귀여운'이 '어른, 총리, 군인'이라는 단어와 배열됨으로써 얻어지는 배열적 의미이다. 이처럼 보편성을 벗어나서 단어가 배열되었을 때에 즉, 배열적 의미는 단어 간의 공기 관계(co-occurrence relation)에 의해서 발생될 수 있다. <u>참</u> 개념적 의미, 내포적 의미, 사회적 의미, 감정적 의미, 반사적 의미, 주제적 의미

168. 배타적 분포(排他的 分布, Exclusive distribution)

☞ 상보적 분포(p.202) <u>참</u> 이형태, 이형태의 요건

169. 베르니케 실어증(베르니케 失語症, Wernicke's aphasia)

왼쪽 뇌의 뒷부분(베르니케 지역, Wernicke's area)의 손상 때문에 겉으로는 유창하게 말을 하는 듯이 보이지만 어휘 선정에 문제가 있고 언어를 이해하는 데에도 어려움을 보이는 증상. 베르니케 환자의 발화는 표현에는 별 문제가 없어 보이지만 전체적으로는 어떤 뜻을 전달하는 문장이 아니며 말을 유창하게 하는 것 같지만 필요한 단어를 찾아내지 못할 경우가 많다. 또한 실제로 존재하지 않는데 자신이 만든 단어나 표현으로 말하는 경우도 있다. 베르니케 실어증 환자의 말은 횡설수설처럼 들리기도 한다. <u>참</u> 브로카 실어증

170. 변이(變異, Variation)

☞ 교체(p.151)

171. 변이음(變異音, Allophone)

하나의 음소가 음성 환경에 따라 서로 다른 음가로 실현되는 소리. 이 소리들을 어떤 음소의 변이음이라고 한다. 음소는 음성적 유사성을 가진 변이음들의 집합이며 한 변이음이 나타나는 환경에 다른 변이음이 나타나지 못한다. 예를 들어 '부부'라는 단어의 자음 /ㅂ/은 무성 파열음 [p]로 발음되기도 하고 유성 파열음 [b]로 발음되기도 한다. /ㅂ/의 두 변이음 [p]과 [b]은 함께 나타나지 않고 서로 번갈아가면서 나타난다. 참 음소, 자유 변이

172. 변종(變種, Variety)

언어를 사용하는 사람과 장면에 따라 차이를 보이는데 이 각각의 다른 언어 사용 양상. 같은 언어를 말하는 사회에서도 지역, 연령, 학력, 직업, 성 등에 따라 음성, 어휘, 문법의 면에서 차이를 보인다. 이러한 변종은 소위 말하는 방언, 남성어, 여성어 등으로 나타나며 같은 개인이라도 발화의 장면과 상황에 따라 사용하는 언어와 말투를 바꾸는 경우가 있다. 즉 장면에 근거한 변종이 나타나기도 한다.

173. 변칙성(變則性, Anomaly)

선택 제약이 지켜지지 않음으로써 문장 의미가 부조화하거나 변칙적인 의미 속성. '찬란한 진실이 유리창을 꿰맸다.'와 같은 문장은 무의미한 단어 배열로 문장의 의미가 어긋나거나 문장 의미 자체가 성립되지 않는다. 참 항진성, 모순성, 중의성, 동의성, 함의, 전제

174. 병서(竝書)

둘 이상의 자음 또는 모음 글자를 가로로 나란히 붙여서 쓰는 방법. ㄲ, ㄸ, ㅃ, ㅆ, ㅉ과 같이 동일한 글자를 나란히 붙여서 쓰는 방법인 각자병서(☞p.135)와 ㅅㄱ, ㅄ, ㅵ, ㄺ, ㅄ, ㅙ, ㅘ와 같이 서로 다른 글자를

붙여서 쓰는 방법인 합용병서(☞p.297)가 있다. <kbd>참</kbd> 연서, 각자병서, 합용병서

175. 보격 조사(補格 助詞)

체언이 문장의 보어임을 나타내는 조사. 보격 조사는 '이/가'로 주격 조사와 형태상으로 동일하다. 보격 조사는 서술어 '아니다, 되다'의 앞에 오는 체언과 결합한다. '민수는 선생님이 되었다.'나 '민수는 의사가 아니다.'에서 서술어 '되다, 아니다'는 주어만으로 의미를 완전히 드러내지 못하므로 '선생님이, 의사가'와 같이 서술어의 의미를 보충해 주는 보어가 필요하다. <kbd>참</kbd> 조사, 격조사

176. 보어(補語, Complement)

불완전한 서술어(☞p.206)를 보충하는 문장 성분 중의 하나. 체언뿐만 아니라 명사구, 명사절을 비롯해 체언 구실을 하는 말에 보격 조사 '이/가'가 붙어 이루어진다. '그는 학자가 되었다, 그는 나를 제자로 삼았다.' 라는 문장에서 서술어로 나타난 용언 '되다, 삼다' 등은 문장을 온전하게 구성하기 위해 주어와 목적어 외에도 각각 밑줄 친 부분의 성분, 즉 보어를 필요로 한다. 현행 학교문법에서는 동사 '되다'와 형용사 '아니다'의 앞에 오는 '체언+이/가'형식만을 보어로 인정하고 있다. (<kbd>예</kbd> 너는 <u>아이가</u> 아니다, 아이가 <u>어른이</u> 되었다.) <kbd>참</kbd> 문장 성분, 주어, 목적어, 서술어, 부사어, 관형어, 독립어

177. 보조사(補助詞)

여러 격에 결합되어 특수한 의미를 덧붙이는 기능을 하는 조사. 보조사는 부사나 어미 뒤에도 결합될 수 있다는 점에서 격조사와 다르다. 보조사는 '은/는, 도, 만, 조차, 까지, 마저, 나, 나마, 라도' 등이 있는데, '은/는'은 '배제' 또는 '대조'의 의미를 가지고 '도'는 '또한'이나 '역시' 정도의 의미를 나타낸다. '만'은 '단독'이나 '오직'

정도의 의미를 나타낸다. 👖 조사, 특수 조사

178. 보조용언(補助用言, Auxiliary verb)

본용언에 연결되어 문법적인 뜻을 더하는 용언. 보조용언은 본용언 뒤에 결합되어 문법적인 뜻을 덧붙여 주는 역할을 한다. 보조용언은 자립성이 희박하다. 예를 들어 '먹어 보았다.'에서 '먹다'는 본용언의 역할을 하고 '보다'는 시도라는 문법적인 뜻을 드러낼 뿐 실질적인 뜻은 드러내지 못한다. '잡아 놓는다, 읽어 두었다'의 '놓다, 두다'도 보조용언으로서 '보유'의 의미를 드러낸다. 👖 본용언

179. 보충적 성분(補充的 成分, Supplementary component)

한 의미 영역에 속하는 일부 어휘가 가지고 있지만 의미의 변별에 결정적인 역할은 하지 않는 의미 성분(☞p.246). 보충적 성분은 대개 은유와 같은 비유적 전이에 의해서 나타나는데 '철수는 정말 곰이구나.'라는 표현에서는 '곰'의 개념적 의미 곧 중심의미는 큰 의미가 없으며 '곰'이 가지고 있는 내포적 의미인 [미련함]이 보충적 성분으로 사용된다. 👖 의미 성분, 공통적 성분, 진단적 성분

180. 보편문법(普遍文法, Universal Grammar)

모든 언어가 공유하는 동질적인 문법 원리. 인간은 어느 지역에서, 어떤 부모에게서 태어나든지 그 지역의 언어나 부모의 언어를 습득할 수 있다. 누구나 어떤 언어든지 모어로 습득할 수 있는 능력이 있다는 사실은 모든 언어가 서로 동질적임을 시사한다. 모든 언어가 공유하는 동질적인 원리를 보편문법이라고 한다. 보편문법의 예로는 ①한 음절에는 반드시 모음을 하나 포함하며 이를 중심으로 앞뒤에 자음이 결합한다는 원리 ②동사 가운데는 자동사와 타동사가 있다는 원리가 있다. 한국어와 영어에는 타동사가 있고 타동사는 목적어를 취한다는

것은 원리적 공통점이다. 보편문법은 모든 개별문법(☞p.139)의 골격을 제공한다. 참 개별문법

181. 복문(複文, Complex sentence)

주어와 서술어가 여러 번 나타나는 문장. 복문은 '겹문장' 또는 '복합문'이라고도 불리는데 복문은 다시 내포문(☞p.157)과 접속문(☞p.262)으로 나뉜다. 참 단문, 내포문, 접속문

182. 복합문(複合文, Complex sentence)

☞ 복문(p.190)

183. 복합어(複合語, Complex word)

둘 이상의 형태소로 이루어진 단어, '사과나무, 책가방, 맨손, 심술쟁이'는 '사과-나무, 책-가방, 맨-손, 심술-쟁이'로 모두 두 개의 형태소로 이루어진 단어로 복합어이다. 복합어는 파생어(☞p.286)와 합성어(☞p.296)가 있다. 참 파생어, 합성어

184. 본용언(本用言, Main verb)

보조용언과 함께 쓰여 실질적인 서술어의 기능을 하는 용언. 실질적인 뜻을 나타내며 보조용언의 도움 없이도 문장의 의미를 드러낼 수 있다. 예를 들어 '순희는 밥을 먹고 있다.'에서 진행의 의미를 나타내는 보조용언 '있다'가 없이도 '순희는 밥을 먹는다.'라는 문장이 성립한다. 반면 보조용언은 본용언 없이 홀로 사용될 수 없다. 참 보조용언

185. 본질 조건(本質 條件, Essential condition)

서얼(Searl)이 제시한 적정 조건(☞p.258) 중 행위가 객관적으로 어떠한 효과를 노리는 것으로 간주되는가를 따지는 조건. 화자에게는 객

관적으로 본래 취지의 행위가 이루어지도록 노력할 것이 요구된다. 예를 들어 약속 발화의 본질 조건은 '명제 내용을 발화함으로써 화자는 그 행위를 해야 하는 의무를 갖게 된다.'이다. **참** 적정 조건, 명제 내용 조건, 예비 조건, 성실 조건

186. 부분 동음어(部分 同音語, Partial homonym)

어떤 조건하에서만 동음어의 요건을 충족시키는 동음어. '새¹'[鳥]와 '새²'[新]는 소리가 같고 의미가 다르다는 점에서 동음어이지만 '새¹'는 '새들'과 같이 복수형이 가능하지만, '새²'는 그렇지 않다. 또한 '새¹'는 명사이지만 '새²'는 관형사로서 문법적으로 대등하지가 않다. 이 두 단어는 특정 문맥에서만 동음어이므로 부분 동의어라 할 수 있다. **참** 동음어, 절대 동음어

187. 부사(副詞, Adverb)

용언이나 다른 부사 등을 꾸며 주는 단어 부류. 부사는 주로 용언을 수식하여 그 뜻을 분명하게 해 주는 역할을 한다. 부사는 크게 성분 부사와 문장 부사로 나뉜다. ①성분 부사는 문장의 한 성분을 꾸미는 역할을 하며 의미에 따라 성상 부사(**예** 빨리, 깨끗이), 지시 부사(**예** 이렇게, 저렇게), 의성 부사(**예** 개굴개굴, 야옹야옹), 의태 부사(**예** 깡충깡충, 뒤뚱뒤뚱) 등으로 나뉜다. ②문장 부사는 주로 문장 전체를 수식하는 부사를 말하는데 양태 부사(**예** 과연, 설마, 비록, 아무리, 제발)와 접속 부사(**예** 그래서, 그리고, 그러나, 그러면)로 나뉜다. **참** 품사, 수식언, 관형사

188. 부사격 조사(副詞格 助詞)

체언이 부사어임을 나타내는 조사. '에, 에서, 에게, 한테, 으로, 처럼, 만큼' 등의 부사격 조사는 위치나 처소, 방향 등의 다양한 의미

를 나타낸다. '집에 있다.'는 위치나 처소의 의미를, '집으로 간다.'는 방향의 의미를 나타내는 등 부사격 조사는 의미가 다양하다. 참 조사, 격조사

189. 부사어(副詞語, Adverbial)

문장 안에서 용언 및 부사를 수식하는 말로 부속성분 중의 하나. 부사가 단독으로 나타나거나, 체언 또는 체언 상당어에 부사격 조사가 붙은 형식이나 용언의 부사형 등으로 성립된다. '오늘은 하늘이 제법 푸르다, 그는 말도 없이 떠나 버렸다.'에서 '제법, 말도 없이'가 부사어이다. 부사어는 그것이 수식하는 대상을 기준으로 성분 부사어(서술어, 관형사 수식)와 문장 부사어(문장 전체 수식)로 구분된다. '가을 하늘이 참 높아 보인다.'에서 '참'은 성분 부사어로 서술어를 수식해 주고 있고 '과연 그는 훌륭한 사람이구나.'에서 '과연'은 문장 전체를 수식하고 있으므로 문장 부사어이다. 참 문장 성분, 주어, 목적어, 서술어, 보어, 관형어, 독립어

190. 부사절(副詞節, Adverbial clause)

문장 내에서 부사적인 기능을 하는 절. 부사화 접미사 '-이'가 부사절 표지가 된다. '그녀는 말도 없이 집을 떠났다.'에서 '말도 없이'는 부사 형성의 접사 '-이'가 붙어서 이루어진 부사절이다. 또한 이것은 단독으로 부사 기능을 하는 것이 아니라 '그녀는 말도 없다.'와 같이 서술성을 띠면서 문장 전체에 대해 부사어의 기능을 한다. 접미사는 통사적인 기능과는 관계가 없기 때문에 파생 접사가 부사절을 이끈다는 것은 이론상 맞지 않으나 파생 접사가 절을 형성한다는 것은 부사절만이 가지는 특수성으로 설명되며 또한 '없이, 달리, 같이' 등처럼 부사성과 함께 서술성을 지니는 일부의 경우에만 적용된다. 참 명사절, 서술절, 관형절, 인용절

191. 부정법(否定法, Negative)

긍정에 대응되는 개념으로 언어적으로는 어떤 내용을 부정하여 표현하는 문법 범주. 부정법이 실현된 문장은 부정문이라 한다. 부정법은 언어 형식으로는 통사적인 방법에 의한 것과 어휘에 의한 것으로 구분된다. '오늘은 날씨가 (춥지 않다/안 춥다).'는 부정 부사 '안' 또는 부정의 보조 용언 '-지 않(다)'에 의해 부정법이 실현된 문장이다. '딸기는 과일이 아니다. 나는 그 사람을 모른다.'에서는 '아니다, 모른다'와 같은 부정의 의미를 지닌 어휘에 의해 부정법이 실현된 예이다.

참 짧은 부정문, 긴 부정문, '안'부정문, '못' 부정문

192. 분열문(分裂文, Cleft sentence)

문장의 어느 부분이나 문장 성분을 강조하기 위해 쓰는 문장. '철수가 밥을 먹었다.'에서 '밥'을 강조하기 위해서 '철수가 먹은 것은 밥이다.'와 같이 만든 문장을 분열문이라고 한다. 분열문은 신정보(☞p.214)나 자신이 전달하고자 하는 부분을 그렇지 않은 나머지 부분과 뚜렷하게 구별하기 위해서 사용한다.

193. 분절음(分節音, Segmental)

음절을 나누어서 마디마디로 쪼개서 얻어진 계기적인 소리, 즉 모음(☞p.176)과 자음(☞p.254). 분절음 즉 자음과 모음은 한 줄로 이어져서 단선적(單線的), 혹은 계기적으로 음절을 구성한다. 참 비분절음, 음소, 운소

194. 분절 음소(分節 音素)

☞ 분절음(p.193)

195. 분철(分綴)

실질 형태소와 형식 형태소가 연결될 때 그 본래의 형태를 구분하

여 적는 표기법. 앞말의 종성을 적고 뒷말의 초성에는 음가가 없는 ㅇ을 적는다. 예를 들어 '사룸+이→사룸이'로 표기하며 표의주의를 표방하는 방법이다. **참** 중철, 연철

196. 브로카 실어증(브로카 失語症, Broca's aphasia)

왼쪽 뇌의 앞부분(브로카 지역, **Broca's area**)의 손상으로 말할 때 어려움을 보이는 증상. 말하는 자체에 어려움을 느끼고 어렵게 말을 하더라도 명사와 같은 실질어만을 단편적으로 말하고 문장을 구성하는데 필요한 문법적 요소를 말하지 못한다. 즉 관사, 전치사 등 격조사 같은 문법적 요소를 말하지 못한다는 뜻으로 이러한 증상을 문법상실증(**agrammatism**)이라 한다. **참** 베르니케 실어증, 문법상실증

197. 비강(鼻腔, Nasal cavity)

코안. 얼굴의 가운데, 코 등쪽에 있는 코 안의 빈 곳을 말한다. 비음을 만들 때 이용하는 발성기관이다. **참** 구강

198. 비격식체(非格式體, Informal style)

상대 경어법의 용법상 비격식적인 표현. 상대 경어법에서 '해요체(두루높임), 해체(두루낮춤)'가 비격식적 표현이다. '이 책을 읽으세요.'는 비격식체로 정감적 용법으로 상대방에 대해 개인적 감정이나 느낌, 개인적 태도를 보이기 위해 쓰인다. 비격식체는 표현이 부드럽고 비단정적이며 주관적이다. 격식체보다 많은 어미가 포함되어 있고 의혹이나 추측, 감탄 등의 여러 태도를 표현할 수 있다. 이런 점에서 일상 언어에서는 비격식체가 널리 나타난다. **참** 상대 경어법

199. 비교 재구(比較 再構, Comparative reconstruction)

공통의 언어로부터 분화된 둘 이상의 언어들을 체계적으로 비교해서 그 언어들이 분화되기 이전의 언어인 공통 조어(☞p.147)를 재구하는

연구 방법론. 비교 재구에서는 전체적인 조어의 자세한 부분까지 구체적이고 상세히 재구한다. 현재까지의 비교 재구 연구는 음운의 비교 재구에 집중되어 있다. <kbd>참</kbd> 재구, 내적 재구

200. 비명시적 수행 발화(非明示的 遂行 發話, Implicit performative utterance)

수행동사 없이 언표 내적 효력을 갖는 발화. '당장 이 방에서 나가.'와 같이 수행동사(<u>나는 명령한다</u>)가 쓰이지 않으면서도 '명령'이라는 언표 내적 효력을 가지고 있는 경우가 있는데 이를 비명시적 수행 발화라고 한다. <kbd>참</kbd> 명시적 수행발화

201. 비분절음(非分節音, Super-segmental)

음절을 나누어서 나오는 동시적인 소리. 즉 강세, 고조, 장단, 연접, 억양 등을 말한다. 음절을 구성하는 요소는 분절음과 비분절음이다. 비분절음은 초분절음, 운율적 요소, 운소라고도 한다. 비분절음은 단선적으로 음절을 구성하는 것이 아니라 분절음이나 음절과 동시에 실현된다. <kbd>참</kbd> 분절음, 음소, 운소

202. 비분절 음소(非分節 音素)

☞ 비분절음(p.195)

203. 비언어 커뮤니케이션(非言語 커뮤니케이션, Non-verbal communication)

언어가 아닌 몸짓, 표정, 신체 접촉 등을 이용한 의사소통. 의사소통 전반을 볼 때 70%가 비언어 커뮤니케이션이 차지한다는 연구가 있다. 비언어 커뮤니케이션에 대해 다음과 같은 예를 들 수 있다. 아무 생각 없이 길을 걷는 중에 서로가 부딪치는 경우가 있다. 이때 길을 비켜주는 과정에서 일어난 몸짓, 자세, 표정 같은 비언어적 요소가 "미안합니다."와 같은 언어적 요소보다 많은 의미를 전달한다.

204. 비음(鼻音, Nasal sound)

입안의 통로를 막고 코로 공기를 내보내면서 내는 소리. 비음은 구강음(☞ p.151)에 상대되는 말이다. 연구개를 내려 비강 통로를 연 채 구강의 한 부분을 막아 기류를 비강을 통해 내보내면서 만들어지는 소리를 말하는데 ㄴ, ㅁ, ㅇ 등이 있다. **참** 구강음

205. 비음화(鼻音化, Nasalization)

비음이 아닌 자음이 비음을 만나서 같은 부류인 비음으로 바뀌는 현상. 두 자음이 각각 앞 음절의 종성과 뒤 음절의 초성으로서 만날 때 뒤의 자음이 비음일 경우 그 앞에 발음될 수 있는 자음은 유음(ㄹ)과 비음(ㅁ, ㄴ, ㅇ)뿐이다. 그래서 이 위치의 자음들은 같은 조음 위치의 비음 ㅁ, ㄴ, ㅇ으로 바뀌게 된다. '밥물'은 [밤물]로 발음되는 데 종성 ㅂ은 비음인 초성 ㅁ의 영향으로 같은 부류인 비음 ㅁ으로 바뀌게 되었다. '낳는'은 우선 평폐쇄음화(☞ p.289)를 거쳐 [낟는]이 되고 종성 ㄷ은 비음 ㄴ의 영향을 입어 [난는]으로 발음된다. **참** 음운 과정, 대치, 동화

206. 비통사적 합성어(非統辭的 合成語, Syntatic compound)

합성어를 구성하는 요소(실질 형태소)의 배열 방식이 한국어의 일반적인 단어 배열법과 다른 합성어. 비통사적 합성어는 단어가 아닌 어근이 같이 섞여 있거나 용언의 어간끼리 결합한 합성어, 사이시옷이 포함되어 있는 합성어로 구에서는 전혀 볼 수 없는 구성 방식으로 이루어진 합성어이다. '콧물, 곱슬머리, 학교, 검붉다'는 비통사적 합성어로 '콧물'의 경우 사이시옷이 포함되어 있으므로 비통사적 합성어이다. '곱슬머리, 학교, 검붉다'는 어근 '곱슬-, 學, 敎, 검-' 등의 어근이 섞여 있는 비통적 합성어이다. **참** 통사적 합성어

207. 사동문의 의미 해석(使動文의 意味 解釋)

파생적 사동법과 통사적 사동법으로 실현된 사동문의 의미 해석의 차이. 파생적 사동법은 주어(사동주)의 간접 행위는 물론 직접 행위도 나타내는데 통사적 사동법은 주어(사동주)의 간접 행위만 나타난다. '아이 엄마가 아이에게 새 옷을 입혔다.'는 파생적 사동인데, 이것은 '아이 엄마가 직접 아이에게 새 옷을 입혔다'는 해석과 '아이 엄마가 아이로 하여금 (스스로) 새 옷을 입도록 했다'는 해석이 모두 가능하다. 그러나 '아이 엄마가 아이에게 새 옷을 입게 했다.'는 통사적 사동문으로 '아이 엄마가 아이에게 새 옷을 직접 입혔다'는 의미는 없다. 참 사동법, 파생적 사동법, 통사적 사동법

208. 사동법(使動法, Causative)

사동 표현과 관련되는 문법 범주. 남에게 어떤 동작을 하게 하는 것을 사동이라 하고 이러한 사동의 표현법을 문법적으로 사동법이라 한다. '어머니가 아이에게 우유를 먹인다.'는 사동법이 실현된 사동문이다. 사동문은 두 개의 동작이 표현되는데 '먹는'의 동작주는 '아이'이고 행위를 시키는 사동주는 '어머니'이다. 사동문에서 동작주는 '에게(한테)' 등의 부사격 조사가 붙는 부사어로 실현되며 사동주는 주어로 나타난다. 사동법이 실현되는 방법에는 사동사에 의한 파생적인 것, '-게 하다' 등의 보조동사에 의한 통사적인 것이 있다. 참 통사적 사동법, 파생적 사동법

209. 사용역(使用域, Register)

상황에 따른 언어 변이. 직업이나 화제로 인한 서로 다른 어휘 사용 등에서 볼 수 있는 언어적 변이를 가리키는 경우가 많다. 의사들끼리의 대화나 컴퓨터 전문 기사들끼리의 대화를 비교해 보면 분명하게 다른 전문용어(jargon)가 사용됨으로써 관계자가 아닌 사람은 이해

하기 어려운 경우가 많은데 이것은 사용역이 다르기 때문이다.

210. 사피어 워프 가설(Sapir-Whorf hypothesis)

☞ 언어 상대성 가설(p.225)

211. 사회 방언(社會 方言, Social dialect)

언어 사용자의 연령, 성, 신분과 계층, 직업 같은 사회적 신분에 따라 나타나는 언어의 변이(차이). 사회 방언에 대한 고전적 연구로 1960년대 라보브(Labov)가 미국 영어에서 모음 뒤의 r의 탈락 현상을 조사한 예가 있다. 'car', 'heart'의 r은 영국의 표준영어에서는 발음되지 않지만 미국의 공적인 영어에서는 발음이 유지된다. 조사 결과 하층 계급의 사람들이 r을 탈락하여 발음하는 경우가 많았다. 모음 뒤 r발음 탈락은 영국 표준 영어의 특징인데 영국의 상층부와 미국의 하층부가 동일한 음성적 특성을 공유한다는 사실은 언어의 표현과 의미 사이의 자의성과 마찬가지로 언어와 신분의 상관성이 자의적이라는 것을 보여준다. 사회 방언은 은어(☞p.240) 등 어휘의 차이를 수반할 수 있다. 참 지역 방언, 언어 변이

212. 사회언어학(社會言語學, Sociolinguistics)

언어에 담긴 다양한 사회 구조적 특성에 관해 연구하는 분야. 언어는 사회의 기본적인 구조를 형성하는 세대, 성, 집단, 계층 요인들이 반영되어 있다. 언어에 따라서도 이러한 사회 문화적 차이가 발견되는데 친족 명칭은 그 사회나 문화의 구조가 반영된다. 한국어에는 손위의 동기를 가리킬 때 '형'과 '오빠'를 구분하지만 영어에서는 모두 'brother'로 통칭한다. 그런데 한국어에서도 손아래 동기는 성을 구분하지 않고 모두 '동생'이라고 한다. 한국어 문법에서는 체계적인 높임법이 있어서 화자와 청자 간의 상대적 관계를 표현하며 화자와

문장의 주어 사이의 관계를 표현한다. 이런 높임법(☞p.158)은 한국 사회와 문화를 반영한다고 볼 수 있다. 참 높임법

213. 사회적 의미(社會的 意味, Social meaning)

연상적 의미의 하나로 언어를 사용할 때에 사회적 환경이 서로 다르다는 인식에서 나타나는 의미. 언어 사용에서 사회적 상황을 드러내는 요소로는 화자와 청자의 연령, 성별, 직업, 종교, 또는 사회적 지위나 관계, 화자의 개인적이거나 지역적인 말씨 등 여러 가지가 있다. 어떤 화자가 '정구지(부추의 방언형)'와 같이 특정 지역의 방언을 사용한다거나 '염화나트륨(소금)'과 같이 어떤 전문 분야의 용어를 많이 사용한다거나 할 때 '쪽 팔리다, 뺑 치다'와 같이 비속어를 사용한다거나 대화에 참여하는 사람들 사이에서의 존댓말이나 말투 등을 통하여 사회적 의미를 인식할 수 있다. 사회적 의미는 화자와 청자의 사회적 위치와 계층이 서로 다름으로 해서 나타나는 의미이므로 문체적 의미라고도 한다. 사회적 의미를 유발할 수 있는 주요 요소에는 방언, 신분, 개인적 특성이 있다. 참 개념적 의미, 내포적 의미, 감정적 의미, 반사적 의미, 배열적 의미, 주제적 의미

214. 사회 직시(社會 直視, Social deixis)

대화 참여자들의 사회적 신분이나 관계 또는 대화 참여자와 다른 지시 대상과의 사회적 관계를 언어 구조 속에 기호화한 것. '제가 곧 찾아뵙겠습니다.'라는 문장 속에는 화자와 청자 사이의 사회적 관계가 문법화되어 있다. '저'와 '합쇼체'의 종결어미는 청자가 화자보다 상위자임을 알 수 있다. 이처럼 발화를 통해서 대화 참여자의 사회적 신분 또는 관계를 기호화할 수 있는데 이러한 직시를 사회 직시라고 한다. 한국어의 사회 직시는 높임법과 직접적 관계에 있다. 사회 직시를 정보적 측면에서 살펴보면 관계적 정보(화자와 청자와의

관계, 화자와 지시 대상과의 관계, 화자와 주변 배경과의 관계 등)와 절대적 정보(어떤 지시 대상에 대해 공적으로 주어진 정보)로 구별할 수 있다. 참 시간 직시, 인칭 직시, 장소 직시, 담화 직시

215. 상(相, Aspect)

하나의 상황에 대한 시간의 흐름을 나타내는 문법 범주. 상은 완료나 진행 등과 같이 한 상황의 내적인 시간의 연속성과 관련된다. 또한 자연 시간의 흐름과는 관계없이 사태의 양상을 표현한다. 상은 시간의 흐름 속에서 동작이 일어나는 모습을 나타내는 것으로 완료상, 진행상, 예정상으로 구분한다. 주로 보조용언이나 연결어미 등으로 실현되는데 '나는 지금 의자에 앉아 있다.'는 보조용언 '-어 있다'를 통해 어떤 동작이 이루어진 상태가 지속되는 완료상, '나는 밥을 먹고 있다.'는 보조용언 '-고 있다'를 통해 동작이 계속 이어지는 진행상, '나도 거기에 다니게 되었다.'는 보조용언 '-게 되다.'를 통해 앞으로 동작이 일어날 것으로 예정하는 예정상에 해당한다. 참 진행상, 완료상, 예정상

216. 상대 경어법(相對 敬語法)

청자를 예우의 대상으로 하는 경어법. 청자는 발화 현장에 있으면서도 일반적으로 문장 안에는 나타나지 않는다. "밖에 비가 옵니다."라고 하면 누군가를 높인 것인데 높인 대상이 문장에 나타나 있지 않다. 특별한 경우가 아니면 예우의 대상이 문장 바깥에 있는 것이다. 상대 경어법은 여러 등급으로 실현되기 때문에 다른 경어법에 비해 복잡하다. 상대 경어법을 담당하는 요소는 종결어미이다. 상대 경어법은 6등급 체계를 가지고 있다. 각 등급은 '하다'의 명령형에서 이름을 따서 해라체, 해체(반말체), 하게체, 하오체, 해요체, 합쇼체(하십시오체)라 부른다. 참 대우법, 주체 경어법, 객체 경어법

상대 높임 문장종결	해라체	하게체	하오체	합쇼체	해체	해요체
평서형	-(는/ㄴ)다	-네	-오	-(ㅂ니)다	-어	-어요
의문형	-(느)냐	-(느)ㄴ가	-오	-(ㅂ니)까	-어	-어요
명령형	-어라	-게	-오	-(ㅂ)시오	-어	-어요
청유형	-자	-세	-	-(ㅂ)시다	-어	-어요
감탄형	-(는)구나	-(는)구먼	-(는)구려	-	-어	-어요

217. 상대적 동의 관계(相對的 同義 關係)

인지적 및 정서적 의미의 동일성, 모든 맥락에서의 상호교체 가능성의 두 조건을 부분적으로 충족시키는 의미 관계. 라이온스는 인지적 및 정서적 의미의 동일성을 만족시키는 경우를 완전 동의(complete synonymy), 모든 맥락에서의 상호교체 가능성을 전체 동의(total synonymy)라고 하는데 두 가지를 모두 충족시키는 것을 제외한 나머지 관계를 부분 동의라 한다. 이 부분 동의는 느슨한 동의 관계(loose synonymy) 또는 근사 동의 관계(near synonymy)라고 할 수 있는데 절대적 동의 관계(☞p.260)와 구분하여 상대적 동의 관계라고 한다. 참 동의 관계, 절대적 동의 관계

218. 상보 반의어(相補 反義語, Complementary antonym)

양분적 대립 관계에 있기 때문에 상호 배타적인 영역을 갖는 반의어. '남자'와 '여자'는 인간이라는 영역을 양분하고 있다. 따라서 어떤 사람이 남자이면 그 사람은 필연적으로 여자가 아니며 반대로 어떤 사람이 남자가 아니라면 그 사람은 여자이다. 이와 같이 상보 반의어는 한 단어의 긍정적인 면이 다른 단어의 부정적인 면을 함의하는 관계에 있다. 상보 반의어는 다음과 같은 특성이 있다. ①한쪽 단어의 단언과 다른 쪽 단어의 부정 사이에 상호함의 관계가 성립한다. ②두 단어를 동시에 긍정하거나 부정하면 모순이 된다. ③정도어의 수식을

받을 수 없으며 비교 표현에도 쓰일 수 없다. ④절대적 개념으로 사용된다. 참 반의 관계, 등급 반의어, 관계 반의어

219. 상보적 분포(相補的 分布, Complementary distribution)

어떤 요소들이 나타나는 환경이 겹치지 않고 배타적이면서 서로 합쳐서 보완 관계를 이룰 때 이 두 요소의 관계. 주격 조사 '이'와 '가'는 상보적 분포를 보이는데 '밥이, 빵이, 물이'와 같이 받침이 있을 때는 '이'가 결합되고 '오리가, 사과가, 민수가'와 같이 받침이 없을 때는 '가'가 결합된다. '이'와 '가'는 상보적 분포를 보이기 때문에 한 형태소의 이형태로 볼 수 있다. 참 이형태, 이형태의 요건

220. 상승 이중모음(上昇 二重母音, Rising diphthong)

☞ 상향 이중모음(p.203)

221. 상의어(上義語, Hypernym)

상하 관계에 있는 단어는 계층적 구조 속에 속해 있는데 이때 계층적으로 위에 있는 단어. 상위어(上位語, superordinate)라고도 한다. '새'와 '매'의 관계를 보면 '새'는 상의어이고 '매'는 하의어이다. 상의어는 하의어보다 일반적이고 포괄적인 의미 영역을 갖는다. 참 하의어

222. 상징적 용법(象徵的 用法, Symbolic usage)

제스처 없이 맥락 속의 지시 대상을 파악할 수 있는 직시 표현의 용법. '그가 뭐라고 대답했어?'라는 문장에서 직시 표현 '그'는 특정 사람을 가리키는 것으로 제스처 없이 사용할 수 있는데 화자가 말하는 '그'가 누구인지 청자는 맥락 속에서 충분히 알고 있어야 한다. 이렇게 상징적 용법의 해석은 맥락에 대한 청자의 지식에 의해 이루어진다. 참 직시, 제스처 용법

223. 상하 관계(上下 關係, Hyponymy)

한 단어의 의미가 다른 단어의 의미를 포함하는 관계. 두 단어 A와 B가 있을 때 A가 B보다 지시하는 범위가 더 넓어서 A가 B의 의미를 포함하는 경우가 있는데 이때 A와 B의 관계가 상하 관계이다. '꽃:장미, 사과:홍옥, 물고기:잉어' 같은 단어 짝이 상하 관계를 보여주는 예이다. 상하 관계에서 다루는 분류법은 언어공동체의 일반 화자들이 가지고 있는 보편적 판단에 따른다. 따라서 상하 관계의 구성은 언어마다 다르게 나타날 수 있는데 영어에서의 새는 동물과 동위어이지만 한국어에서의 새는 동물의 하의어(☞ p.292)이며 동물의 동위어는 식물이다. 참 상의어, 하의어

224. 상향 이중모음(上向 二重母音, Rising diphthong)

반모음이 앞에 붙는 이중모음. 상승 이중모음은 '반모음+단모음'의 순서로 이루어지는데 한국어의 경우에는 ㅢ를 제외하면 모두 상승 이중모음에 해당된다.(ㅑ, ㅕ, ㅛ, ㅠ, ㅖ, ㅒ, ㅘ, ㅝ, ㅚ, ㅞ, ㅙ, ㅟ) 참 반모음, 하향 이중모음

225. 상형문자(象形文字, Hyeroglyph)

이집트 지역에서 사용된 문자로 사물을 시각적으로 표상하는 그림에서 출발하여 발달한 소리를 표상하는 중간 단계의 문자. 이집트의 상형문자의 해독은 로제타스톤(Rosetta Stone)의 발견으로 가능하게 되었다. 1822년 샹폴리옹(J.Champolion)은 상형문자 부분과 그리스어 부분을 비교해 프톨레마이오스와 클레오파트라의 이름을 실마리로 상형문자를 해독하는 데 성공했다. 이집트의 상형문자는 표의문자와 음성문자가 혼합되어 있는데 음성문자는 자음 한 개를 표상하는 것들이 많고 두 개의 자음과 세 개의 자음을 표상하는 것들이 몇 개 있다. 참 설형문자

226. 상호함의(相互含意, Mutual entailment)

두 문장 사이의 함의 관계가 양방향성인 함의 관계. 상호함의의 정의는 ①문장 p가 q를 함의하고 그 역도 성립한다. ②문장 ─│q가 문장 ─│p를 함의하고 그 역도 성립한다. 상호함의의 예로 '경찰이 강도를 잡았다.', '강도가 경찰한테 잡혔다.'의 두 문장에서 앞 문장은 뒤의 문장을 함의하고 그 역도 성립하며 뒤 문장의 부정이 앞 문장의 부정을 함의하고 그 역도 성립한다. 예의 두 문장은 동의문이라 할 수 있는데 동의문은 상호함의 관계라고 할 수 있다. **참** 함의, 일방함의

227. 상황 지시(狀況 指示, Deixis)

화자를 중심으로 하여 그 상황이 달라짐에 따라 같은 대상의 명칭이 달라지거나 같은 명칭의 지시 내용이 달라지는 현상. '어제 나는 그것을 먹었다.'라는 문장에서 '어제, 나, 그것'은 발화하는 시간, 화자 등의 상황에 따라 모두 달라질 수 있으므로 상황 지시적 표현이 된다. **참** 직시

228. 생득설(生得說, Nativism)

문법이 없는 최초의 공백 상태에 관한 견해로, 어린이는 이미 언어를 알고 태어나서 그 언어에 관한 지식이 생후 수년 이내에 나타난다고 보는 가설. 경험설(☞p.143)과 배타적인 관계이다. 생득설을 주장하는 입장에서는 많은 인간의 행동이 생물적으로 결정되어 있다고 본다. 언어 습득에 관해 생득설을 주장하는 대표적인 학자는 촘스키(Chomsky)이다. 그에 의하면 인간은 언어의 구조에 관해서 이미 무엇인가를 알고 태어난다. 인간은 특이한 유전자 구조에 의해서 언어의 특성이 이미 들어 있는 심적 상태에서 태어나고 그 최초의 심적 상태에 들어 있는 언어적 특징은 모든 인간 언어에 공통된다. 예를 들면 모든 인간 언어의 음운론은 분절음, 변별적 자질, 표시 층위, 음운 규칙에

의해서 이루어져 있다. 어떤 언어권에 태어나든 인간은 분절음, 변별적 자질, 표시 층위, 음운 규칙에 의해서 그 언어의 음운론 부문을 조직화해야 하는 것을 이미 알고 있다고 본다. 참 언어 습득, 언어 습득 단계, 경험설

229. 생물 언어학(生物 言語學, Biolinguistics)

언어 능력이 어떤 유전적 기제에 의해 전수되는지에 대해 생물학적으로 연구하는 분야. 생물 언어학은 인간이 언제부터 어떻게 언어 능력이 생겼는가를 진화론적으로 연구하며 인간 언어와 동물의 소통 체계의 공통점과 차이점을 연구한다. 또한 인간의 뇌 기능 발달과 언어 능력 발달의 상관관계, 특정 언어 능력과 뇌 부위의 연관성, 인간의 언어 능력과 인지 능력의 상관관계 등을 연구하는 분야이다. 참 심리 언어학, 신경 언어학

230. 생성 문법(生成 文法, Generative grammar)

미국의 언어학자 촘스키(Chomsky)가 1950년대 중반에 제시한 문법 이론. 구조 언어학에서는 분석 대상의 언어가 실제로 발화된 언어에 국한되었으나 생성 문법에서는 인간의 언어 능력이 화자가 전에한 번도 들어 보지 못한 문장을 포함하여 무한히 많은 수의 문장을 생성하고 이해할 수 있는 언어 능력을 강조하였다. 생성 문법에서는 실제 발화된 언어만을 대상으로 하는 것이 아니며 있을 수 있는 문장도 연구 대상으로 하여 문법적으로 옳은 모든 문장을 생성해 낼 수 있는 언어 규칙을 명시적으로 형식화하는 것을 목표로 한다. 참 보편문법, 생득설

231. 서술격 조사(敍述格 助詞)

선행하는 체언이나 체언의 역할을 하는 말에 붙어서 그것이 서술어

가 되게 하는 조사. '민수는 학생이다.'에서 '학생'에 '이다'가 붙어서 문장 전체의 서술어로서 기능을 하게 된다. 서술격 조사 '이다'는 '학생이고, 학생이니, 학생이었다.'와 같이 활용을 한다는 점에서 용언(☞p.235)과 유사한 점이 있다. 참 조사, 격조사, 용언

232. 서술어(敍述語, Predicate)

주어의 행위나 상태, 성질 등을 '어찌한다, 어떠하다, 무엇이다' 등과 같이 설명하는 말로 주성분 중의 하나. 서술어는 동사나 형용사, 체언에 '이다'가 붙어서 된 말들로 이루어진다. 그리고 체언은 아니지만 체언 구실을 하는 말들에 '-이다'가 연결되거나 서술절이 서술어를 이루는 경우도 있다. 예를 들어 '철수는 요즘 컴퓨터를 배운다, 철수는 학생이다.'에서 '배운다, 학생이다'가 서술어에 해당한다. 참 문장 성분, 주어, 목적어, 보어, 부사어, 관형어, 독립어

233. 서술절(敍述節, Predicate clause)

한 문장이 하나의 문장 성분으로서의 서술어로 기능하는 절. 따로 떼어 놓으면 그대로 독립된 문장이 되며 또한 여러 겹으로 안길 수 있다. '철수가 키가 아주 크다.'에서 '키가 아주 크다'는 하나의 완성된 문장이면서 '철수가'의 서술어가 된다. 서술절은 다른 종류의 절과 달리 절이 형성될 때에 그에 따라 존재하는 형태적인 표지(명사절 : '-(으)ㅁ', '-기')가 없다. 서술절 설정에 부정적인 견해도 있는데 이와 같은 문장을 이중주어 구문으로 설명하기도 한다. 또 다른 견해로 첫 번째 주어를 주제어(topic)로 해석하는 경우도 있다. '토끼는 앞발이 짧다.' 같은 경우 '토끼는'은 주제어가 되고 '앞발이'는 주어로 해석하는 것이다. 참 명사절, 관형절, 부사절, 인용절

234. 선어말어미(先語末語尾, Prefinal ending)

어말어미의 앞에 위치하는 어미. 어말어미는 시제, 상, 서법, 대우법

등을 담당하는 기능을 한다. 즉 '잡았다.', '잡는다.', '잡으리오.', '잡으시오.' 등의 '-았/었-, -으시-, -더-, -으리-, -옵-, -것-' 등이 선어말어미에 속한다. 참 어미, 어말어미

235. 선호구조(選好構造, Preferred structure)

대화연쇄에서 특정 문장 타입이 다른 것에 비해 더 자주 사용되어지는 패턴. 예를 들어 초대에서 수락은 거절보다 더 자주 나타나고 보편적인 응답이다. 인접쌍(☞ p.91)의 첫 부분에 대해 여러 대답과 반응이 나올 수 있는데 이들 반응이 똑같은 자격을 갖고 있는 것은 아니라 선호되는 것과 선호되지 않는 것이 있다. 예를 들어 요청에 대해 수락은 선호되는 반응이고 거절은 선호되지 않는 반응이다. 참 인접쌍

236. 설명(說明, Rheme, Comment)

언어 사용을 정보 전달의 관점에서 볼 때 문장의 외적 구조에서 화자가 청자에게 말하고자 하는 것에 대한 서술. 화자가 청자에게 정보를 전달하고자 할 때 자신이 말하고자 하는 그 무엇과 그 무엇에 대하여 서술하는 방식으로 문장을 구성하는데, 말하려는 그 무엇을 화제의 방향으로 정해 두고 그것에 관하여 이야기를 진행하는 형식을 취한다. 말하려고 하는 무엇은 주제(theme)라 하고 주제에 관하여 풀이하는 부분을 설명(rheme) 또는 논평(comment)이라고 한다. '서울은 대한민국의 수도이다.'라는 발화에서 '서울'이 주제이고 뒤에 이어지는 '대한민국의 수도이다.'는 주제에 대한 설명이다. 참 주제

237. 설명 의문(說明 疑問, Wh-question)

의문사 '무엇'에 대해 설명하는 대답을 요구하는 의문. 예를 들어 '오늘 뭐 했니?'와 같이 질문에 대한 대답으로 '네, 아니요'가 아닌 설명이 필요한 의문문이다. 설명 의문문에는 '누구, 무엇, 얼마, 몇,

언제, 어디', '무슨, 어느, 몇, 웬', '왜, 언제, 어디, 어찌', '어찌하다, 어떠하다'와 같은 단어가 사용된다. **참** 판정 의문, 수사 의문

238. 설측음(舌側音, Lateral)

혀의 중앙이 치조나 치조구개에 닿은 채 혀의 옆으로 기류가 흘러 나가면서 울려 나는 소리. 한국어에서 '달'과 '흘려'의 /ㄹ/이 설측음에 해당된다. **참** 유음, 탄설음, 전동음

239. 설형문자(楔形文字, Cuneiform)

메소포타미아 지역에서 기원전 3300년경부터 3000년 이상 사용되던 문자. 모양이 쐐기와 비슷하기 때문에 '쐐기문자'라고도 한다. 설형문자는 문자가 사물을 시각적으로 표상하는 그림에서 출발하여 소리를 표상하는 중간 단계의 문자이다. 최초로 설형문자를 사용하던 사람들은 수메르인들로, 이들이 사용하던 문자는 일종의 표의문자라고할 수 있다. **참** 그림문자, 상형문자

240. 성문음(聲門音, Glottal sound)

목구멍, 즉 인두의 벽과 혀뿌리를 마찰하여 내는 소리. 성문음은 후음(후두음)이라고 하며 한국어에서는 ㅎ이 여기에 속한다. **참** 양순음, 치음, 치조음, 경구개음, 연구개음

241. 성분 분석(成分 分析, Componential analysis)

한 단어가 가진 의미를 분석해 내는 방법. 단어의 의미는 더 작은 여러 개의 의미 조각들로 이루어졌다는 가정에서 출발하여, 단어가 가지고 있는 의미 성분(☞p.246)을 발견하고 조직하여 궁극적으로 어휘의 의미를 규명하고자 하는 방법론이다. 어떤 단어가 어떠한 의미 성분들로 구성되어 있는가를 분석하는 작업이 의미의 성분 분석이다. 즉 '총각'이라는 단어는 [남성][인간][성숙][미혼]의 의미 성분으로

나타낼 수 있다. 성분 분석에는 단어 의미에 대한 사전적 지식을 사용하고 어휘의 계층적 구조가 이용된다. 웹 의미 성분

242. 성실 조건(成實 條件, Sincerity condition)

서얼(Searl)이 제시한 적정 조건(☞p.258) 중 발화 행위가 성실하게 수행되기 위해서 갖추어야 할 조건으로 화자의 심리적 상태를 말함. 즉, 화자는 그 발화와 관련하여 진실되어야 한다는 조건이다. 예를 들어, 약속 발화의 성실 조건은 '화자는 행위를 행하기를 진심으로 원한다.'이다. 웹 적정 조건, 명제 내용 조건, 예비 조건, 본질 조건

243. 성절음(成節音, Syllabic sound)

한 음절을 이루는 데 중심이 되는 소리. 성절음은 음절(☞p243) 구성에서 필수적인 분절음이며 모든 음절은 성절음을 하나씩 포함하고 있다. 즉 음절은 최소 하나의 성절음과 0개 이상의 비성절음의 연결체이다. 영어에서는 성절적 자음도 존재하나 한국어에서는 모음만이 성절음이 될 수 있다. 웹 음절

244. 성차별적 표현(性差別的 表現)

성의 차이를 이유로 사람을 차별하는 성차별(sexism)이 언어에 나타난 표현. 직업 명칭, 일상 언어, 속담 등 여러 언어 표현에서 성차별적인 요소들이 나타난다. 의사, 교수, 변호사, 사장은 남자일 수도 있고 여자일 수도 있다. 이런 직업 명칭에 관련하여 '여의사, 여교수, 여변호사, 여사장' 등 여자를 명시적으로 드러내는 말은 있지만 '남의사, 남교수, 남변호사, 남사장'이라는 말은 없다. 웹 남성어, 여성어

245. 세계의 언어(世界의 言語)

인구어족 이외의 주요 어족(☞p.222)과 그것에 속하는 언어들. ①햄-셈 어족(Hamito-Semitic)/ 아프리카-아시아어족(Afro-Asiatic): 고대 이

집트어, 아랍어, 히브루어 ②중국티벳어족(Sino-Tibetan): 중국어, 티벳어, 베트남어 ③우랄어족(Uralic)/ 핀우랄어족(Finno-Ugric): 헝가리어, 핀란드어 ④말레이폴리네시아어족(Malayo-Polynesian): 인도네시아어, 타갈로그어 ⑤오스트로아시아어족(Austro-Asiatic): 디르벌 ⑥드라비다어족(Dravidian): 타밀어, 텔루구어 ⑦나이제르콩고어족(Niger-Congo): 스와힐리어, 줄루어 ⑧아메리카인디언어족(American-Indian):에스키모어(이누이트어), 나바호어 ⑨알타이어족(Altaic): 몽고어, 만주어, 터키어(한국어, 일본어) 참 어족

246. 센입천장소리

☞경구개음(p.143)

247. 소극적 체면(消極的 體面, Negative face)

타인에 의해 자유가 침해되지 않고 독립적이고 싶어 하는 욕구. 소극적 체면이 독립적이고자 하는 욕구라면 적극적 체면(☞p.258)은 관련되고 싶어하는 욕구이다. 타인의 체면을 보호해 주려고 할 때 적극적 체면과 소극적 체면 두 가지 측면을 모두 고려해 주어야 한다. 참 체면, 적극적 체면

248. 속어(俗語, Slang)

욕을 포함하여 여러 가지 천박한 느낌을 주는 언어 표현. ‘먹다’라는 단어에 대해 ‘처먹다’, ‘죽다’에 대해 ‘뒈지다’라는 표현은 속어이다. 속어는 천한 말이므로 일반적으로 사용이 제한적이지만 같은 계층에서는 일상적으로 사용되기도 한다. 욕설은 언어폭력의 수단으로 이용될 수 있으므로 좋지 않은 것이지만 그것에 지나친 살의와 악의가 없다면 제한적으로 긍정적인 기능을 할 수도 있다. 서로 터놓고 지내는 사이임을 과시하는 사교의 기능을 할 수도 있기 때문이다. 참 금기어

249. 수사(數詞, Numerals)

사람이나 사물의 수량이나 순서를 나타내는 단어 부류. 수사는 수량을 나타내는 ①양수사(量數詞, 기본 수사)와 순서를 나타내는 ②서수사(序數詞)가 있다. 고유어 계열과 한자어 계열의 두 종류가 있다. 고유어 계열 수사는 '하나, 둘, 셋(양수사)/첫째, 둘째, 셋째(서수사)'가 있고 한자어 계열의 수사는 '일, 이, 삼(양수사)/제일, 제이, 제삼(서수사)'가 있다. 고유어 계열 수사는 '아흔아홉'까지밖에 없으며 그보다 더 큰 수를 말할 때는 한자어 계열을 사용한다. 일반적으로 수 단위가 낮을수록 고유어 계열이 선호되고 수 단위가 높을수록 한자어 계열이 선호된다. 참 품사, 체언

250. 수사 의문(修辭 疑問, Rhetorical question)

형태상으로는 의문형이지만 의미적으로는 다양하게 해석되는 의문. 수사 의문문은 의문문의 형식으로 나타나지만 굳이 대답을 요구하는 것이 아니면서 화자의 다양한 태도를 표현한다. 형태가 긍정이면 의미는 부정이 되고 형태가 부정이면 의미는 긍정이 되는 반어적인 성격을 지니고 있다. '네가 이런 일을 할 수 있겠니?'와 같은 문장은 문장 형식과는 반대로 강한 부정을 뜻한다. 또한 수사 의문법은 상황에 명령이나 권유, 금지 등의 다양한 의미로 해석되는 특징도 있다. '환경 보호에 참여하지 않으시겠습니까?' 같은 경우 권유의 의미로 해석된다. 참 의문법, 판정 의문, 설명 의문

251. 수식언(修飾言, Modifiers)

체언이나 용언 앞에서 그 뜻을 꾸미는 단어 부류. 수식언에는 관형사(☞p.150)와 부사(☞p.191)가 속하는데 관형사는 체언을 꾸미고 부사는 용언(☞p.235), 다른 부사, 문장 등을 꾸민다. 참 관형사, 부사

252. 수행 동사(遂行 動詞, Performative verb)

언표 내적 효력을 가지고 있는 동사. 언표 내적 효력은 언표 내적 행위에 있는 실천적 효력이다. '진급하신 것을 축하합니다.'라는 문장에서 '축하하다.'라는 동사는 '축하'의 언표 내적 효력을 가지고 있다. 참 수행문

253. 수행문(遂行文, Performative sentence)

수행 동사가 쓰임으로써 언표 내적 행위의 특성을 갖게 되는 발화 또는 문장. 수행 발화라고도 한다. 참 수행 동사

254. 수화(手話, Sign language)

청각 장애인과 언어 장애인들이 음성 언어를 대신하여 사용하는 손짓(몸짓) 언어. 수화는 음성 언어와 동등하다. 청각 장애인이 수화를 모어로 습득할 뿐만 아니라 수화의 문법 체계가 음성 언어와 아주 유사하며 수화의 습득 단계도 음성 언어의 습득 단계와 아주 유사하기 때문이다. 수화의 문법 체계는 음성 언어와 같은 문법 범주를 가지고 있으며 명사, 동사, 형용사, 대명사, 부사 등이 체계적으로 결합해 문장을 이룬다. 수화도 언어와 같이 시간의 흐름에 따라 변하고 지역에 따라 언어의 개별성을 보인다. 또한 음성 언어를 사용할 때 활성화하는 뇌의 부위와 수화를 사용할 때 활성화하는 뇌의 부위가 동일하다. 참 자연언어

255. 시간 직시(時間 直視, Time deixis)

화자가 사건이 일어난 시간을 기호화하여 그 시간을 직접 가리키는 것. 시간 직시를 이해하기 위해서는 화자의 발화시와 청자의 수신시를 구별할 필요가 있는데 발화시와 수신시가 같은 것을 '직시의 동시성'이라고 한다. 직시의 동시성을 갖는 발화가 표준적 발화이다. 그렇

지만 발화시와 수신시가 일치하지 않는 경우도 일상생활에서 흔히 경험할 수 있다. 시간 직시 표현에는 ①시간을 가리키는 부사나 명사(ᴇᴍ 지금, 방금, 시방, 요즈음, 어제, 오늘, 내일) ②단어 조합(ᴇᴍ 하루 전, 나흘 후, 이번 주, 지난 주, 다음 주, 올해, 작년, 금년, 내년) ③이·그·저+(의존)명사(ᴇᴍ 이때/그때, 이제/그제/저제, 이번/저번) ④시제 선어말어미(ᴇᴍ -는-, -었-, -었었-, -겠-, -더-) 등이 있다. 🔲 직시, 인칭 직시, 장소 직시, 담화 직시, 사회 직시

256. 시간학(時間學, Choronemics)

시간과 문화의 관계를 연구하는 학문. 같은 시간이라도 어떤 문화에서 의미하는 것이 다른 문화에서는 전혀 다른 해석이 내려지는 경우가 있다. 중동에서는 시간의 한 점을 다원적(polychornic)으로, 미국은 단원적(monochronic)으로 본다고 한다. 미국식이라면 약속 시간에 지정한 장소에 나가면 목적 인물을 만날 수 있으나 중동식은 관계없는 몇 사람이 이미 동석하거나 갑자기 다른 사람이 들어오거나 하는 일이 흔히 있다고 한다. 그것은 정한 시간 안에서 몇 사람이 같은 목적으로 시간을 나누어 쓰기 때문이다. 🔲 근접학, 접촉학, 대물학

257. 시니피앙(Signfiant)

언어 기호의 음성적 측면. 언어 기호가 음성으로 표현된 것을 말한다. 소쉬르의 용어로 기표(記表)로 번역되기도 하는데 소쉬르는 언어 기호는 시니피앙의 형식적 측면(소리)과 시니피에(☞p.213)의 내용적 측면으로 구성된다고 보았다. 🔲 시니피에

258. 시니피에(Signfié)

언어 기호의 의미적 측면. 언어 기호가 의미하는 것을 말한다. 소쉬르의 용어로 기의(記意)라고 부르기도 하는데 소쉬르는 언어 기호는

시니피앙의 형식적 측면(소리)과 시니피에(☞p.213)의 내용적 측면으로
구성된다고 보았다. 참 시니피앙

259. 시제(時制, Tense)

발화자인 화자가 주어진 사태에 대해 어떤 시간적 관점을 갖는지를
언어적으로 표현한 문법 범주. 어떤 기준 시점(기준시)을 중심으로
사건이 일어난 시점(사건시)의 선후를 제한하여 과거와 현재, 미래
등과 같이 시간적 관계를 표시하는 문법 범주이다. 자연 시간의 흐름
속에서 사태의 시간상 위치를 나타내는 것이다. 시제는 시간 부사나
어미(선어말어미, 관형사형어미)로 표현되는데 나는 '어제 도서관에
서 철수를 만났다.(만나-았-다)'에서 시간 부사 '어제'와 선어말어미
'-았-'이 시간 표현과 관련된다. 시제는 기준시와 사건시의 선후 관계
를 중심으로 과거(사건시>기준시), 현재(사건시=기준시), 미래(사건
시<기준시)로 구분된다. 참 과거 시제, 대과거, 미래 시제, 현재 시제

260. 신경 언어학(神經 言語學, Neurolinguistics)

언어 능력과 뇌의 관계에 대한 연구 분야. 신경 언어학은 뇌 과학이
발전하면서 언어 능력과 뇌의 상관성에 대한 관심이 생겨나게 되었다.
인간이 언어적 활동을 수행할 때 뇌가 보이는 변화와 언어 장애와
뇌 기능 손상의 상관성에 대한 연구를 한다. 참 심리 언어학, 생물 언어학

261. 신정보(新情報, New information)

화자의 발화 내용 중에서 청자의 의식 속에 들어 있지 않은 지식.
청자가 이전에 알고 있는 지식이라 하더라도 화자의 발화시에 청자의
의식 속에 있지 않은 것이면 신정보이다. 일반적으로 조사에 의해서
신정보와 구정보(☞p.152)가 실현되는데 신정보에는 주격 조사 '이/가'가
결합된다. '누가 반장이지?'라는 질문에는 '창수는 반장입니다.'가

아닌 '창수가 반장입니다.'로 답해야 한다. 신정보를 요구하기 때문에 그에 호응하는 대답은 신정보이어야 하기 때문이다. 어떤 담화 속에서 새롭게 등장하는 대상을 말할 때 역시 '이/가'가 쓰인다. 신정보에 '은/는'이 붙는 경우도 있는데 이때의 '은/는'은 대조를 나타낸다. '술을 마시느냐?'라는 질문에 '술은 마시지 않습니다. 그러나 담배는 피웁니다.'라고 대답하는 경우가 있다. 질문에 대한 대답에서 '술'은 구정보이지만 '담배'는 신정보이다. '담배'에 '는'이 붙음으로서 그것이 대조의 기능을 갖게 된다. 참 구정보

262. 실어증(失語症, Aphasia)

언어 중추의 손상으로 나타나는 언어 장애. 실어증은 전반적인 인지 능력의 손상에 기인하는 것은 아니며 소리를 내는 능력의 상실이 실어증과 직접 관련되지도 않는다. 수화를 사용하는 사람들의 경우에도 언어 중추에 손상을 받으면 실어증 증상이 나타난다. 실어증은 크게 왼쪽 뇌의 앞부분의 손상으로 나타나는 브로카 실어증(Broca's aphasia), 왼쪽 뇌의 뒷부분의 손상으로 나타나는 베르니케 실어증(Wernicke's aphasia)이 있다. 참 브로카 실어증, 베르니케 실어증

263. 실질 형태소(實質 形態素, Full morpheme)

의미를 지닌 형태소. 실질 형태소는 실질적인 의미를 지닌 것으로 이때 의미란 어휘적인 의미를 말한다. '먹었다'라는 단어에서 '먹-'이 실질 형태소에 속한다. 참 형태소, 형식 형태소

264. 심리 언어학(心理 言語學, Psycholinguistics)

인간이 언어적 자극에 대해 어떤 반응을 하는지 실험을 통해 탐구하여 언어 능력의 심리적 실재를 확인하는 연구 분야. 심리 언어학은 인간의 정신활동에서 문법 규칙의 운용 양상을 심리학적 실험을 통해

탐구하는 심리학적 방법론으로 언어에 관해 연구하는 분야이다. 심리학적 연구는 비장애인의 언어적 판단, 언어 장애자들의 언어 반응을 다룬다. 언어적 자극과 비언어 자극에 대한 사람의 판단 양상이 어떻게 다른지 청각적 언어 자극과 시각적 언어 자극에 대한 반응을 연구한다. **참** 사회언어학, 신경 언어학, 생물 언어학

265. 아/어 탈락(아/어 脫落, 아/어 Deletion)

어간 'ㅓ/ㅏ' 또는 'ㅔ/ㅐ'로 끝나는 모음 뒤에 어미 'ㅓ/ㅏ'가 연결될 때 둘 중의 하나의 모음이 탈락하는 현상. 모음의 연쇄가 일어날 때 활음화(☞p.302)가 일어나기도 하지만 하나의 모음이 탈락하기도 한다. '서어라→서라', '차+아서→차서'의 경우 각각 '어'와 '아'가 탈락이 일어났지만 보상적 장음화는 일어나지 않았다. '꿰+어야→꿰어야→꿰:야', '새+어도→새어도→새:도'는 수의적인 탈락 현상이며 보상적 장음화가 일어난다. **참** 음운 과정, 탈락

266. 안긴 문장(下位節, Embedded sentence)

내포문에서 하나의 성분으로 다른 문장 속에 포함되어 있는 문장. 안긴 문장의 형식에 따라 명사절로 안긴 문장, 관형절로 안긴 문장, 부사절로 안긴 문장, 서술절로 안긴 문장, 인용절로 안긴 문장이 있다. 예를 들어 '철수가 태어난 부산은 항구 도시이다.'에서, '철수가 태어난'은 안긴 문장으로, 주술 관계를 이루는 하나의 절이면서, '부산은 항구도시이다'의 구성 요소 '부산'을 수식하는 관형어로 기능한다. 따라서 이 부분은 관형절로 안긴 문장이다. **참** 내포문, 안은 문장

267. '안' 부정문(안 否定文)

부정 부사 '안'이나 보조용언 '-지 않(다)'로 실현되는 부정문. '안' 부정문은 단순 부정을 나타내거나 의도 부정을 나타낸다. '오늘은

비가 안 온다.', '오늘은 비가 오지 않는다.'는 중립적으로 비가 오지 않는 상황을 기술하고 있지만 '나는 오늘 학교에 가지 않는다.'는 화자가 학교에 가고 싶지 않아서 의도적으로 가지 않는다는 뜻을 가질 수 있다. '안' 부정은 능력은 있지만 의도가 없는 부정에 쓰인다. '안'은 '알다, 깨닫다, 지각하다, 인식하다'와 같은 인지 동사를 부정하지 못한다. 어떤 사실이나 대상이 일단 화자의 감각이나 지각에 포착되면 따로 의도하지 않아도 저절로 인지하게 되는 것이기 때문이다. '견디다'도 '안'을 취하지 못하는데 '견디다'는 의미상 화자가 어떤 일을 감당할 능력이 있는지를 나타내는데 화자가 의도적으로 능력이 없을 수가 없기 때문이다. 참 부정법, '못' 부정문

268. 안울림소리(Voiceless sound)

☞ 무성음(p.178)

269. 안은 문장(上位節, Matrix sentence)

내포문에서 다른 문장을 하나의 성분으로 포함하고 있는 문장. 안은 문장이 안고 있는 안긴 문장의 형식에 따라 명사절을 안은 문장, 관형절을 안은 문장, 부사절을 안은 문장, 서술절을 안은 문장, 인용절을 안은 문장이 있다. '철수가 돈도 없이 여행을 떠난다.'에서 '철수가 여행을 떠난다.'라는 문장은 '돈도 없이'라는 부사절을 안은 문장이다. 참 내포문, 안긴 문장

270. 알타이 어족(알타이 語族, Altaic family)

계통론적 기준에 따른 어족의 분류 중 하나. 알타이 어족에 속하는 언어는 퉁구스어, 한국어, 몽골어 등이다. 알타이 어족에 속하는 언어는 ①모음조화(☞p.177) 현상이 있고 ②두음법칙(☞p.172)이 존재하며 ③어두에 자음군을 허용하지 않는다.(첫소리에 자음을 둘 이상 허용하지

않으며) ④수식어가 피수식어 앞에 놓이며 ⑤실질 형태소(☞p.215)에
형식 형태소가 첨가되는 특징이 있다. ⑥어순은 주어-목적어(보어)-
서술어의 순서이다. **참** 모음조화, 두음법칙, 실질 형태소, 형식 형태소, 어순

271. 알타이제어(알타이 諸語, Altaic languages)

　중앙아시아와 북아시아·러시아 지방의 언어들의 무리. 한국어와
일본어가 포함되기도 한다. '알타이'라는 명칭은 이 언어를 사용하는
민족의 원주지가 알타이 산맥 동쪽이라는 가정에서 유래하였다. 우랄
-알타이어족을 설정한 적도 있지만 어군 사이에 친근 관계가 있다는
확실한 증거는 없다. 튀르크어, 몽골어, 만주-퉁구스어 등 알타이제어
의 친근 관계에 관해서도 이것을 인정하는 견해와 부인하는 견해가
대립하고 있으므로 '어족'이라 부르지 않고 '제어'라고 부르는 것이
보통이다. 알타이제어에는 ①튀르크어(Turkic), ②몽골어군(Mongolian),
③만주-퉁구스어군(Manchu-Tungus)이 포함되어 있다. **참** 알타이 어족

272. 알파벳(Alphabet)

　음소문자로 서양 문자 표기의 근간이 되는 문자. 알파벳은 처음에
페니키아인들이 원시가나안(Proto-Canaanite) 문자를 이어 받아 형태
를 단순화하여 사용하였다. 페니키아인이 그리스로 문자를 전수함으
로써 서양 알파벳의 모태가 되었다. 그리스 문자는 후에 로마로 계승되
어 로마 문자(Roman alphabet)가 된다. 라틴 알파벳(Latin alphabet)이
라고도 하는 로마 문자는 오늘날 영어를 비롯한 유럽 언어를 표기하는
데에 쓰이는데 세계에서 가장 많이 사용되는 문자이다. 한편 그리스
문자는 9세기에 슬라브어에 도입되어 모양이 변형된 키릴 알파벳
(Cyrillic alphabet)이 되었고 이것이 오늘날 러시아어를 표기하는데
사용된다. 페니키아 문자는 중동 지역에서 계속 사용되면서 아람
(Aramaic) 문자로 쓰이다 기원전 5세기경부터 히브루(Hebrew) 문자로

발전하고 기원전 1세기경부터 이란 문자로, 그리고 5세기경부터 아랍 (Arabic) 문자로 변형되어 사용된다. 참 한글

273. 양립불능 관계(兩立不能 關係, Incompatibility)

단어 사이에 하나 이상의 대비적인 의미 성분을 가지고 있는 관계. 단어 X · Y · Z 사이에 일련의 의미 성분을 공유하고 있으면서 하나 이상의 대조적인 의미 성분에 의해서 구별될 때 X · Y · Z는 양립불능 관계에 있다고 말한다. 반의 관계(☞p.183)가 오직 하나의 의미 성분만이 대조적인 데 반하여 양립불능 관계는 하나 이상의 의미 성분이 대조되는 것이기 때문에 양립불능 관계 속에는 반의 관계의 개념이 포함되어 있다. 양립불능 관계의 예로 일주일의 요일을 들 수 있는데 어느 날이 '월요일'이라면 그날은 '화요일'이나 그 밖의 요일이 될 수 없다. 곧 '월요일'은 '화요일' 또는 다른 요일들과는 양립불능 관계에 있다. 참 반의 관계

274. 양성 모음(陽性 母音, Bright vowel)

어감이 밝고 산뜻한 모음. 용언을 활용할 때 '잡+-아, 오+-아서' 등과 같이 어미를 '아' 계열로 나타나게 하는 어간의 모음을 양성 모음이라고 한다. 양성 모음에는 ㅏ, ㅗ, ㅑ, ㅛ, ㅘ, ㅚ, ㅐ 등이 있다. 참 양성 모음, 모음조화

275. 양순음(兩脣音, Bilabial)

두 입술 사이에서 나는 소리. 한국어의 ㅁ, ㅂ, ㅃ, ㅍ이 여기에 해당한다. 참 치음, 치조음, 경구개음, 연구개음, 성문음

276. 양의 격률(量의 格率, The maxim of quantity)

그라이스(Grice)가 제시한 대화 격률 중에서 대화의 목적에서 현재 필요한 만큼의 정보를 제공하고 필요 이상의 정보를 제공하지 말라는

격률. 'A 야구팀이 이번 시즌은 그런대로 잘 하고 있다.'라는 발화는 'A 야구팀이 선두에 있지 않다.'라는 발화와 같은 함축을 일으킨다. A 팀이 선두에 있다면 화자는 당연히 적절한 정보를 제공했을 것이지만 화자는 그만큼의 정보를 주지 않음으로 해서 청자로 하여금 A팀이 선두에 있지 않다는 것을 추론하게 한다. 양의 격률을 준수하지 않음으로써 발생하는 함축의 예는 다음과 같다. '영수는 어디서 살고 있을까?'라고 A가 물었을 때, B가 '지구 어디선가 살고 있겠지.'라고 대답한다. B가 말한 정도의 정보는 누구나 아는 것으로 A가 요구하는 정보를 의도적으로 제공하지 않고 있는데 이것은 B가 영수의 거처를 알지 못하거나 그에 관심이 없음을 간접적으로 말하고 있다. 🔖 대화 격률, 질의 격률, 관계의 격률, 태도의 격률

277. 양층언어현상(兩層言語現狀, Diglossia)

한 사회에서 둘 이상의 언어가 사용되는데 하나는 상위 계층이나 장면에서 사용되고 또 다른 하나는 하위 계층이나 장면에서 사용되는 현상. 양층언어현상은 '디글로시아'라고도 하는데 한 사회에서 둘 이상의 언어가 사용될 때 그중 하나는 지배 계급과 같은 상위 계층이나 공식 문서 등의 공적인 상황에서 사용되고, 다른 하나는 하위 계층이나 주로 구어 상황에서 사용된다. 🔖 이중언어 사용

278. 어간(語幹, Stem)

용언(동사, 형용사)이 활용될 때 고정되는 단어의 줄기 부분. '먹고, 먹으니, 먹어서'와 같이 활용을 할 때 어간 '먹-'은 고정되어 변하지 않는다. 🔖 어미

279. 어근(語根, Root)

단어를 형성할 때 중심부가 되는 형태소. 어근은 단어 구성에서

핵을 이루며 실질적 의미가 있는 형태소이다. '공부하다'는 '공부-하-다'로 분석되는데 이때 '공부'는 어근이 된다. 참 접사

280. 어기(語基, Base)

단어의 근간을 이루는 부분. 어간과 어근을 포괄하여 어기라고 부른다. 참 어근

281. 어말어미(語末語尾, Final ending)

어미 중에서 가장 뒤에 오는 어미. 어말어미는 문장을 종결짓는 종결어미, 문장을 끝맺지 않고 다음 문장과 연결하는 연결어미, 문장의 성질을 명사나 관형사처럼 바꾸어 주는 기능을 하는 전성어미로 나뉜다. 참 어미, 선어말어미, 종결어미, 연결어미, 전성어미

282. 어미(語尾, Ending)

활용될 때 바뀌는 부분. 한국어에서 굴절접사(☞p.152)를 어미라고 하는데, 어미는 '먹고, 먹으니, 먹어서'와 같이 어간 '먹-'에 붙은 '-고, -으니, -어서'로 문법적 의미에 따라 다양하게 활용되는 부분이다. 어미는 기능과 위치에 따라 선어말어미(-(으)시-, -었-)(☞p.206)와 어말어미(-고, -다, -어요)(☞p.221)가 있다. 어말어미는 다시 기능에 따라 종결어미(-다, -(스)ㅂ니다)(☞p.266), 연결어미(-고, -지만)(☞p.232), 전성어미(-(으)ㄴ, -기, -게)(☞p.259)로 나뉜다. 참 어간, 선어말어미, 어말어미, 연결어미

283. 어순(語順, Word order)

문장 구성에서 타동사문을 기준으로 주어(S), 목적어(O), 서술어(V)가 배열되는 순서. 주어, 서술어, 목적어가 배열되는 순서에 따라 어순은 SVO, SOV, VSO, VOS, OSV, OVS로 구분되는데 이 중에서 가장 널리 나타나는 어순의 유형은 SOV형과 SVO형이다. SOV 어순은 한국어, 일본어, 미얀마어, 티키어 등에서 나타나고 SVO 어순은

영어, 프랑스어, 중국어, 베트남어, 타이어 등에서 나타난다. **참** 언어
유형론

284. 어원론(語源論, Etymology)

어떤 단어가 그 형태와 의미면에서 어떠한 변화 과정을 밟았는가를
연구하는 분야. 어원론은 단어의 궁극적인 기원을 찾는 것이 아니라
어느 시기부터 어느 시기까지의 단어의 역사를 재구(☞p.257)하는 연구
분야이다. 따라서 어원 연구는 단어의 의미와 형태가 역사적으로 무
리 없이 합리적으로 설명되어야 하며 어형의 대응이 음운대응의 규칙
성에 의해서 뒷받침되어야 한다. **참** 재구

285. 어조(語調, Intonation)

☞ 억양(p.223)

286. 어족(語族, Language family)

조어(☞p.264)에서 갈라져 나온 언어들의 무리. 그리스어, 라틴어, 산스
크리트어의 단어 중에는 같은 의미를 가지며 같은 소리이거나 매우
비슷한 소리를 가지고 있는 것들이 있다. 이러한 유사성은 단어들이
동일한 형식에서 출발하여 오랜 시간을 지나는 동안 소리가 변했다는
것을 암시하며 이 단어들을 가진 언어들 모두가 하나의 언어에서
출발하였다는 것을 짐작하게 한다. 어족의 예로 원시인구어(proto
Indo-European)에서 갈라져 나온 언어들의 집단인 인구어족(Indo-
European language family)을 들 수 있다. **참** 공통 조어, 재구

287. 어휘론(語彙論, Lexicology)

어휘 집합과 어휘의 역사 등을 연구하는 언어학의 분야. 어휘론은
어떠한 언어에서 단어들이 어떤 모습으로 존재하고 있는지에 대한
연구, 단어의 차용에 대한 연구, 어휘의 역사와 어원 정보 등을 연구하

는 학문이다. 참 어휘 의미론

288. 어휘 의미론(語彙意味論, Lexical semantics)

단어 또는 어휘의 의미와 단어 간의 의미 관계 등을 연구하는 의미론. 어휘 의미론이 다루는 것들에는 의미장(☞p.247), 성분 분석(☞p.208), 국어 어휘의 의미 관계, 동의어(☞p.169), 유의어(☞p.238), 반의어(☞p.183), 상하의어, 다의어(☞p.159)와 동음어(☞p.168), 의미 변화 등이 있다. 참 동의어, 유의어, 반의어, 다의어, 동음어

289. 어휘장(語彙場, Lexical field)

개념적으로 친족 관계에 있는 어휘들의 구체적 집합. 한 언어의 어휘 체계는 의미상 어떤 관련성을 가진 어휘들로 집단화되어서 하나의 장(field)을 이룬다. 한 단어의 주위에는 그 단어와 개념적으로 연관이 있는 단어들이 있는데 그 단어들은 상호 개념적으로 친족 관계에 있는 개념적 친족들(conceptual relatives)이다.

290. 어휘적 높임(語彙的 높임)

어휘를 통해 대상을 높이는 방법. '아드님, 따님, 자제분, 진지, 연세, 춘추, 댁, 말씀, 병환' 같은 높임 어휘를 사용하여 높임법을 실현하기도 한다. 참 대우법, 상대 경어법, 주체 경어법, 객체 경어법

291. 억양(抑揚, Intonation)

음절보다 더 큰 단위인 구나 절, 문장 전체에 걸쳐 일어나는 음의 상대적인 높이의 변화. 억양은 흔히 문장을 발화할 때 나타나는데 어휘 의미의 변별 기능은 수행하지 못하지만 문법 기능, 화용 기능, 화자의 감정 및 태도 전달 기능을 수행할 수 있다. 참 운소, 강세, 고조, 장단, 연접

292. 언어 능력(言語 能力, Linguistic competence)

한 언어에 대한 추상적 능력. 언어 능력은 변형 생성 문법의 기본 개념으로 언어 사용자가 언어를 자유롭게 조작할 수 있는 창조적인 능력을 말한다. 변형 생성 문법에서는 인간은 새로운 문장을 무한하게 생성할 수 있는 능력을 가지고 있다고 본다. 실제적인 언어 사용을 의미하는 언어 수행(☞p.226)과는 상대되는 개념이다. 참 언어 수행

293. 언어 단위(言語 單位, Linguistic unit)

언어의 분절성에 의해 나누어지는 말의 토막. 언어 단위는 음소, 음절의 음성 단위와 형태소, 단어, 어절, 구, 절, 문장의 문법 단위(☞p.17)로 구성된다. 즉 언어는 말소리(음성, 음소, 음절)가 모여서 형태소가 되고 형태소가 모여서 단어가 되고 단어가 모여서 문장을 이루게 된다.

```
음소  -  음절  -  형태소  -  단어  -  어절  -  구  -  절  -  문장
(phoneme) (syllable) (morpheme)   (word) (breathgroup) (phrase) (clause) (sentence)
└ 음성 단위 ┘        └ 의미 단위(meaning unit) / 문법 단위(grammatical unit) ┘
(phonetics unit)
          └ 언어 단위 (linguistics unit) ┘
```

294. 언어 변이(言語 變異, Variation)

동일한 내용을 다양한 형식으로 표현하는 것. 김 씨가 '이 소머리 뼈 국물 참 맛있네!'라고 한 것과 박씨가 '이 소대가리 뼈다귀 국물 죽이네!'라고 한 것의 의미는 같지만 이 말을 듣고 김 씨와 박 씨의 신분이나 직업의 차이를 예상할 수 있다. 언어 변이의 다른 이름은 방언(dialect)이다. 방언은 사회적 신분에 따른 언어 변이에 쓰이기도 하고 지역적 차이에 따른 언어 변이에 쓰이기도 한다. 참 지역 방언, 사회 방언

295. 언어 사용역(言語 使用域, Register)

언어가 사용되는 상황. 변화하는 각각의 상황을 언어 사용역이라고 한다. 같은 사람이 같은 내용을 말하거나 쓸 경우에도 장면과 상황에 따라 표현의 방법이 다르다. 예를 들어 윗사람에게 편지를 쓸 경우와 친한 친구에게 쓸 경우에 내용이 같아도 언어 사용에 차이가 있다. 또 회의, 강의, 편지 등에 보이는 각각의 발화 형식을 가리키기도 한다. 장르라고 부르기도 한다. 참 장르

296. 언어 상대성 가설(言語 相對性 假說, Linguistic relativity hypothesis)

언어가 사고의 인식 과정과 문화에 직접적인 영향을 미친다는 견해로 사용하는 언어가 다르면 사고방식이나 세계관이 다르다는 가설. 훔볼트에 의해 처음으로 제기되었으며 그는 언어가 그 언어를 사용하는 사람의 사고방식이나 정신 구조에 일정한 영향을 미친다고 본다. 훔볼트 이후 언어 상대성은 바이스게르버(Weisgerber)에 의해 주장되고 미국의 인류학자인 보아스(F. Boas)에 의해 논의되었다. 보아스의 관심이 사피어(E.Sapir)와 워프(B.L.Whorf)로 이어지면서 언어 상대성은 사피어와 워프에 의해 본격적으로 주장되었으므로 이들의 이름을 따서 사피어 워프 가설(Sapir-Whorf hypothesis)이라고 부른다. 언어 상대성 가설을 검증하기 위해 많이 인용되는 예는 색채어와 친족어이다. 색채어 중 영어의 'green'과 'blue'는 한국어에서는 '푸르다' 하나로 지칭되며 동기 간을 가리키는 친족어의 경우도 한국어는 성별과 나이에 따라 구별되지만 영어는 성별의 구별만 있다. 이것은 문화가 사고에 영향을 미치고 사고가 언어에 영향을 미치면서 일어난 결과로 본다. 그러한 결과물로서 언어는 언어 사용자의 사고 과정이나 경험 양식에 관여하게 된다. 참 사피어 워프 가설, 언어 상대주의

297. 언어 수행(言語 遂行, Linguistic performance)

추상적 언어 능력에 기반하여 실제적으로 행해지는 언어 활동. 변형 생성 문법의 기본 개념으로 실제의 개별적, 구체적인 언어 활동으로 기억의 한계, 발음 오류, 부주의, 고쳐 말하는 것, 머뭇거리는 것 등을 포함한다. 언중들이 머릿속에 가지는 추상적인 문법인 언어 능력(☞p.224)과는 상대되는 개념이다. 참 언어 능력

298. 언어 습득(言語 習得, Language acquisition)

인간이 언어를 어떻게 습득하기 시작하는가에 관한 연구. 언어를 본질적으로 문법 규칙의 체계로 본다면 언어 습득은 인간이 문법을 어떻게 습득하는가에 관한 연구라고 할 수 있다. 따라서 말을 하고 이해하는 능력 기저에 있는 의미, 통사, 형태, 음운의 범주와 규칙을 습득하는 것이 문법의 습득, 즉 언어의 습득이다. 언어 습득은 문법이 없는 상태에서 문법을 가진 심리 상태로의 변화가 어떻게 일어나는가에 관한 연구이기도 하다. 정상적인 모든 아이들은 읽기와 쓰기를 배우기 전에 언어를 습득한다. 이러한 사실에 의해서 인간은 발생적으로 언어를 습득하도록 되어 있다는 가설을 세워볼 수도 있다. 참 언어 습득 단계, 생득설, 경험설

299. 언어 습득 단계(言語 習得 段階)

어린아이의 언어 발달 단계. 어린이는 문법이 없는 최초의 심적 상태에서 중간 단계를 거치면서 점차 성인과 같은 문법을 지닌 심적 상태에 이른다. 언어 습득을 문법 습득이라고 본다면 언어 습득은 문법의 네 부문인 음운론, 형태론, 통사론, 의미론의 네 측면에서 이루어진다고 볼 수 있다. 참 언어 습득

300. 언어 유형론(言語 類型論, Linguistic typology)

세계의 언어들을 언어학적 특징에 따라 유형별로 분류하는 연구

분야. 전통적 언어 유형론은 언어를 교착어, 굴절어, 고립어 등으로 분류하였으나 현대에는 이 유형론 폐기되고 다양한 언어학적 특징을 기반으로 하는 유형론이 발전하였다. 문장의 주요 성분(주어, 목적어, 서술어) 사이의 어순에 따른 유형론, 문장의 주요 문법 범주(품사 분류, 문장 유형, 부정, 시제와 상 등)들과 형태론적 특성(단어 형성 규칙, 파생, 어휘와 패턴 등)들에 기반한 유형론도 활발하게 연구되고 있다. 참 교착어, 굴절어, 고립어

301. 언어의 사회성(言語의 社會性)

언어의 소리와 의미가 사회적 약속에 의해 정해지는 특성. 언어는 사회 구성원 간의 약속에 의해서 정해지기 때문에 어느 한 개인이 마음대로 바꾸거나 정할 수 없다. 예를 들어 '남을 가르치는 사람(언어의 내용)'을 '선생님(언어의 형식)'이라는 기호로 나타내는 것은 하나의 약속이라 할 수 있으며 만일 어떤 개인이 이것이 마음에 들지 않는다고 해서 제 마음대로 '남을 가르치는 사람'을 '선생님'이라는 기호 대신 '바나나'라는 기호로 바꾸어 표현한다면 언중들 간의 약속을 어기게 되는 것이므로 이것은 언어의 사회성을 어겼기 때문에 사회 구성원들과 원활히 의사소통을 할 수 없게 된다. 언어의 변화와 새로운 구성을 위해서는 사회 구성원의 인지와 약속이 반드시 수반되어야 한다. 참 언어의 자의성, 언어의 역사성

302. 언어의 역사성(言語의 歷史性)

언어가 시간의 흐름에 따라 변화하는 특성. 시대가 바뀌고 존재했던 사회나 사물, 현상 등이 사라지면서 그것을 지칭하던 언어도 함께 사라지거나 새롭게 바뀌게 된다. 옛날에는 없던 말이 현재 새로 생겨 널리 사용되기도 하며 단어의 의미가 확대 혹은 축소되기도 한다. 예를 들어 '방송'이라는 말은 '석방'이라는 의미를 가지고 있었지만

지금은 '전파를 내보내다'는 의미를 가진다. 옛날에는 '어리다'가 '어리석다'의 의미였지만 현재는 그 뜻이 전혀 달라 의미 자체가 변하기도 한다. 그리고 과거에는 존재하던 언어가 현재는 사용되지 않기도 한다. 참 언어의 자의성, 언어의 사회성

303. 언어의 의미(言語의 意味)

언어의 의미에 대해서는 여러 가지 견해가 있음. ①의미는 그 표현이 지시하는 지시물(referent)이라고 보는 견해(지시설)와 ②의미는 그 표현을 알고 있는 사람의 마음·정신 속에서 그 표현과 연합되어 있는 관념이라고 보는 견해(개념설) ③화자가 그 표현을 발화하는 상황과 그 상황이 청자에게 일으키는 반응이라는 견해(행동설) ④단어의 의미는 그 단어의 용법(use)이라고 주장하는 견해(용법설)들이 있다. 단어의 의미는 양면성을 지닌다. 예를 들어, '사랑'은 [saraŋ]이라는 음성 형식과 'love'라는 의미의 결합이다. 20세기 초 언어학자 소쉬르(F. de Saussure)는 언어기호의 음성 형식을 시니피앙(signifiant)이라고 불렀고 이에 결부된 의미를 시니피에(signifié)라고 불렀다. 문장의 의미는 문장 구조에 따라 해석된다. Mary loves John이라고 하거나 John loves Mary라는 적절한 형식의 문장에 따라 상응하는 의미를 담을 수 있다. 문장 역시 형식과 의미의 결합이다. 참 시니피앙, 시니피에

304. 언어의 자의성(言語의 恣意性)

언어에서 소리와 의미의 관계가 임의적으로 이루어지는 특성. 언어는 일종의 기호이며, 언어의 내용(의미)과 언어의 형식(소리) 사이에 필연적인 관계가 없으며 절대적이지 않다고 보는 것을 자의성이라 한다. 한국에서는 '집'이라고 하는 것을 영어에서는 'house'라고 하는 것처럼 동일한 내용에 대해 각 나라마다 언어 형식이 다르다. 참 언어의 사회성, 언어의 역사성

305. 언어의 형식(言語의 形式)

단어 차원의 음성 형식과 문장 구조를 일컬음. 어떤 음성 형식이나 문장 구조는 의미를 담고 있다. 문장에는 일정한 형식(구조)이 있으며 그에 따라 의미가 해석된다. 예를 들면 영어에서 Mary John loves라고 하거나 Loves John Mary라고 하면 적절한 문장이 아니다. 대신 Mary loves John이라고 하거나 John loves Mary라고 하면 적절한 문장이 되고 그에 상응하는 의미를 담을 수 있다. 참 언어의 의미

306. 언어 접촉(言語接觸, Language contact)

개인의 다언어사용에서 일어나는 현상으로 동일인이 두 개 이상의 언어를 서로 사용할 때 언어를 '접촉하고 있다'고 함. 언어 접촉의 가장 일반적인 결과는 어휘의 차용이다. 어휘의 차용은 개별적인 단어에서 일련의 어군에까지도 이른다. 그리고 차용은 동일 언어의 방언 사이에서도 일어나고 또 언어와 언어 사이에서도 일어난다. 영어는 차용어가 많은 언어이다. 영어는 여러 언어 접촉에 의해 많은 차용어를 받아들였는데 라틴어나 프랑스어에서 많은 차용어가 도입되었다. 'street, egg, wine(라틴어)', 'beef, veal, pork(프랑스어)' 등이 그 예이다. 대부분의 경우 일정한 시기에 있어서의 차용은 일방적인데, 보다 높은 문화를 가진 나라의 언어에서 차용되는 것이 보통이다. 그런데 언어 접촉에 의한 극단적인 차용의 결과 새로운 혼합어가 생기는 경우가 있다. 이러한 언어를 피진(pidgin)이라고 한다. 참 피진, 크레올

307. 언어학의 분야(言語學의 分野)

언어의 형식적 측면을 다루는 분야에는 음성학(☞p.241), 음운론(☞p.242), 형태론(☞p.300), 통사론(☞p.282) 등이 포함된다. 그리고 그 의미적 측면을 다루는 분야에는 의미론(☞p.245)과 화용론(☞p.301)이 포함된다. 역사와 유

형에 관한 연구로는 역사비교 언어학(☞p.231)과 언어 유형론(☞p.226)이 있으며 언어에 대해 학제적으로 접근한 분야로는 사회언어학(☞p.198), 심리 언어학(☞p.215), 신경 언어학(☞p.214), 생물 언어학(☞p.205), 컴퓨터 언어학(☞p.280)이 있다. 참 음성학, 음운론, 형태론, 통사론, 의미론, 화용론, 역사비교 언어학, 언어 유형론, 사회언어학, 심리 언어학, 신경 언어학, 생물 언어학, 컴퓨터 언어학

308. 언표 내적 행위(言表 內的 行爲, Illocutionary act)

언표적 행위(☞p.230)와 함께 수행되는 행위. 언표 내적 행위는 화자가 하는 말이 청자에게 어떤 반향을 일으키는 행위이다. 방금 집 밖으로 나간 아들이 다시 들어오면서 '엄마, 비가 오네요.'라는 말을 할 경우, 이 말은 단순한 언표적 행위에 그치지 않고 '우산 좀 줘요.'와 같은 뜻의 요청 행위가 포함되어 있는데 이와 같이 언표적 행위를 하면서 동시에 실천하는 다른 행위를 언표 내적 행위라고 한다. 언표 내적 행위 속에는 실천적인 효력이 포함되어 있는데 이것을 언표 내적 효력(illocutionary force)이라 한다. 서얼(Searl)은 언표 내적 행위를 ①진술(representative) ②지시(directive) ③약속(commissive) ④표현(expressive) ⑤선언(declarative) 다섯 가지로 분류하였다. 참 언표적 행위, 언향적 행위

309. 언표적 행위(言表的 行爲, Locutionary act)

의미를 가진 문장을 발화하는 행위. 우리가 무엇인가를 말하는 행위로, 방금 집 밖으로 나간 아들이 다시 들어오면서 '엄마, 비가 오네요.'라고 말하는 것은 언표적 행위를 한 것이다. 참 언표 내적 행위, 언향적 행위

310. 언향적 행위(言響的 行爲, Perlocutionary act)

발화의 결과로 일어나는 행위. 방금 집 밖으로 나간 아들이 다시

들어오면서 '엄마, 비가 오네요.'라는 말을 할 경우, 아들의 말을 들은 엄마에게는 우산을 달라는 요구를 접하는 행위가 야기되는데 이와 같이 화자가 하는 말이 청자에게 어떤 반향을 일으키는 행위를 말한다. 참 언표적 행위, 언표 내적 행위

311. 여성어(女性語, Female language)

여성이 사용하는 특유의 표현이나 말. 여자가 화자일 경우 나타나는 여러 특징이 있다. 음운적 특징으로 ①경음의 과도한 사용(예 짝다, 쪼금 등) ②ㄹ첨가(예 요걸로)가 있고, 어휘적 특성으로 ①축약어의 사용(예 근데, 그치, 어쩜 등) ②귀여운 어감의 지시사 사용(예 요것, 고기, 조것 등) ③여성 특유의 감탄사 사용(예 어머나, 흥, 피이 등)이 있다. 통사적 특징으로는 ①망설이거나 주저하는 말투, ②공손한 표현의 사용, ③남성에 비해 '응, 그래, 맞아' 등의 표현을 사용하여 맞장구를 치면서 상대방의 대화를 지원하는 경향 등이 있다. 참 남성어

312. 역사비교 언어학(歷史比較 言語學, Historical comparative linguistics)

일정한 시기를 정해 놓고 그 시기에 드러나는 언어의 모습(공시태 synchrony)과 한 언어가 오랜 시간을 거쳐 변화하는 모습(통시태 diachrony)를 연구하는 분야. 역사비교 언어학은 언어의 변화 역사와 한 언어가 시간에 흐름에 따라 여러 갈래로 나뉘고 또 서로 영향을 끼치는 모습을 연구한다. 예를 들어 한국어의 변화 역사를 밝히기 위해서는 각 시대의 언어 상태를 보여주는 문헌을 통해 말소리와 단어의 변화 양상, 구문과 의미의 변화 양상, 한국어 방언 등을 연구한다. 역사비교 언어학에서 사용되는 비교언어학적 방법론은 방언들의 비교 연구 및 서로 다른 언어들을 비교하여 그들의 역사적 변화를 밝히고 그들 사이의 계통 관계를 규명하는 데에 필요한 방법론이다. 참 공시태, 통시태, 재구

313. 연결어미(連結語尾, Connective ending)

앞의 문장을 종결하지 않고 뒤의 문장과 연결할 때 사용하는 어미. '산이 높고 물이 맑다.', '눈이 내리지만 날씨가 그리 춥지 않다.'에서 '-고, -지만'은 '산이 높다+물이 맑다', '눈이 내리다+날씨가 그리 춥지 않다'의 두 문장을 연결해 주는 역할을 하는 연결어미이다. 연결어미는 대등적 연결어미와 종속적 연결어미가 있는데, 대등적 연결어미는 '-고, -며, -나, -거나, -지만' 등이 있고 종속적 연결어미는 '-ㄴ데, -어서, -니까, -므로, -기에, -다가, -자마자, -고서' 등이 있다. 대등적 연결어미보다 종속적 연결어미의 수가 훨씬 더 많다. 참 어미, 종결어미, 전성어미

314. 연구개음(軟口蓋音, Velar)

혀의 뒷부분을 연구개에 대어 나는 소리. 한국어에서 연구개음은 ㅇ, ㄱ, ㅋ, ㄲ 등이다. 참 자음 체계, 경구개음, 성문음

315. 연서(連書)

초성자를 위아래로 이어 쓰는 방법. 순음자 ㅁ, ㅂ, ㅍ, ㅃ과 설음자 ㄹ에 ㅇ을 더하여 순경음 ㅱ, ㅸ, ㆄ, ㅹ과 반설경음 ㅭ을 만든다. 현대 음성학에서는 양순 마찰음(兩脣摩擦音)이라고 한다. <훈민정음>, <동국정운>의 초성 체계에는 들어 있지 않으며 별도로 연서 규정을 마련하였다. 순경음 가운데 국어 표기에 사용된 것은 ㅸ뿐이었으며 ㅱ, ㆄ, ㅹ, ㅭ는 훈민정음 창제 당시에 중국음을 표기하는 데만 쓰이다가 연서 표기는 15세기 중엽에 소멸되었다. 참 병서

316. 연음(軟音, Lenis)

☞ 평음(p.289)

317. 연접(連接, Juncture)

발화(發話) 가운데 오는 경계 또는 휴지. 연접은 어떤 언어의 음들

사이의 이행의 방식을 말한다. 휴지 뒤에 발음되는 첫 음이나 휴지 앞에 발음되는 음의 연결 양상으로, [나눈다]는 연접을 어디에 두느냐에 따라 '난+운다' 혹은 '나눈다'로 의미가 분화될 수 있다. 참 운소, 강세, 고조, 장단, 억양

318. 연철(連綴)

실질 형태소와 형식 형태소가 연결될 때 그 본래의 형태를 구분하여 적지 않고 소리 나는 대로 이어 적는 표기법. 앞말의 종성을 뒷말의 초성에 내려 적는다. 예를 들어, '사름+이→사르미'로 표기하며 표음주의를 표방하는 표기법이다. 참 중철, 분철

319. 영변화(零變化, Zero modification)

접(미)사가 붙지 않은 파생법. '신, 띠, 빗'에 파생 접미사가 붙지 않고 '신다, 띠다, 빗다'로 바로 파생되었는데 아무런 접사가 붙지 않았다고 하여 영변화 혹은 영 접미사에 의한 파생이라고 한다. 참 파생어

320. 예비 조건(豫備 條件, Preparatory condition)

서얼(Searl)이 제시한 적정 조건(☞p.258) 중 발화 행위가 수행되기 전에 요구되는 조건. 화자와 청자가 그 행위와 관련하여 갖게 되는 배경, 생각, 지식 등이 포함된다. 예를 들어 약속 발화의 예비 조건은 ①'청자는 화자의 행위를 긍정적으로 생각한다.' ②'화자는 자신이 그 행위를 할 수 있다고 생각한다.'이다. 참 적정 조건, 명제 내용 조건, 성실 조건, 본질 조건

321. 예사소리

☞ 평음(p.289)

322. 예정상(豫定相, Prospective aspect)

어떤 사태가 앞으로 일어날 것임을 뜻하는 상. '-게 되(다), -게 하(다)' 등의 보조동사나 '-고자, -려고, -러' 등의 연결어미로 실현된다. '우리도 부산에서 살게 되었다.'나 '그는 책을 사려고 서점에 갔다.'는 각각 보조동사, 연결어미를 통해 예정상이 실현된 것이다. 참 상, 진행상, 완료상

323. 완료상(完了相, Perfective aspect)

어떤 시점의 직전까지 끝나 버린 행위나 어떤 시점 이전에 일어난 행위의 결과 또는 그 이전의 경험을 나타내는 상. 선어말어미 '-었-'은 과거 시제뿐만 아니라 완료를 나타낸다. '합격 소식을 지금 막 들었다.'에서 '-었-'은 '지금 막'과 같은 부사와 어울려 과거의 상황이기보다는 현재의 상황을 뜻하며 단순한 과거의 일보다는 완료를 나타낸다. 완료 표현의 형식에는 보조용언(-어 있다, -어 지다, -어 두다, -어 놓다, -어 내다)과 연결어미([고서, -어서, -다가, -자마자) 등도 있다. '철수도 의자에 앉아 있다.'에서 '앉아 있다'는 보조용언 '-어 있(다)'가 결합된 것으로, '앉는' 행위가 끝나고 그 결과가 지속되는 의미를 나타낸다. '종소리를 듣고서 학교에 갔다.'에서 '고서'는 선행절의 동작이 끝나고 그 결과가 후행절에 이행됨을 의미한다. 참 상, 진행상, 예정상

324. 외연적 의미(外延的 意味, Denotative meaning)

개념적 의미(☞p.139)

325. 용법설(用法說, Usage theory)

언어 표현의 의미가 언어 표현의 용법이라고 주장하는 이론. 언어 표현이 사용되는 구체적인 맥락에서의 용법이 그 단어의 의미라고

본다. 용법설은 의미를 개념 또는 영상으로 보는 개념설(☞p.138)과는 대립 관계에 있는 반면 화용론(☞p.301)적 입장에서 언어 표현의 의미를 설명하려고 하였다. 우리가 장기를 둘 때 '車'의 의미를 안다는 것은 장기판에서 '車'가 어떻게 쓰이는가를 아는 것이다. 이처럼 어떤 단어나 표현의 의미를 안다는 것은 그 단어가 실제 언어생활에서 어떻게 쓰이는가를 아는 것을 의미한다. 용법설은 실질적인 의미를 갖지 못하기 때문에 의미를 밝히는데 어려움이 있었던 접속사, 조사 같은 단어들의 의미를 설명할 수 있다는 점, 우리가 단어의 의미를 습득해 가는 과정을 설명하는 데에 적절한 근거를 제공해 줄 수 있다는 점에 의의가 있다. 한계로는 ①다양한 용법에 따른 의미의 기술이 어렵다는 점, ②학습의 문제, 즉 어떤 단어의 용법을 얼마만큼 습득하였을 때 그 단어의 용법을 안다고 말할 수 있는가 문제가 있다. 참 지시설, 개념설, 행동설

326. 용언(用言, Verbals)

동작과 상태, 성질을 나타내는 단어 부류. 용언은 어미를 취하여 활용한다는 점이 다른 단어 부류와 다른 점으로 동사(☞p.167)와 형용사(☞p.299)가 이에 속한다. 용언은 문장 안에서의 의미와 쓰임에 따라 본용언(☞p.190)과 보조용언(☞p.189)으로 나뉜다. 참 동사, 형용사, 본용언, 보조용언

327. 우랄어족(Uralic family)

핀-우글어파(Finno-Ugric)와 사모예드어(Samoyed)로 구성된 어족. 우랄-알타이어족이라는 명칭으로 알려져 왔으나 우랄어족과 알타이 제어는 아직 그 친근 관계가 확립되지 않았다. 참 알타이제어

328. 운소(韻素, Prosodeme)

강세, 고조, 장단, 연접, 억양과 같이 음절에 얹혀서 동시적으로

나타나는 비분절음. 운소의 공통적인 특징은 다음과 같다. ①분절음 (☞p.193)처럼 발화를 계기적으로 쪼개서 분석되는 단위가 아니다.(비분절성) ②반드시 분절음에 얹혀 나타난다.(의존성) ③음성뿐만 아니라 다른 어떤 음향에도 항상 나타난다.(항존성) 참 비분절음, 운율적인 요소, 분절음

329. 운율적인 요소(韻律的인 要素, Prosody)

☞비분절음(p.195), ☞운소(p.235)

330. 울림소리

☞유성음(p.237)

331. 움라우트(Umlaut)

'이'나 'j'로 시작되는 이중모음 앞에서 후설모음이 전설모음으로 바뀌는 현상. 움라우트는 모음에 의한 모음의 동화 현상으로 전설모음화라고 하기도 한다. '아비, 어미, 학교, 구경, 먹이다, 벗기다, 잡히다, 옮기다' 등은 '애비, 에미, 핵교, 귀경, 메기다, 베끼다, 재피다, 욍기다'로 발음하는 것이 움라우트의 예이다. 참 동화

332. 원순 모음(圓盾 母音, Rounded vowel)

발음할 때 입술을 동그랗게 오므려 소리 내는 모음. ㅗ, ㅜ, ㅚ, ㅟ가 원순 모음에 속한다. 참 평순 모음

333. 원순모음화(圓脣母音化, Round vowelization)

양순음 ㅂ, ㅃ, ㅍ, ㅁ 다음의 비원순모음 ㅡ가 원순모음 ㅜ, ㅗ로 바뀐 음운현상. 양순음(ㅁ, ㅂ, ㅃ, ㅍ) 뒤에서 ㅡ가 원순모음 ㅜ로 바뀌는 부분동화 현상이다. 중세 한국어의 '믈, 블, 플, 쓸(角)' 등이 근대 한국어, 특히 17세기 말엽 이후로 '물, 불, 풀, 쓸(뿔)' 등으로

원순음화를 일으켰다. 중세 한국어에서는 '믈(水)'과 '물(群)'처럼 양순음 아래에서 ㅡ와 ㅜ가 대립하였는데 이 원순모음화가 일어난 이후로는 그러한 대립이 없어지고 '무, 부, 푸, 뿌'로 통일되었다. 현대 한국어에서 '므, 브, 프, 쁘' 등이 한 단어 안에서 보이지 않는 것은 바로 원순모음화의 결과이다. 참 양순음, 원순모음

334. 유기음(有氣音, Aspirated sound)

☞ 격음(p.141)

335. 유성음(有聲音, Voiced sound)

성대 진동이 일어나는 소리. 유성음은 폐로부터 올라오는 기류가 후두를 통과하는 동안 성문을 좁히고 성대를 빠른 속도로 진동시키면 생성된다. 한국어의 모음, 반모음, 비음, 유음은 성대 진동을 수반하는 유성음이다. 참 무성음

336. 유음(流音, Liquid)

혀끝을 잇몸에 가볍게 대었다가 떼거나 잇몸에 댄 채 공기를 그 양옆으로 흘려보내면서 내는 소리. 유음은 자음 중 기류가 가장 적게 장애를 받으면서 나는 소리로 한국어의 자음 ㄹ 등이 속한다. 유음에는 설측음, 탄설음, 전동음이 있다. 참 설측음, 탄설음, 전동음

337. 유음화(流音化, Lateralization)

유음 ㄹ의 앞이나 뒤에 놓인 ㄴ이 ㄹ로 바뀌는 현상. '달님, 권력' 등의 단어에서 ㄴ이 ㄹ의 영향을 입어 [달림], [궐력]으로 발음된다. '달님[달림]'과 같이 앞말의 ㄹ이 뒤의 ㄴ에 영향을 주는 경우를 순행적 유음화라고 하고 '권력[궐력]'과 같이 뒤의 ㄹ이 앞의 ㄴ에 영향을 주는 경우를 역행적 유음화라고 한다. 참 음운 과정, 대치

338. 유의 관계(類義 關係, Synonymy)

비슷한 의미를 가지고 있는 의미 관계. 단어의 의미가 같을 때 그 단어들을 동의적 관계에 있다고 하는데 동의적이라는 말을 두 단어의 의미가 완전히 같은 것만을 말하는지 그렇지 않으면 의미가 비슷한 것까지를 포함하는 말인지 분명하지 않으므로, 의미가 완전히 동일한 것만을 동의 관계(☞p.168)라 하고 의미가 비슷한 것은 유의 관계라 한다. 참 동의 관계

339. 유의어(類義語, Synonym)

비슷한 의미를 가지고 있는 단어들. 예를 들어 '수선하다'와 '수리하다', '책'과 '서적' 등은 유의어이다. 참 동의 관계, 동의어

340. 유일 형태소(唯一 形態素, Unique morpheme)

단 하나의 형태소와만 결합하는 형태소. 형태소는 여러 다른 형태소와 결합할 수 있는데 유일 형태소는 단 하나의 형태소와만 결합한다. 예를 들어 형태소 '웃-'은 '웃고, 웃지만, 웃으면서, 웃을지라도'와 같이 여러 형태소와 결합할 수 있지만 '오솔길'의 '오솔-', '느닷없이'의 '느닷-', '아름답다'의 '아름-' 등은 하나의 형태소와 결합할 뿐 다른 형태소와는 결합하지 않는다. 유일 형태소는 의존 형태소의 범주에 속한다. 참 형태소, 특이 형태소

341. 유추(類推, Analogy)

어떤 단어나 어법이 의미적·형태적으로 비슷한 다른 단어나 문법 형식을 모델로 하여 형성되는 과정. 언어의 형태 변화를 일으키는 가장 중요한 요인의 하나이다. 어린이가 가끔 '첫째'를 '한째'라고 말하는 것을 들을 수 있는데 이것은 서수사를 형성할 때 기수사에 '째'를 붙이는 것을 알고 있기 때문에 여기 맞추어서 '한'에 '째'를

붙인 것으로 유추의 예가 된다.

342. 유형론적 언어 분류(類型論的 言語 分流)

언어들 사이의 친족 관계를 고려하지 않고 단지 언어의 구조적 유사성에 기초한 언어 분류. 이는 단어 구성의 방식을 고려하여 중국어와 같은 고립어, 한국어와 같은 첨가어, 라틴어와 같은 굴절어 유형으로 언어들을 분류한 것에서부터 출발하였다. 오늘날은 형태적 특성뿐만 아니라 음운, 통사, 의미, 어휘적 특성에 따른 유형론을 시도하기도 하는데, 가장 많이 알려진 것이 주어(S), 목적어(O), 동사(V)의 어순에 따른 유형론이다. 각 언어에서 이 세 가지 요소는 일정한 순서로 나타난다. 세계의 언어들은 대부분 다음과 같은 세 가지 유형 중 하나에 속한다. ①SOV: 한국어, 일본어 등 ②SVO : 영어, 중국어 등 ③VSO : 웨일즈어 등. 주어, 목적어, 동사의 어순은 수식어, 피수식어 등 다른 문장 요소들 사이의 순서와도 상관이 있다. 일반적으로 목적어가 동사의 앞에 오는 언어에서는 수식어가 피수식어에 앞서고 반대로 동사가 목적어 앞에 나오는 언어에서는 피수식어가 수식어에 앞선다. **참** 언어 유형론

343. 으 탈락(으 脫落, 으 Deletion)

모음 ㅡ와 다른 모음이 연결될 때 ㅡ가 탈락하는 현상. ㅡ 탈락은 크게 세 가지로 볼 수 있는데 ① ㅓ/ㅏ로 시작하는 어미 앞에서 용언의 어간의 ㅡ가 탈락하는 현상(**예** 쓰+어서→써서, 잠그+아도→잠가도)이 대표적이다. ②모음이나 'ㄹ'로 끝나는 용언 어간 뒤에서 어미 ㅡ가 탈락하는 현상(**예** 알+으면→알면, 싸우+으니→싸우니)이다. ③ 조사 '으로'에서도 ㅡ 탈락이 일어나는데 모음이나 유음 ㄹ로 끝나는 단어와 결합할 때 탈락된다.(**예** 모자+으로→모자로, 칼+으로→칼로) **참** 음운 과정, 탈락

344. 은어(隱語, Jargon)

어떤 계층이나 부류의 사람들이 다른 사람들이 알아듣지 못하도록 자기네 구성원들끼리만 빈번하게 사용하는 말. 각 직업 집단의 특수한 말들이 아니더라도 연령에 따른 학생 집단에서 자기들끼리만 사용하는 은어가 있다. 인터넷 통신상의 은어들도 많이 사용되고 있다. '시험'을 '셤'이라 하거나 '훔치다'를 '뽀리다'라고 표현하는 등의 예가 있다. 은어들은 청소년의 일상 언어생활에서도 많이 나타나 정상적인 언어 사용을 방해할 수 있다는 문제점이 있다. 그러나 은어는 또래의식을 심어 주고 말의 재미를 준다는 점에서는 긍정적인 기능도 한다. **참** 사회 방언

345. '음' 명사절(음 名辭節)

이미 일어난 일, 또는 이미 결정된 일 등과 같은 기정적인 사태를 표현하는 명사절(☞p.175). '-(으)ㅁ' 명사절은 안은 문장의 서술어가 되는 용언의 어휘적 특성에 따라 공기 관계가 형성된다. '-(으)ㅁ' 명사절은 지각동사(**예** 보다, 듣다 등)나 인지 동사(**예** 알다, 깨닫다 등), 평가적 의미를 지닌 형용사(**예** 확실하다, 분명하다)가 서술어일 때 주로 나타난다. '드러나다, 밝혀지다, 알려지다, 부인하다, 부당하다, 현명하다' 등도 '-(으)ㅁ' 명사절과 함께 쓰이는데 모두 어떤 사실이 이미 이루어졌음을 전제로 한다. 예를 들어 '그가 거짓말을 했음이 분명하다.'라는 문장에서 '-(으)ㅁ' 명사절은 이미 그러한 사태가 일어났음을 전제한다. **참** 명사절, '기' 명사절

346. 음성(音聲, Voice)

사람의 말소리. 음성은 사람의 입에서 나오는 말소리로 같은 ㅏ를 발음하더라도 사람에 따라 모두 다르게 나타날 수 있다. 음성은 음소(☞p.241)에 대한 개인의 구체적인 발음으로 볼 수 있다. **참** 음소

347. 음성 기관(音聲 器官, Articulator)

☞ 발음 기관(p.184)

348. 음성 모음(陰性 母音, Dark vowel)

어감이 어둡고 큰 모음. 용언을 활용할 때 '먹+-어, 쉬+-어서' 등과 같이 어미를 '어' 계열로 나타나게 하는 어간의 모음을 음성 모음이라고 한다. 음성 모음에는 ㅓ, ㅜ, ㅕ, ㅠ, ㅔ, ㅝ, ㅟ, ㅖ 등이 있다.

참 음성 모음, 모음조화

349. 음성학(音聲學, Phonetics)

말소리에 대하여 자연과학적인 입장에서 물리적으로 연구하는 언어학 분야. 언어에서 사용되는 소리들이 어떻게 발음되고 어떤 음향적 특성이 있는지, 그리고 그 음향적 특징을 어떻게 청각적으로 지각하는지를 연구하는 분야이다. 모든 언어는 자음과 모음 같은 분절음을 이용하고, 강세, 억양, 성조와 같은 운율을 이용하는데 음성학은 자음과 모음의 음성학적 차이와 각각의 하위 부류들을 연구한다. 음성학은 물리적인 말소리의 생성과 전달, 인지의 과정에 초점을 두고 말소리를 연구한다. 음성학은 조음 음성학(articulatory phonetics), 음향 음성학(acoustic phonetics), 청취 음성학(auditory phonetics)으로 나뉘는데 ①조음 음성학은 말소리를 만들기 위해 작동하는 발음 기관을 관찰하고 그것을 바탕으로 말소리가 만들어지는 과정을 기술하며 ②음향 음성학은 공기 중에 떠다니는 음파를 물리적으로 분석하여 그것의 음향적 특성을 기술한다. ③청취 음성학은 귀를 통해 들어온 음파를 인지하여 소리에 관한 정보를 뇌로 전달하는 과정을 기술한다. 참 음운론

350. 음소(音素, Phoneme)

더 이상 작게 나눌 수 없는 음운론상의 유의미한 최소 단위. ㄱ,

ㅗ, ㅁ의 세 음소가 '곰'이라는 하나의 음절을 이루게 되며 언어마다 음소의 목록은 상이하게 나타난다. 음소라는 것은 언어 사회와 관련이 깊은데, [l]과 [r]은 영어권 화자에게는 변별력을 가지지만 한국어 화자에게는 변별력을 가지지 못한다. 가령 한국 사람에게 '라면'을 [l]로 하든 [r]로 하든 다른 단어로 인식하지 못한다. 즉 음소란 같은 언어권의 화자가 서로 다른 소리로 인식하지 않는 음들의 집합이다.
참 분절음, 운소

351. 음운(音韻, Phoneme)

말의 뜻을 변별해 주는 가장 작은 소리의 단위. 음운은 음소(☞p.241)와 운소(☞p.235)를 통틀어 일컫는 말로 음소는 자음과 모음과 같은 단위를 말하며 운소는 억양이나 길이, 강세 등과 같은 추상적인 단위를 말한다. 운소는 반드시 음소에 얹혀서 실현된다. 참 음소, 운소

352. 음운 과정(音韻 過程, Phonological process)

소리 자체에 의해 일어나는 변화. 음운 과정은 대치, 탈락, 첨가, 축약, 도치가 있다. 대치(☞p.165)는 한 음소가 다른 음소로 바뀌는 것, 탈락(☞p.281)은 음소가 떨어져나가는 것, 첨가(☞p.277)는 없던 음소가 끼어드는 것, 축약(☞p.279)은 둘 이상의 음소가 한 음소로 합쳐지는 것이다.
참 대치, 탈락, 첨가, 축약, 도치

353. 음운론(音韻論, Phonology)

말소리, 특히 음소와 운소에 대하여 연구하는 언어학 분야. 한 언어에서 어떤 모음과 자음이 사용되고 그 소리들은 어떤 체계를 이루고 있는지, 소리들은 모여 어떤 음운 변동을 일으키는지에 대한 소리의 구조와 기능에 대해 주로 연구한다. 마음에 저장된 소리는 단어를 구별해 주는 역할을 수행한다. 한국어의 [ㅍ] 소리와 [ㅃ] 소리는

'팔다'와 '빨다'를 구분해 준다. 한국어와 영어가 모두 [s]와 [l]이라는 말소리를 사용하지만, 영어에서는 이 둘을 묶어 단어의 맨 처음에 연속하여 사용하는 규칙이 있고(slow, slide), 한국어에는 단어의 처음에 두 자음을 겹쳐 쓸 수 없다는 규칙이 있다. 참 음소, 운소

354. 음장(音長, Length)

☞ 장단(p.256)

355. 음절(音節, Syllabic)

음소보다는 크고 낱말보다 작은 발화의 단위. '고양이'라는 낱말을 천천히 발화할 때에는 음소(☞ p.241) 단위로 떼어서 발음하지 않고 '고', '양', '이'를 각각 하나의 발화 단위로 떼어서 발음한다. 이때 하나하나의 발화 단위를 음절이라고 한다. ①음절은 하나 이상의 분절음(☞ p.193)으로 구성되고 ②더 이상 쪼갤 수 없는 최소의 발음 가능한 단위이다. ③음절은 (초성)+중성+(종성)의 구조를 가지며 중성은 필수적인 성분이고 중성에는 반드시 성절음(☞ p.209)이 하나 들어 있어야 한다. ④운율적인 요소(☞ p.236)(강세, 성조 등)가 걸리는 가장 일반적인 단위이다.

356. 음절 구조(音節 構造, Syllable structure)

음절을 이루는 구조. 한국어의 음절은 초성, 중성, 종성으로 구성되는데 필수적인 음절 성분은 중성이고 초성과 종성은 수의적이다. 초성과 종성은 각각 자음 하나씩으로 구성된다. 한국어의 음절구조 유형은 V(어), SV(여), CV(거), CSV(겨), VC(악), SVC(약), CVC(각), CSVC(갹)의 8가지이다.(V는 모음, C는 자음, S는 반모음) 참 개음절, 폐음절

357. 음절 구조 제약(音節 構造 制弱, Syllable structure constraints)

음소들이 연결될 때 특정한 음소들의 배열을 허용하지 않는 제약.

일부 음소가 음절의 특정 위치나 어떤 음소에 연이어 나올 수 없는 제약이 존재한다. 예를 들어 초성에는 ㄹ이 올 수 없다거나 종성에는 ㅋ, ㅌ, ㅍ 등의 소리는 발음될 수 없고 ㄱ, ㄴ, ㄷ, ㄹ, ㅁ, ㅂ, ㅇ의 일곱 소리로만 발음될 수 있다는 등의 제약이 존재한다. 음절 구조 제약은 제약되는 위치에 따라 초성 제약(☞p.278), 중성 제약(☞p.270), 종성 제약(☞p.266)으로 나뉜다. 참 초성 제약, 중성 제약, 종성 제약

358. 음절문자(音節文字, Syllabary)

음성문자의 첫 단계로 언어의 자음과 모음이 결합한 하나의 음절을 하나의 글자로 표상하는 문자. 일본어의 문자인 히라가나와 가타가나가 대표적인 음절문자이다. 일본어와 달리 음절 구조가 복잡한 언어의 경우 음절문자의 효용성은 별로 없다. 참 문자 발달 단계

359. 의도적 의미(意圖的 意味, Intended meaning)

☞주제적 의미(p.269)

360. 의문법(疑問法, Interrogative)

화자가 청자에게 질문하여 대답을 요구하는 문장종결법. 단일 형태와 복합 형식으로 실현된다. '아직도 비가 오니/옵니까(오-ㅂ니까)?'는 격식체로 '오니'는 해라체, '옵니까'는 합쇼체의 의문형으로 실현된 것이다. '내가 좀 도와 줄까(주-ㄹ까)?'나 '나 좀 도와 줄래(주-ㄹ래)?'는 반말의 비격식체로 상대 높임의 보조사 '요'가 붙을 수 있으며 사태에 대한 화자의 다양한 태도를 실현한다. '그 애도 같이 온다느냐?'는 인용의 '-고 하-'가 빠진 복합 형식의 의문형으로 나타난 것이다. 의문문은 어떤 종결어미로 종결되었더라도 간접 인용절로 안길 때에는 종결어미가 모두 '-느냐/-(으)냐'로 바뀐다. 참 판정 의문, 설명 의문, 수사 의문

〈의문형 종결어미〉	
단일 형태	a. '-(으)냐/-느냐, -니, -오, -ㅂ니까/-습니까, -(으)ㄹ쏘냐'
	b. '-아/-어,-지', '-(으)ㄴ가, -나, -(으)련, -(으)ㄹ까, -(으)ㄹ래'
복합 형식	'-다느냐, -자냐, -라냐, -냐냐, -려느냐, -다니, -라니, -자니'

361. 의미론(意味論, Semantics)

단어의 의미를 연구하고 의미들이 결합하여 문장의 의미를 만들어 가는 원리를 규명하려는 분야. 의미론에서 의미들은 특성에 따라 개체, 속성, 행위, 사건, 상태, 수량 등 다양한 의미 유형으로 나뉜다. 단어의 의미 유형들이 모여 문장의 의미로 결합되는데, 의미론은 의미 유형들 간의 결합 관계, 새로운 의미 유형 등을 설명한다. 의미론의 영역은 단어 차원에서 의미의 문제를 연구하는 어휘 의미론, 문장 차원에서 의미의 문제를 연구하는 문장 의미론, 언어의 발화 장면을 연구하는 화용 의미론이 있다. 참 어휘 의미론, 문장 의미론, 화용 의미론

362. 의미 변화(意味 變化, Semantic change)

언어의 의미가 변하는 현상. 예를 들어 영어 'person(사람)'은 무대에서 사용되는 가면을 의미하다가 다시 구체적인 어떤 사람의 역을 의미하게 되고 다음에는 인간의 일반 명칭이 되어 커다란 의미 변화가 일어났다. 의미 변화의 원인은 다음과 같다. ①언어의 내적 원인(어떤 단어가 많은 문맥에서 다른 어떤 단어와 결합해서 사용되다가 그 결합이 습관화되면, 한쪽 단어의 의미가 다른 단어의 의미와 같아지는 것) ②역사적 원인(제도의 명칭은 그 제도의 변화와 함께 그 의미도 변화) ③사회적 원인(어떤 단어가 일상 언어에서 어떤 사회집단에 들어가면 특수한 명칭이 되어 그 의미가 좁혀지는 경향) ④심리적 원인(음성이 유사하고 또 의미상으로도 일종의 심리적 접촉이 있어서 일어난 복잡한 연상 작용에 의해 의미 변화가 일어나는 것)이 있다.

363. 의미 삼각형(意味 三角形, Meaning triangle)

오그덴&리차즈(Ogden & Richards)가 제시한 기호(symbol)와 의미, 지시물 사이의 관계를 나타낸 삼각형. 지시물(referent)은 언어 표현이 가리키는 실제적인 지시물을 말하고 사고 또는 지시(thought or reference)는 개념(concept)을 뜻한다. 이 이론에서 언어 표현은 기호의 일종이며, 의미란 기호인 언어 표현이 그 대상인 지시물을 지시하는 작용이라고 설명한다. 이때 기호와 지시물 사이에는 직접적인 관계는 없다. 즉 '무궁화'와 그것이 지시하는 것으로서 우리 주위에서 볼 수 있는 '무궁화' 사이에는 직접적 관계가 없다. 다만 둘 사이의 관계, 기호와 지시물 사이의 관계는 그 사이에 놓여 있는 심리적 실체인 개념을 통해서 파악한다. '무궁화'라는 단어의 의미는 기호 '무궁화'와 그 지시물인 실체 사이에서 연상되는 심리적 영상(mental image)이 곧 개념이다. 참 개념설

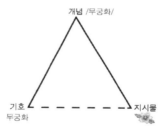

364. 의미 성분(意味 成分, Semantic component)

한 단어의 의미를 이루고 있는 구성 요소. 의미 성분은 대괄호 [ ] 속에 넣어 표시하되 성분 요소는 대문자를 쓰는 것이 일반적이며 이렇게 표시된 의미 성분은 하나의 추상적인 의미 단위이다. '총각'이라는 단어를 [인간][남성][성숙][미혼]으로 분석하였다면 [인간], [남성], [성숙], [미혼]은 각각 의미 성분이 된다. 의미 성분의 유형에는 공통적 성분(☞p.147), 진단적 성분(☞p.275), ③보충적 성분(☞p.189)이 있다. 참 성분 분석

365. 의미의 유형(意味의 類型)

의미의 특성에 따라 분류한 의미의 종류. 학자들에 따라서 여러 가지 다른 분류가 있을 수 있는데 리치(G.Leech)는 의미의 유형을 크게 세 가지로 나누었다. ①개념적 의미(☞p.139) ②연상적 의미(내포적 의미(☞p.158), 사회적 의미(☞p.199), 감정적 의미(☞p.136), 반사적 의미(☞p.183), 배열적 의미(☞p.186)) ③주제적 의미(☞p.269) 참 개념적 의미, 내포적 의미, 사회적 의미, 감정적 의미, 반사적 의미, 배열적 의미, 주제적 의미

366. 의미장(意味場, Semantic field)

의미적으로 서로 밀접한 연관이 있는 단어들의 집합. 의미장은 어휘에 체계를 부여하는 방법 중 하나로 특정의 의미를 기준으로 삼아 그 의미와 상호 긴밀한 관계에 있는 단어들을 한 집단으로 묶은 것이다. '붉다, 파랗다, 노랗다' 등은 색채의 의미장을 형성하고 있다. 의미장은 작은 장이 모여서 큰 장을 이루고 큰 장이 모여서 보다 큰 장을 이루며 보다 큰 장들의 집합은 궁극적으로 한 언어의 어휘의 집합이 된다. 참 개념장, 어휘장

367. 의존 형태소(依存 形態素, Bound morpheme)

자립성 유무에 따른 형태소의 종류 중 하나. 의존 형태소는 문장에서 홀로 쓰일 수 없고 반드시 다른 형태소의 도움을 받아 문장 성분(☞p.180)으로 쓰일 수 있다. '예쁘다, 달리다'의 '예쁘-, 달리-'와 같이 용언의 어간과 '-다'와 같은 어미는 모두 의존 형태소에 속한다. 의존 형태소는 형태소 앞 혹은 뒤에 줄표(-)를 넣어 다른 형태소가 결합해야 함을 표시하는 것이 일반적이다. 참 형태소, 자립 형태소

368. 이어적기

☞ 연철(p.233)

369. 이어진 문장(이어진 文章)

홑문장이 둘 이상 이어져 이루어진 겹문장. 이어진 문장은 대등적 연결어미와 종속적 연결어미에 의해 형성되며 학교문법에서는 이것을 각각 대등하게 이어진 문장과 종속적으로 이어진 문장으로 구분한다. 참 접속문, 대등하게 이어진 문장, 종속적으로 이어진 문장

370. 이완음(弛緩音, Lax)

발음할 때 성대와 조음위치 등을 긴장하지 않고 내는 음. 한국어에서 경음과 유기음을 제외하면 모두 이완음에 속한다. 참 긴장음

371. 이음(異音, Allophone)

☞ 변이음(p.187)

372. 이중모음(二重母音, Diphthong)

소리를 내는 도중에 입술 모양이나 혀의 위치가 처음과 나중이 달라지는 모음(ㅑ, ㅕ, ㅛ, ㅠ, ㅒ, ㅖ, ㅘ, ㅙ, ㅝ, ㅞ, ㅢ). 이중모음은 반모음들이 모음 앞뒤에 연결되며 연결되는 모음에 따라 j계 이중모음(ㅑ, ㅕ, ㅛ, ㅠ, ㅖ, ㅒ), w계 이중모음(ㅘ, ㅝ, ㅚ, ㅞ, ㅙ, ㅟ), ɰ계 이중모음(ㅢ)으로 나뉜다. 참 단모음

373. 이중 사동(二重 使動, Double causative)

파생적 사동법이 실현된 사동사에 '-게 하다'가 붙어서 만들어지는 사동 표현. '어머니가 철수에게 아이를 재우게 하셨다.'에서 자는 동작의 주체는 '아이'이고 재우는 사동주는 '철수'이며 '-게 하신' 사동주는 '어머니'에 해당한다. 참 사동법, 파생적 사동법, 통사적 사동법

374. 이중 언어사용(二重 言語使用, Bilingualism)

어떤 개인이 두 언어를 사용하는 것, 또는 두 언어를 사용할 수

있는 능력. 넓은 의미로는 두 개 이상의 언어를 사용하는 다언어사용 (multilingualism)을 의미하는 경우도 있으며 동일 언어의 지역 방언과 표준어와 같이 두 개(혹은 그 이상)의 방언을 사용하는 경우를 가리킬 때도 있다. 이중 언어사용이라는 용어는 개인에 관해서 뿐만 아니라 2개(이상)의 언어가 사용되는 사회를 지칭하는 용어로도 사용된다. 이런 경우, 사회 전체는 이중 언어사용 사회지만 구성원 전부가 이중 언어사용이라고는 할 수 없다. 캐나다는 한 국가로서는 영어와 프랑스어를 공용어로 사용하는 이중 언어사용 국가이지만 영어 아니면 프랑스어만을 사용하는 사람들도 있다. 이중 언어사용 또는 구별적 이중 언어사용에는 코드 스위칭(☞p.280) 현상이 일어난다. **참** 코드스위칭

375. 이중 피동(二重 被動, Double passive)

두 가지 피동법이 동시에 실현되는 경우로 어색한 피동 표현. 예를 들어 '토끼가 사냥꾼에게 잡혀졌다.'는 '잡히다'의 파생적 피동법(☞ p.287)이 실현된 것에 다시 '-어지다'가 붙은 것으로 이러한 이중 피동은 어색한 표현이 되므로 적절하지 않다. **참** 피동법, 통사적 피동법, 파생적 피동법

376. 이철자 동음어(異綴字 同音語, Homophone)

철자가 다른 동음어. 동음어를 의미는 다르면서 소리가 같다고 규정할 때, 소리가 같다는 것은 다시 철자가 같은 것과 철자는 다르나 그 소리가 같은 경우로 나누어 볼 수 있는데 이 때 철자가 다르면서 소리가 같은 동음어를 이철자 동음어라 한다. 영어의 경우에는 이철자 동음어가 많다. 그 예로 'meat-meet, flower-flour, pray-prey' 등이 있다. 한국어의 경우에는 음운 현상에 의해서 다른 표기이면서 같은 소리가 나는 이철자 동음어가 있다. 예로는 ①연음에 의한 '갈음-가름, 반듯이-반드시' ②소리의 변동으로 인한 '흑색-흙색, 가치-같이' ③소리의 중화나 동화로 인한 '갑-값','깁(다)-깊(다)' 등이 있다. 또한 음가

의 변동으로 동음어가 발생되기도 하는데 '개[犬]-게[蟹]'의 예가 있다. 🔲 동음어, 동철자 동음어

377. 이행성(移行性, Transitivity)

어떤 단어 X · Y · Z에서 X와 Y 사이에 R의 관계(X→Y)가 있고, Y와 Z 사이에 R의 관계(Y→Z)가 있음으로 해서, X와 Z 사이에 R의 관계가 이어지는 특성. 이러한 관계(X→Z)를 이행적 관계(transitive relation)라 하며 단어 사이의 이러한 성질을 이행성(移行性, transitivity)이라 한다. 수형도의 계층적 구조 속에서 한 단어와 바로 아래 마디(node)의 단어는 중간에 다른 단어가 개입하지 않기 때문에 직접 상하 관계에 있다고 말한다. 예를 들어 '새'와 '매'는 직접 상하 관계에 있으며 '매'와 '솔개'도 직접 상하 관계에 있다. 그리고 '새-매-솔개'와 같이 한 경로에 있는 단어는 상하 관계(☞p.203)가 그대로 이어지기 때문에 '새'와 '솔개'도 상하 관계에 있으며, 이때의 상하 관계를 간접 상하 관계라고 한다. 이와 같이 한 경로에 있는 단어들은 상하 관계를 그대로 이어받는 이행적 관계에 있다. 🔲 상하 관계

378. 이형태(異形態, Allomorph)

교체(☞p.151)에 의한 어느 한 형태소의 변이종들 하나하나. 교체에 의해 실현되는 형태 하나하나를 어떤 형태소의 이형태라고 한다. '집이, 집만'은 [cipi], [cimman]으로 실현되는데 이 각각을 {집}의 이형태라 한다. 이형태는 특정한 형태소의 실현형이다. 🔲 교체, 형태소

379. 이형태의 요건(異形態의 要件)

어떠한 이형태가 한 형태소의 이형태인지 아닌지를 판단하는 조건. 이형태를 결정하는 데에는 몇 가지 기준이 있는데 ①의미의 동일성, ②상보적 분포(☞p.202), ③음상의 유사성 등이 있다. 즉 [흥], [흑], [흙]

등이 이형태로 묶이려면 의미 및 형태의 음성적인 유사성이 있어야 한다. 그리고 [흥], [흑], [흙]이 각각 동일한 환경에서 나타나지 않고 각기 다른 환경에 나타나는 상보적 혹은 배타적 분포를 보여야 한다.

🔖 상보적 분포, 배타적 분포

380. 이화(異化, Dissimilation)

주변 음운 환경과 다르게 바뀌는 현상. 음운 과정 중에서 대치는 변화를 입는 분절음과 음운 환경의 유사성에 따라 동화와 이화로 나누어진다. 이중 이화는 '거붑>거북, 코키리>코끼리'의 예처럼 'ㅂ'과 'ㅂ' 혹은 'ㅋ'과 'ㅋ'의 같거나 비슷한 소리가 연속되어 오히려 발음하기가 힘들거나 단조로울 때 일어난다. 🔖 동화

381. 인공 언어(人工 言語, Artificial language)

특별한 목적을 위해 만들어 낸 언어. 포트란(Fortran)이나 C 언어 같은 컴퓨터 언어는 자연 언어(☞p.254)가 아닌 인공 언어이다. 에스페란토(Esperanto)는 1870~1880년대 러시아의 자멘호프(L. L. Zamenhof)가 개발한 인공 언어로서 한 특정 언어에 계통적 기원을 두지 않으나 주로 유럽의 로만스계 언어의 어휘와 문법을 기초로 삼았다. 에스페란토는 모어가 아닌 제2언어로서 세계 공용어의 역할을 하도록 개발되었다. 피진(pidgin)(☞p.291)과 같은 인공 언어는 자연 언어와 유사하다. 피진은 대개 한 언어에 기반을 두고 이와 접촉하는 둘 이상의 언어에서 소수의 단어와 문법요소를 섞어서 사용한다. 파푸아뉴기니의 공용어 가운데 하나인 톡피신(Tok Pisin)의 경우 초기에는 영어에 기반을 두고 어휘와 문장 구조가 아주 제한적인 불완전한 언어로 시작되었지만 점차 그 사용 인구가 늘어나 표현이 풍부해지고 체계화되었다. 피진을 한 사회의 보편적인 의사소통의 언어로 인정하고 어린아이들이 그들의 제1언어(모어)로 습득할 때 피진이 크레올(creole)(☞p.281)로

변했다고 말한다. 참 자연 언어, 피진, 크레올

382. 인구어족(印歐語族, Indo-European family)

인도와 유럽 지역의 대부분에 분포해 있고 친근 관계가 있는 언어들의 무리. 인구어족에는 다음과 같은 어파와 언어가 있다. ①인도-이란어파(Indo-Iranian branch)(인도어, 이란어) ②슬라브어파(Slavic branch) ③아르메니아어(Armenian) ④알바니아어(Albanian) ⑤그리스어(Greek) ⑥로만스어파(Romance branch) ⑦게르만어파(Germanic branch) ⑧켈트어파(Celtic branch) ⑨토카라어(Tocharian) ⑩힛타이트어(Hittite)

383. 인용절(引用節, Quantative clause)

문장의 종결 형식에 조사 '고'나 '라고'가 결합되어 형성되는 절. 직접 인용절과 간접 인용절로 구분된다. 대체로 '고'는 간접 인용절에, '라고'는 직접 인용절에 사용된다. ①나는 "철수가 학교에 간다."라고 말했다. ②나는 철수가 학교에 간다고 말했다. 직접 인용절인 ①의 경우 본래의 발화를 내용뿐만 아니라 발화 상황까지 곁들여 표현하는데 비해 간접 인용절인 ②는 내용을 중심으로 한다는 점에서 차이가 있다. 직접 인용절은 본래의 당시 시간과 장소를 그대로 표현하지만 간접 인용절은 화자의 입장에서 바뀌어 나타난다. 인용절은 문장 성분으로 보면 부사어에 가까운데 다른 부사절과는 달리 인용절은 특정한 서술어와 관련된다는 점에서 차이가 있다. 안은 문장의 서술어가 질문이나 명령, 제안과 같은 화행을 수행할 때에는 직접 인용절과 간접 인용절이 모두 안길 수 있으며 어떤 생각이나 판단과 같이 인지성을 나타낼 때(생각하다, 평가하다)에는 간접 인용절이 나타날 수 있다. 참 명사절, 서술절, 관형절, 부사절

384. 인지적 의미(認知的 意味, Cognitive meaning)

☞ 개념적 의미(p.139)

385. 인칭 직시(人稱 直視, Person deixis)

대화와 관련 있는 사람들의 역할을 기호화하여 화자가 그 대상을 직접 지시하는 것. 1인칭은 화자 자신에 대한 지시를 기호화한 것이고, 2인칭은 청자에 대한 화자의 지시를 기호화한 것이며 3인칭은 화자나 청자가 아닌 제3자를 지시 대상으로 기호화한 것이다. 인칭 직시는 일반적으로 인칭 대명사에 의해서 실현되는데 인칭 대명사는 인칭 범주와 수(number), 성(gender) 등에 의해서 조직화되어 있다. 한국어의 인칭 대명사 체계는 세 영역의 인칭 범주와 함께 단수와 복수의 구별이 있다. 참 직시, 시간 직시, 장소 직시, 담화 직시, 사회 직시

386. 일방함의(一方含意, Unilateral entailment)

두 문장 사이의 함의 관계가 일방향성인 함의 관계. 일방함의의 정의는 다음과 같다. ①문장 p가 q를 함의하고 그 역은 성립하지 않는다. ②문장 ㅡq가 ㅡp를 함의하고 그 역은 성립하지 않는다. 일방함의의 예로, '수지는 소녀이다', '수지는 여자이다'의 두 문장에서 앞의 문장은 뒤의 문장을 함의하지만 그 역은 성립하지 않으며 뒤의 문장의 부정이 앞 문장의 부정을 함의하지만 그 역은 성립하지 않는다. 예와 같이 상하 관계에 있는 단어를 포함한 두 문장은 일방함의 관계에 있다고 할 수 있다. 참 함의, 상호함의

387. 잇몸소리

☞ 치조음(p.279)

388. 자립 형태소(自立 形態素, Free morpheme)

자립성 유무에 따른 형태소의 종류 중 하나. 자립 형태소는 다른

형태소와 직접적으로 결합하지 않고도 문장의 한 성분이 되며 그것 하나만으로도 문장을 이룰 수 있는 형태소를 말한다. 명사, 대명사, 수사, 관형사, 부사, 감탄사 등은 홀로 문장을 이룰 수 있는 자립 형태소에 속한다. 참 형태소, 의존 형태소

389. 자연 언어(自然 言語, Natural language)

인간이 일상적으로 사용하는 언어. 모든 인간 언어는 오랜 역사를 가지고 있는데, 언제 어디서 시작되었는지 알 수 없다. 그러나 어느 세대에나 이전 세대의 언어를 물려받아 습득한다. 이런 이유로 인간 언어를 '자연 언어'라고 부른다. 참 인공 언어

390. 자유 변이(自由 變異, Free variation)

같은 환경에 나타나면서도 어휘 의미의 차이를 드러내지 않는 변이음. '두부'라는 낱말의 두 번째 자음 /ㅂ/은 유성 파열음 [b]로 발음되기도 하고 유성 마찰음 [β]로 발음되기도 한다. /ㅂ/의 두 변이음 [b]과 [β]은 같은 환경에서 나타나도 의미의 차이를 가져오지 않는다. 이러 한 관계에 있는 변이음들을 자유 변이 관계에 있다고 한다. 참 변이음, 음소

391. 자음(子音, Consonant)

목, 입, 혀 따위의 발음 기관에 의해 구강 통로가 좁아지거나 완전히 막히는 등의 장애를 받으며 나는 소리(ㄱ, ㄴ, ㄷ, ㄹ, ㅁ...). 자음은 조음 위치(☞p.264)와 조음 방법(☞p.264)에 따라서 분류할 수 있는데 한국어 의 경우에 조음 위치에 따른 자음의 부류는 양순음(ㅂ, ㅃ, ㅍ, ㅁ), 치조음(ㄷ, ㄸ, ㅌ, ㅅ, ㅆ, ㄴ, ㄹ), 경구개음(ㅈ, ㅉ, ㅊ), 연구개음(ㄱ, ㄲ, ㅋ, ㅇ), 성문음(ㅎ)이 있으며 조음 방법에 따른 부류는 파열음(ㅂ, ㅃ, ㅍ, ㄷ, ㄸ, ㅌ, ㄱ, ㄲ, ㅋ), 파찰음(ㅈ, ㅉ, ㅊ), 마찰음(ㅅ, ㅆ,

ㅎ), 유음(ㄹ), 비음(ㄴ, ㅁ, ㅇ)이 있다. 웹 홀소리, 모음

392. 자음군단순화(子音群單純化, Consonant cluster simplification)

겹받침이 자음과 연결될 때 받침 하나가 탈락하는 현상. '읽다'나 '몫'과 같이 받침에 둘 이상의 자음이 있을 때 '읽고, 값과'와 같이 후행 음절에 자음이 연결되면 모두 발음되지 않고 [익꼬], [목꽈]와 같이 겹받침 중 ㄹ과 ㅅ이 각각 탈락하게 된다. 이 현상은 음절말에 하나의 자음만 발음될 수 있다는 한국어의 음절 구조의 제약 때문이다. 웹 음운 과정, 탈락

393. 자음 동화(子音 同化, Consonantal assimilation)

동화를 입은 피동화음이 자음이 되는 동화. 자음 동화의 예는 비음화(☞p.196), 유음화(☞p.237), 위치동화가 있다. 웹 동화, 모음동화

394. 자음의 분류(子音의 分類)

자음은 조음 위치, 조음 방법에 따라 자음을 분류한 것. 조음 방법 (방식)에 따라 유성음과 무성음으로 나누어지는데 이는 성대의 울림 여부로 구분된다. 모음과 자음 ㄴ, ㄹ, ㅁ, ㅇ은 유성음이며 그 밖의 자음은 무성음이다. 무성음은 파열음, 파찰음, 마찰음이 있는데 파열음(ㅂ, ㅃ, ㅍ, ㄷ, ㄸ, ㅌ, ㄱ, ㄲ, ㅋ)은 입 안의 어느 한 곳에서 공기의 흐름을 완전히 막았다가 순간적으로 터뜨리듯 내는 소리를 말한다. 마찰음(ㅈ, ㅉ, ㅊ)은 조음 기관을 최대한 근접시켜 만들어진 그 좁은 틈으로 공기를 통과시키면 그 사이에 마찰이 일어나면서 생기는 소리이다. 파찰음(ㅅ, ㅆ, ㅎ)은 파열음과 같이 공기의 흐름을 한 순간 완전히 막았다가 터뜨리되, 그 터뜨리는 속도를 조금 더디게 하면 순간적으로 생기는 틈 사이로 마찰이 일어나게 하면서 내는 소리이다. 유성음은 다시 비음과 유음으로 나누어지는데 비음은 ㄴ,

ㅁ, ㅇ으로 막혔던 공기를 터뜨리는 순간 코로 통하는 공깃길을 열어 그 속으로 공기를 통과시키며 내는 소리이다. 유음 ㄹ은 혀끝의 중앙 부를 윗잇몸 근처에 댄 상태에서 혀의 양 옆으로 공기를 흘려 내보내 면서 내는 소리이다.

〈자음의 분류〉

		순음	치조음	경구개음	연구개음	후두음
무성음	폐쇄음	ㅂ ㅍ ㅃ	ㄷ ㅌ ㄸ		ㄱ ㅋ ㄲ	
	파찰음			ㅈ ㅊ ㅉ		
	마찰음		ㅅ ㅆ			ㅎ
유성음	비음	ㅁ	ㄴ		ㅇ	
	유음		ㄹ			

395. 장단(長短, Length)

음절 안에서 나타나는 소리의 길고 짧음. 장단은 청각적으로 소리 가 들리는 지속 시간에 비례한다. 자음의 경우에는 경음과 유기음이 지속 시간이 길고 모음의 경우에는 고모음이 지속 시간이 짧다. 표준 한국어에서 눈[nuːn](雪), 눈[nun](眼)과 같이 모음의 길이가 변별적인 기능을 하고 있다. 참 강세, 고조, 연접, 억양, 운소

396. 장르(Genres)

☞ 언어 사용역(p.225)

397. 장소 직시(場所 直視, Place deixis)

발화와 관련된 사람이나 사물의 공간적 위치를 기호화하여 직접

지시하는 것. 맥락 속의 사람이나 사물이 화자의 발화 지점과 가까이 있으면 '여기'라고 말하는데 이와 같이 화자는 지시 대상의 공간적 위치를 직시 표현을 사용하여 가리킬 수 있다. 장소 직시 표현에는 ①지시관형사 '이·그·저'와 (의존)명사가 결합된 합성어(예 여기/거기/저기, 이곳/그곳/저곳) ②사물의 이동 방향을 가리키는 직시 표현(예 이리/그리/저리, 이쪽/저쪽/그쪽) ③구체 명사와 함께 쓰여 지시 대상의 위치를 가리키는 직시 표현(예 오른쪽, 왼쪽, 앞, 뒤, 전, 후) ④직시의 특성을 가진 동사(예 '오다'류 동사, '가다'류 동사)가 있다. 참 직시

398. 장애음(障碍音, Obstruents)

폐에서 나온 기류가 입안의 조음기관의 장애를 받아 나오는 소리. 공명음에 반대되는 말로 구강 통로가 폐쇄되거나 마찰이 생겨서 나는 소리인 파열음, 마찰음, 파찰음 등이 속한다. 참 공명음

399. 재구(再構, Reconstruction)

여러 언어들을 비교하여 조어(☞p.264)의 모습을 추정하는 과정. 18세기 말 윌리엄 존스(William Jones)는 그리스어와 라틴어, 산스크리트어를 비교하여 유사성의 정도에 기반을 두고 언어들 사이의 공통 조상을 추정하였다. 세 언어의 조어는 원시인구어(proto Indo-European)인데 이는 재구된 언어이다. 참 규칙적 음운 대응, 공통 조어, 조어, 어족

400. 재귀대명사(再歸代名詞, Reflexive pronoun)

3인칭 대명사 중 앞에 나온 체언인 선행사를 다시 가리켜 이르는 대명사. 재귀대명사는 줄여서 재귀사(再歸辭, reflexive)라고도 한다. 한국어의 재귀대명사는 3인칭에만 있으며 일반적으로 유정물을 선행사로 가진다. 재귀대명사에는 '자기, 당신, 저' 등이 있고 '자기'는

예사 재귀대명사이고 '당신'은 높임의 재귀대명사, '저'는 낮춤의 재
귀대명사에 속한다. 참 대명사

401. 재음소화(再音素化, Rephonemicization)

한 음소로 분석될 수 있을 법한 음성을 두 음소의 연결로 분석하는
것. '쉬'나 '쥐'는 각각 [ü]나 [üi]로 한 음소로 소리가 나지만 '위,
귀'에서 한 음소가 아닌 두 음소인 [wi]로 처리한다. 재음소화는 한
음소로 분석될 가능성이 있는 음성을 두 음소의 연결로 분석하는 것을
말한다.

402. 적극적 체면(積極的 體面, Positive face)

타인에 의해 인정받고 싶고 소속되고 싶어 하는 욕구. 긍정적 체면
은 관련되고 싶어 하는 욕구라면 소극적 체면(☞p.210)은 독립적이고자
하는 욕구이다. 타인의 체면을 보호해 주려할 때 적극적 체면과 소극
적 체면 두 가지 측면을 모두 고려해 주어야 한다. 참 체면, 소극적 체면

403. 적정 조건(適正 條件, Felicity condition)

어떤 문장의 발화가 언표 내적 행위를 구성하기 위해서 필수적으로
지켜져야 할 조건. 서얼(Searl)은 적정 조건으로 다음 네 가지를 제시
하였다. ①명제 내용 조건(☞p.175) ②예비 조건(☞p.233) ③성실 조건(☞p.209)
④본질 조건(☞p.190). '나는 당신과 결혼할 것을 약속한다.' 같은 약속의
수행발화는 약속 발화의 적정 조건 네 가지를 각각 지켜야한다. 약속
발화의 적정 조건은 다음과 같다. ①명제 내용 조건: 발화된 문장의
명제 내용은 화자의 미래 행위를 서술하여야 한다. ②예비 조건: ㉠청
자는 화자의 행위를 긍정적으로 생각한다. ㉡화자는 자신이 그 행위
를 할 수 있다고 생각한다. ③성실 조건: 화자는 행위를 행하기를
진심으로 원한다. ④본질 조건: 명제 내용을 발화함으로써 화자는

그 행위를 해야 하는 의무를 갖게 된다. 참 명제 내용 조건, 예비 조건, 성실
조건, 본질 조건

404. 전동음(顫動音, Trill, Rolled)

기류가 혀의 중앙으로 흘러나가면서 한 번 울려 나는 소리. 전동음
[r]은 유음의 하나로 혀끝을 치조에 살짝 대고 떨면서 소리를 내게
된다. 한국어에는 전동음이 거의 나타나지 않는다. 참 유음, 설측음, 탄설음

405. 전방 조응(前方 照應, Anaphora)

선행사가 앞에 오고 그것을 지시하는 조응(☞p.265) 표현이 뒤에 오는
조응. '영이는 크고 예쁜 꽃병」을 깨트렸다. 그것」은 생일 선물로 받은
것이었다.'에서 '그것'은 앞에 나온 선행사 '꽃병'을 대신하는 조응
표현이다. 참 직시, 후방 조응

406. 전성어미(轉成語尾, Transformation ending)

문장이 전성하여 다른 품사의 기능을 갖게 하는 어미. 문장이 다른
문장 속으로 파고들어 명사나 관형사와 비슷한 역할을 하게 되는데
이는 명사절, 관형절이라고 한다. 이렇게 문장의 기능이 전성되어
다른 품사의 역할을 하도록 하는 어미가 전성어미이다. 전성어미의
대표적인 어미는 명사형 어미와 관형사형 어미이다. '나는 공부하기
가 힘이 든다. 모두 너를 위함이다.'에서 '공부하다'와 '너를 위하다'
의 문장이 명사에 상당하는 역할을 하고 있다. 이때 결합된 어미
'-기, -(으)ㅁ'을 명사형 전성어미라 한다. '내가 만난 친구를 소개합니
다. 내가 만나는 친구를 소개합니다. 내가 만날 친구를 소개합니다.'에
서 '내가 친구를 만나다'라는 문장이 명사를 수식하여 관형사에 상당
하는 역할을 하고 있다. 이때 결합된 어미 '-(으)ㄴ, -는, -(으)ㄹ'를
관형사형 전성어미라고 한다. 참 어미, 종결어미, 연결어미

407. 전제(前提, Presupposition)

하나의 문장이 의미적 정당성을 갖기 위해서 이미 사실임이 보장된 다른 문장. 진리조건으로 전제를 정의하면 다음과 같다. '문장 p가 참이면 문장 q도 참이고, 문장 p가 거짓이어도 문장 q가 참이면 문장 p는 문장 q를 전제한다. '영수의 여동생은 아주 예쁘다.(p)'라는 문장이 성립하기 위해서는 먼저 '영수는 여동생이 있다.(q)'라는 문장이 사실로서 성립되어야 한다. 이때 전자의 문장은 후자의 문장을 전제한다고 말한다. 전제는 특정 단어나 문장 구조에 의해서 생성되는 경우가 많다. 전제를 생성하는 단어나 문장 구조를 전제 유발 장치(presupposition trigger)라 한다. 전제 유발 장치에는 ①고유명사 ②한정적 기술 ③사실동사 ④판단동사 ⑤상태변화동사 ⑥반복 표현 ⑦분열문 ⑧부사절 ⑨비교 표현이 있다. 참 함의

408. 절대 동음어(絕對 同音語, Absolute homonym)

모든 상황과 문맥에서 동음어의 조건을 만족시키는 동음어. '신¹'(신발)과 '신²'(神)는 의미상 아무런 관련이 없고 이 두 단어는 형태의 변화가 없는 단어이기 때문에 언제나 동일한 형태를 취하고 있다. 또한 문법적으로도 명사로서 동등한 지위에 있다. 이 두 단어는 절대 동음성의 조건을 모두 만족시키는 절대 동음어이다. 참 동음어, 부분 동음어

409. 절대적 동의 관계(絕對的 同義 關係, Absolute synonymy)

인지적 및 정서적 의미의 동일성, 모든 맥락에서의 상호교체 가능성의 두 조건을 모두 충족시키는 의미 관계. 라이온스(J.I.Lyons)가 제시한 개념으로 인지적 및 정서적 의미의 동일성을 만족시키는 경우를 완전 동의(complete synonymy), 모든 맥락에서의 상호교체 가능성을 전체 동의(total synonymy)라고 하는데 두 가지 조건을 모두 충족시키는 의미 관계를 완전 동의라 하고 이것을 절대적 동의 관계라고

한다. 절대 동의 관계를 충족시킬 수 있는 동의어는 과학 분야나 의학 분야에서 사용하는 전문용어에서나 찾아볼 수 있으며 일반적으로 일상적인 언어에서는 거의 없다. 참 동의 관계, 상대적 동의 관계

410. 접근음(接近音, Approximant)

두 조음체가 근접하되 기류의 동요가 없이 발음되는 소리. w, j 등이 접근음에 해당한다. 참 반모음, 반자음

411. 접두사(接頭辭, Prefix)

새로운 단어를 형성할 때 어기에 앞에 붙는 접사. 접두사 '맨-, 풋-, 되-, 드-' 등은 '맨손, 풋사랑, 되갚다, 드높다'와 같이 어기의 앞에 붙어 단어를 파생한다. 한국어에서 접두사는 접미사(☞p.261)보다 그 수가 많지 않고 대부분 명사와 결합하여 파생 명사를 만드는 접두사가 가장 많다. 접두사는 어기와 결합하여 새로운 단어를 만든다는 점에서 접미사와 같지만 어기의 문법적 성질을 바꾸지는 못한다. 참 접사, 파생접사, 접미사

412. 접미사(接尾辭, Suffix)

새로운 단어를 형성할 때 어기의 뒤에 붙는 접사. 접미사 '-가, -쟁이, -답-, -하-' 등은 '건축가, 욕심쟁이, 정답다, 공부하다'와 같이 어기의 뒤에 붙어 단어를 파생한다. 한국어에서 접미사는 접두사(☞p.261)보다 그 수가 많고 종류도 많다. 접미사는 어기와 결합하여 새로운 단어를 만든다는 점에서 접두사와 같지만 어기의 문법적 성질을 바꿀 수 있다는 점에서 차이를 보인다. 참 접사, 파생접사, 접두사

413. 접사(接辭, Affix)

단어를 형성할 때 주변부가 되는 형태소. 접사는 단어 구성에서 중심부가 되지 못하고 문법적인 기능을 주로 담당하는 형태소이다.

'공부하다'는 '공부-하-다'로 분석되는데 이때 '하-'는 접사가 된다. 접사에는 파생접사(☞p.287)와 굴절접사(☞p.152)가 있다. 참 어근, 파생접사, 굴절접사

414. 접속문(接續文, Coordination)

복문에서 선행절이 후행절에 대등적으로 이어지거나 종속적으로 이어진 문장. 대등적으로 이어지는 것을 대등 접속(coordination), 종속적으로 이어지는 것을 종속 접속(subordination)이라고 한다. 참 내포문, 이어진 문장

415. 접속 조사(接續 助辭)

둘 이상의 체언을 같은 자격으로 이어주는 조사. '사과와 딸기, 딸기하고 수박, 수박이며 배, 배랑 오렌지'과 같이 '와/과, 하고, 이며, 이랑' 등이 접속 조사에 속한다. '와/과'는 문어에서 잘 쓰이고 '이랑'과 '하고'는 구어에서 잘 쓰인다. 접속 조사는 문장 접속의 기능을 하기도 하고 단어 접속의 기능을 하기도 한다. 예를 들어 '철수와 영수는 우등생이다.'는 '철수는 우등생이다. 영수는 우등생이다.'의 두 문장이 결합된 것으로 겹문장이다. 반면 '영수와 철수는 아주 닮았다.'는 '*영수는 아주 닮았다. *철수는 아주 닮았다.'로 분리될 수 없어서 문장이 접속된 것이 아니라 '영수, 철수'의 단어가 접속된 홑문장으로 보는 것이 타당하다. 참 조사, 격조사, 보조사

416. 접촉학(接觸學, Haptics)

육체적 접촉과 커뮤니케이션의 관계를 연구하는 분야. 신체 접촉은 손쉽고도 알기 쉬운 몸짓 언어(body language)의 수단이 된다. 접촉은 매우 중요한 요소로 작용하는데 '어깨 두드리기'가 대표적인 접촉의 예이다. 누군가의 어깨에 손을 얹거나 팔을 벌려 끌어안는 신체적

접촉을 하게 되면 말보다도 빠르게 메시지를 전할 수 있다. 그러나 몸의 접촉은 해당 사회의 문화적인 의미를 충분히 고려해야 한다. 아랍이나 아시아에서는 남자끼리의 신체 접촉도 허용하는 문화이다.

참 근접학, 대물학, 시간학

417. 정지음(停止音, Stop)

☞ 폐쇄음(p.289)

418. 제스처 용법(제스처 用法, Gestural usage)

손짓이나 몸동작 또는 얼굴이나 눈의 표정 등 제스처를 사용함으로써 지시 대상을 분명하게 하는 직시 표현의 용법. '너, 너, 너는 철수와 함께 교실 청소를 한다.'라는 발화에서 '너'라는 표현만으로는 구체적으로 누구를 지시하는지 알 수 없기 때문에 손동작과 같은 보조수단을 사용하게 되는 것이 제스처 용법이다. 불어의 'voici'나 영어의 'cheers!', 한국의 '건배!'는 제스처가 동반되어야만 사용이 가능하다.

참 직시, 상징적 용법

419. 조사(助辭)

주로 체언과 결합하여 다른 말과의 문법적인 관계를 나타내는 단어 부류. 조사는 하나의 품사로 설정되어 있기는 하지만 다른 품사들에 비해 자립성이 약하다. 조사는 체언 뒤에 결합하는 것이 일반적이지만 부사나 연결어미 뒤에 결합되기도 한다. 조사의 종류에는 격조사, 보조사, 접속조사가 있다. ①격조사(☞p.141)는 체언이 문장 속에서 일정한 자격을 가지도록 하는 기능을 담당한다.(**예** 이/가, 을/를, 에, 에게) ②보조사(☞p.188)는 특수한 의미를 더하는 기능을 담당하고 격조사보다는 분포가 자유롭다.(**예** 은/는, 도, 만) ③접속 조사(☞p.262)는 둘 이상의 단어를 같은 자격으로 이어 주는 역할을 한다.(**예** 와/과, 하고, 에다,

이며) **참** 품사, 관계언, 격조사, 보조사, 접속 조사

420. 조어(祖語, Parent language)

언어가 분화하기 이전의 공통기원이 된 언어. 라틴어는 프랑스어, 이탈리아어, 스페인어, 루마니아어의 공통 기원인 언어이다. **참** 친근 관계

421. 조음(調音, Articulation)

후두를 통과한 기류를 변형시켜 특정한 소리를 가진 말소리로 만드는 일. 말소리의 산출에 관여하는 발음 기관인 성대, 목젖, 혀, 이, 입술 따위를 움직여 특정 음가를 지닌 말을 만드는 활동 모두를 통틀어 이른다. **참** 말소리의 생성 과정, 발동, 발성

422. 조음 기관(調音 器官, Organs of articulation)

음가를 가진 언어음을 만들어 내는 발음 기관. 조음 기관에는 입술, 이, 잇몸, 입천장, 혀 등이 있다. **참** 발음 기관

423. 조음 방법(調音 方法, Manner of articulation)

자음이 만들어질 때 장애를 받는 방식. 조음 방식에 따라 폐쇄음, 마찰음, 파찰음, 비음, 유음으로 나눌 수 있다. **참** 조음 위치, 자음의 분류

424. 조음 위치(調音 位置, Place of articulation)

자음이 만들어질 때 공기가 장애를 받는 위치. 조음 위치는 윗입술, 윗니, 치조, 경구개, 연구개가 있는데 조음 위치에 따라 자음을 분류하면 양순음, 치음, 치조음, 경구개음, 연구개음, 후음으로 나눌 수 있다. **참** 조음 방법, 자음의 분류

425. 조음 위치 동화(調音 位置 同化)

두 개의 자음이 연결될 때 두 자음의 조음 방법은 그대로 유지되면

서 조음 위치만 같아지게 되는 현상. 한국어에서는 앞 자음의 조음 위치가 바뀌는 쪽으로 변화를 겪게 되는데 이 현상은 반드시 적용되어야 하는 규칙이 아닌 수의적인 규칙이다. '꽃까지[꼭까지]'과 '밥그릇[박끄른]' 등의 예에서는 치조음과 양순음이 연구개음 앞에서 연구개음으로 바뀌는 위치동화가 일어났고 '곧바로[곱빠로], 신문[심문]' 등의 예에서는 치조음이 양순음 앞에서 양순음으로 바뀌는 위치동화가 일어났다. 참 음운 과정, 대치

426. 조음점(調音點, Point of articulation)

자음의 조음 위치와 관련된 기관 가운데 조음체(☞p.265)가 접근하는 자리. 윗입술, 윗니, 윗잇몸, 입천장 등과 같이 윗턱에 붙은 기관으로 스스로 움직이지 못하는 조음 기관을 말하며 고정부라고도 한다. 참 조음체

427. 조음체(調音體, Articulator)

자음의 조음 위치와 관련된 기관 가운데 조음점에 가까이 붙은 기관. 아래턱에 붙은 기관인 아랫입술과 혀와 같이 스스로 움직이는 기관을 말하며 능동부라고도 한다. 참 조음점

428. 조응(照應, Anaphora)

맥락 속에서 이미 언급된 사물을 다시 지시하는 문법적 기능. 앞에 나온 표현을 대신한다고 하여 대용(代用)이라고 부르기도 한다. 대명사가 직시적 용법이 아닌 비직시적 용법으로 쓰이는 경우가 있다. '그것이 영이가 제일 아끼는 것이야.'라는 문장에서 '그것'은 대상을 직접 가리키는 것으로 직시 표현으로 쓰였고, 1차적 지시(primary reference)라고 할 수 있다. 그러나 '철호한테서 머리핀을 선물로 받았는데 그것이 영이가 제일 아끼는 것이야.'라는 문장에서 '그것'은

어떤 대상을 직접 가리키는 것이 아니라 앞에 나오는 '머리핀'을 대신 가리키는 것이다. 이때의 '그것'은 앞의 문장의 '그것'과 달리 비직시적 용법으로 쓰였고 선행사를 다시 지시하기 때문에 2차적 지시(secondary reference)라고 말할 수 있다. 이와 같이 맥락 속에서 이미 언급된 사물을 다시 지시하는 것을 조응이라 한다. 그리고 조응에 사용되는 대명사를 조응 표현 또는 조응사(anaphor)라고 한다. 조응 표현은 앞에 나온 선행사와 지시 대상이 같으므로 공지시적(co-referential)^(☞p.146) 관계에 있다. 참 직시

429. 종결어미(終結語尾, Final ending)

어말어미의 하나로 문장을 끝맺는 어미. 종결어미는 문장의 맨 뒤에 나타나 문장을 평서문, 의문문, 명령문, 청유문, 감탄문 등과 같은 문장 형식을 결정하고 해요체, 해라체, 합쇼체(하십시오체)와 같이 상대 경어법^(☞p.200)을 실현시킨다. '순희는 노래를 합니다.'에서 종결어미 '-(스)ㅂ니다'에 의해서 문장 형식은 평서문으로, 상대 경어법은 합쇼체(하십시오체)로 드러나게 된다. '이것 좀 보게.'에서 종결어미 '-게'에 의해서 문장 형식은 명령문으로, 상대 경어법은 하게체로 드러나게 된다. 참 어미, 연결어미, 전성어미

430. 종성 제약(初聲 制約)

종성에 특정 음소를 허용하지 않는 제약. 종성의 제약에는 다음과 같은 것들이 있다. ①종성에서 'ㄱ, ㄴ, ㄷ, ㅁ, ㅂ, ㅇ'의 일곱 소리만 올 수 있다. 그렇기 때문에 '꽃'은 [꼳]으로 발음된다. ②앞 음절의 종성의 장애음과 다음 음절 초성의 비음의 연결을 허용하지 않는다. 그렇기 때문에 '앞문'은 [암문]으로 비음화가 일어난다. ③앞 음절 종성의 비음과 뒤 음절 초성의 유음의 연결을 허용하지 않는다. 그렇기 때문에 '원론, 음운론'은 [월론], [음운논]으로 두 소리 모두 유음으

로 발음되거나 두 소리 모두 비음으로 발음되게 된다. ④평폐쇄음과 ㅎ의 연결을 허용하지 않는다. 그렇기 때문에 '입학, 좋다'는 [이팍], [조타]로 축약이 일어나게 된다. 참 음절 구조 제약, 초성 제약, 중성 제약

431. 종속적으로 이어진 문장(從屬的으로 이어진 文章)

종속적 연결어미로 이어진 문장에서 선행절의 후행절에 대한 의미 관계가 배경이나 전제, 이유나 원인, 조건, 양보, 필요, 목적, 계기, 중단, 동시동작 등으로 실현되는 문장. 종속적 연결어미가 다양한 만큼 종속적으로 이어진 문장 역시 다양한 형태로 실현된다. '시간이 없어서 더 기다릴 수 없었다.'라는 문장은 '-어서'라는 종속적 연결어미로 이어진 문장으로 선행절의 후행절에 대한 의미 관계는 '이유'에 해당한다. 종속적으로 이어진 문장은 선행절이 후행절 안으로 이동될 수 있다. '땅이 비가 와서 질다.'라는 문장은 '-어서'에 의한 선행절이 후행절 '땅이 질다'안으로 이동한 예이다. 또한 선·후행절에 동일한 명사구가 존재할 때 선행절의 명사구가 생략된다. 참 접속문, 대등하게 이어진 문장

432. 종속 접속(從屬 接續, Subordination)

접속문에서 선행절이 후행절에 종속적으로 이어진 접속. 선행절과 후행절이 의미적으로 주종 관계에 있다. 참 종속적으로 이어진 문장

433. 주격 조사(主格助詞)

체언이나 체언의 역할을 하는 말이 서술어의 주어임을 나타내는 조사. '철수가 밥을 먹는다.'에서 조사 '이/가'가 '철수'가 주어임을 드러내 준다. 선행 체언이 높임이나 존경의 대상일 경우에는 '께서'를 쓰고 선행 체언이 '학교, 회사'와 같은 단체 명사 다음에는 '에서'를 사용한다. 참 조사, 격조사

434. 주변적 의미(周邊的 意味, Derived meaning)

중심적 의미가 문맥이나 상황에 따라서 그 범위가 확장되어서 갖게 되는 다른 의미. '손'[手]은 인체의 한 부분을 뜻하는 중심적 의미를 가지고 있는데, '손이 모자라다'(노동력), '그 사람과 손을 끊다'(관계), '손이 크다'(씀씀이) 등 여러 상황에 옮겨 쓰이면서 확장된 의미를 갖게 되는데, 이렇게 확장된 의미가 주변적 의미이다. 참 다의어, 중심적 의미

435. 주어(主語, Subject)

문장의 주체가 되는 말로 주성분 중의 하나. 주어는 명사나 명사 구실을 하는 말(명사구, 명사절, 대명사, 수사 등)로 보통 주격 조사 '이/가'가 붙어 표시된다. '철수가 집에 간다. 철수가 범인임이 밝혀졌다.'에서 '철수가, 철수가 범인임이'가 모두 주어에 해당한다. 참 문장 성분, 주성분

436. 주제(主題, Theme)

담화에서의 이야기 되고 있는 것. 주어가 문법적인 개념이라면 주제는 담화적인 개념으로 구정보, 주어진 정보, 한정적 정보, 총칭적 정보 등의 의미적 특성을 드러낸다. '나는 한국 사람입니다.'와 같이 자신을 소개할 때 '나는'은 '다른 사람이 아닌 자신'이라는 한정적 의미를 가지게 된다. 주제는 보통 말을 시작할 때 사용한다는 점에서 문장의 맨 처음에 나오는 특성이 있다. 즉 주어와 밀접한 관련을 맺고 있는데 '나는'은 문법적 기능으로는 주어가 되고 담화적 기능으로는 주제가 된다. 반드시 주어만 주제가 되는 것은 아니며 '시간은 민수가 어겼다.'와 '집에는 친척들이 벌써 와 있었다.'에서 목적어, 부사어도 조사 '은/는'이 결합되어 문장의 맨 처음에 놓이게 되면 주제가 된다. 주제는 일반적으로 ①무엇에 '대하여' 설명하는 '대하여

성'(aboutness)을 가고 있고 ②문두에 위치하는 문두성(S-initial posi-tion, 文頭性)을 가지고 있으며 ③구정보에 해당되고 ④서술어와의 선택 제약(selectional restriction)에서 자유롭다는 특성을 가지고 있다. 참 설명

437. 주제어(主題語, Topic)

설명의 대상으로 전제되는 문장 성분. 주어(☞p.268)는 서술어(☞p.206)와 대응되지만(주술 구성), 주제어는 평언(評言)과 대응되며(주제-평언 구성) 주로 조사 '은/는'으로 실현된다. '철수가 학생이다.'와 '철수는 학생이다.'에서 '철수가'와 '철수는'은 문법적인 기능에서 보면 주어가 된다. 그러나 '철수가'가 '철수'라는 새로운 대상을 발화에 등장시키는 것이라면, '철수는'은 화자와 청자가 이미 알고 있는 대상에 대해 설명하는 것으로 주제어라고 볼 수 있다. 참 주어, 목적어, 서술어, 보어, 부사어, 관형어, 독립어

438. 주제적 의미(主題的 意味, Thematic meaning)

화자의 의도에 의해서 전달 내용을 조직함으로써 얻어지는 의미. 화자는 어순, 초점, 강조 등에 의하여 전달 내용을 조직할 수 있다. 즉 '그 루머의 전말이 밝혀졌다.'와 '루머의 전말이 누군가에 의해 밝혀졌다.'라는 두 문장은 개념적 의미(☞p.139)는 같지만 화자가 주제를 무엇이냐에 따라서 어순을 달리 배열했기 때문에 전달 가치에 있어서는 서로 다르다. 이와 같이 주제적 의미는 화자의 의도에 의해서 드러나기 때문에 의도적 의미(intended meaning)라고도 말한다. 참 개념적 의미, 내포적 의미, 사회적 의미, 감정적 의미, 반사적 의미, 배열적 의미

439. 주체 경어법(主體 敬語法)

한 문장의 주어 명사구로 실현된 인물, 즉 주체를 높이는 경어법.

주체를 높여 대우하느냐 그러지 않느냐로 구분되는 이분 체계의 경어법이다. 주체를 높여서 대우하지 않을 때에는 아무런 형태소를 첨가하지 않으며 주체를 높여 대우할 때만 서술어의 어간에 주체높임의 선어말어미 '-(으)시-'를 첨가하여 표현한다. '아버지는 내일 오신다.'에서 '아버지'는 화자에게 높임의 대상이기 때문에 서술어에 '-(으)시-'를 첨가하여 주체경어법을 실현하였다. 주체의 존대 여부는 주체와 화자의 대비에서 결정된다. 주체경어법은 기본적으로 '-(으)시-'에 의해 표현되지만 주격 조사 '이/가' 대신 '께서', 접미사 '-님', '아드님, 진지, 연세, 춘추'와 같은 주체를 높이는 특수한 어휘로도 실현된다.

참 대우법, 객체 경어법, 상대 경어법

440. 중성 제약(中聲 制約)

중성에 특성 음소를 허용하지 않는 제약. 중성의 제약에는 다음과 같은 것들이 있다. ①양순음 ㅂ, ㅍ, ㅁ과 ㅡ 모음의 연결을 허용하지 않는다. ②반모음은 하향 이중모음이 많다. 한국어에는 ㅢ를 제외하고는 모두 하향 이중모음이다. **참** 음절 구조 제약, 초성 제약, 종성 제약

441. 중세 국어의 성조(中世 國語의 聲調)

중세 한국어에 존재했던 소리가 높거나 낮게 변화하는 현상. 소리의 높고 낮음은 단어들이나 문법적 범주를 구별하기 위해 사용되었다. 15~16세기의 중세 한국어는 성조 언어였음을 추측할 수 있다. 평성, 거성, 상성이 있었다가 차차 붕괴되어 소멸되었다. 근대 한국어와 중세 한국어를 구별하는 중요한 차이 중의 하나를 성조의 유무에 둔다. 현대 국어에 있어서 경상도 방언과 함경도 방언에는 아직도 성조가 쓰이고 있어서 이들 방언을 다른 방언과 구별하는 중요한 특징이 된다. 이들 두 방언권을 제외하면 현대 한국어에서는 음장(☞ p.243)이 변별적 기능을 가지고 있다. **참** 고저, 음장

442. 중심적 의미(中心的 意味, Central meaning)

다의어(☞p.159)가 가지고 있는 의미 가운데 가장 기본적이고 핵심적인 의미. '손'[手]은 '손을 깨끗이 씻다, 손바닥, 손가락'에서처럼 인체의 한 부분을 뜻하는데 이것이 '손'의 중심적 의미이다. 참 다의어, 주변적 의미

443. 중의성(重義性, Ambiguity)

한 문장이 두 가지 이상의 의미를 나타낼 때의 의미 속성. 중의성은 한 언어 표현에 둘 이상의 해석이 결합된 구조를 가지고 있다. 중의성은 여러 층위의 언어 표현 속에서 나타날 수 있으며 이러한 표현이 문장 속으로 들어가면 결과적으로 그 문장은 중의문(ambiguous sentence)이 된다. '집이 많이 기울었다.'라는 문장은 '건물이 한쪽 방향으로 많이 쏠렸다.' 또는 '가세가 몰락했다'의 두 가지 해석이 가능한데 이와 같이 둘 이상의 의미를 가진 문장을 중의문이라 한다. 일반적으로 중의성은 언어의 내적 요인에 의해 생성되는 중의성을 말하며 이것은 ①어휘적 중의성(lexical ambiguity) ②구조적 중의성(structural ambiguity) ③영향권 중의성(scope ambiguity)의 세 가지 유형으로 세분할 수 있다. 어휘적 중의성은 어휘의 특성에 의해 나타나는 중의성이며 구조적 중의성은 문장 성분들 사이의 통사적 관계에 의해서 나타나는 중의성이고 영향권 중의성은 어떤 단어가 의미 해석에 영향을 미치는 작용역(scope)이 달라짐으로써 생기는 중의성을 말한다. 이러한 중의성은 선택 제약, 문맥, 세상 지식, 억양이나 강세 등이 작용함으로써 해소될 수 있다. 중의성은 의미하는 바가 분명하지 않아 무엇을 말하는지 알 수 없는 모호성과 구별이 된다. 참 항진성, 모순성, 변칙성, 동의성, 함의, 전제

444. 중주어 구문(重主語 構文)

주어가 둘 이상인 것처럼 보이는 문장. 한국어에는 '영희가 마음이

착하다, 노래는 순이가 잘한다.'와 같이 하나의 서술어에 두 개의
주어가 있는 것처럼 보이는 문장이 있다.

445. 중철(重綴)

형태소가 연결될 때 형태소의 모음 사이에서 나는 자음을 각각
앞 음절의 종성으로도 적고 뒤 음절의 초성으로도 적는 표기법(17~19
세기). 앞말의 종성을 적고 뒷말의 초성에도 다시 적는 표기법이다.
예를 들어 '사름+이→사름미'로 표기하며 일종의 과도기적 표기법이
다. 참 연철, 분철

446. 중화(中和, Neutralization)

둘 이상의 음소가 특정한 위치에서 같은 음성을 이음으로 가지는
현상. 즉 중화란 둘 이상의 음소가 특정 위치에서 변별되지 않는
현상을 말한다. 초성에서 ㅂ, ㅍ은 [p], [ph]으로 변별되는 소리지만
'입, 잎'과 같은 단어에서 종성의 ㅂ, ㅍ은 변별되지 않고 모두 [p]로
중화된다. '낫, 낮, 낯'도 모두 [낟]으로 발음되어 음소들이 종성의
위치에서 변별되지 않는다. 참 평폐쇄음화

447. 지배적 접사(支配的 接辭)

어기(☞p.221)의 품사를 바꿀 수 있는 접사. 접미사 '-보, -(으)ㅁ'으로
파생된 '울보, 웃음'은 파생 전의 '울다, 웃다'와 품사가 달라진다.
이렇게 어기의 품사를 바꿀 수 있는 접사를 지배적 접사라고 한다.
한국어의 접미사는 지배적 접사도 있고 한정적 접사(☞p.295)도 있다.
참 접사, 한정적 접사

448. 지시설(指示說, Referential theory)

언어 표현의 의미가 그 표현이 지시하는 지시물(referent)이라고
보는 이론. 즉 언어 표현의 의미는 구체적이거나 추상적인 지시물을

직접적으로 지칭한다고 보는데, '첨성대, 지우개, 고양이'와 같은 언어 표현은 구체적인 사물을 가리킬 수도 있고 '행복, 미움, 분노'와 같은 언어 표현은 추상적인 속성을 가리킬 수도 있다고 본다. 지시설의 한계로는 ①추상명사(사랑, 추억)나 추상적인 개념을 드러내는 용언(인식하다, 슬퍼하다), 부사(아주, 꽤, 그리고, 혹은)의 지시물이 존재하느냐는 점, ②언어 표현은 있으나 실존하는 지시물이 없는 경우(용, 도깨비)에는 지시물을 지시할 수 없다는 점, ③지시물이 지시물에 대한 다른 언어 표현의 경우(금성=개밥바라기, 샛별)에 대해 지시물은 같지만 의미가 다르게 나타날 수가 있는데 이러한 의미 차이를 설명해 주지 못한다는 점이 있다. 참 개념설, 행동설, 용법설

449. 지역 방언(地域 方言, Regional dialect)

지역적 차이에 따른 언어의 변이. 한 언어를 사용한다고 하더라도 지역에 따라 언어의 차이 즉 방언이 존재한다. 한국어의 경우에도 남한만을 고려한다고 해도 서울/경기 방언, 충청 방언, 호남 방언, 영남 방언, 제주 방언, 강원 방언들이 있다. 영남 방언은 부산/경남 방언과 경북 방언 등으로 언어적 특징에 따라 더욱 세분될 수도 있다. 참 사회 방언, 언어 변이

450. 직시(直視, Deixis)

언어 표현 가운데 화자가 말을 하면서 어떤 대상을 직접 지시하는 일. 직시는 발화의 맥락을 이루는 요소들을 말로써 직접 가리키는 문법적 현상이다. '영수가 수지를 12월 25일 12시에 명동 성당 앞에서 기다렸다.'라는 문장과 '나는 너를 어제 12시에 이 성당 앞에서 기다렸다.'라는 문장이 있는데 앞의 문장은 발화에 관련된 요소들이 문장에 명시적으로 나와 있어 의미 파악에는 아무런 문제가 없다. 그러나 뒤의 문장은 맥락을 알지 못하면 문장의 의미를 구체적으로 파악할

수 없다. 뒤 문장의 '나, 너, 어제, 이(성당)'와 같이 직시의 목적을 달성하기 위하여 사용되는 언어적 형태를 직시 표현(deictic expression)이라고 한다. 이에 반해 '영수, 수지, 12월 25일, 명동 성당'과 같이, 같은 대상을 가리키지만 발화 맥락을 직접 가리키지 않는 것을 '비직시 표현'(non-deictic expression)이라고 한다. 화자가 어떤 대상을 가리킬 때 중심이 되는 기준점이 필요한데 이것을 직시의 중심이라고 한다. 레빈슨(S.C.Levinson)에서는 직시의 중심을 구성하고 연결하는 지점을 다섯 가지 요소로 전형화했다. 다섯 가지 요소는 ①중심 인물(화자), ②중심 시간(화자의 발화 시간), ③중심 장소(발화 시간의 화자 위치), ④담화 중심(화자 자신이 발화할 때 존재하는 지점), ⑤사회 중심(청자 또는 제 3자와 관련된 화자의 상대적 신분이나 지위)이다. 직시의 중심이 화자에 있는 것이 일반적이지만 화자가 직시의 중심을 다른 곳으로 이동하여 그곳에 화자 자신이 위치한 것처럼 말하는 것으로 직시의 투사(deictic projection)가 일어나기도 한다.

참 조응

451. 직시의 유형(直視의 類型)

직시(☞p.273)의 유형은 인칭 직시(person deixis), 시간 직시(time deixis), 장소 직시(place deixis), 담화 직시(discourse deixis), 사회 직시(social deixis)의 다섯 가지 유형을 나눌 수 있다. **참** 직시, 인칭 직시, 시간 직시, 장소 직시, 담화 직시, 사회 직시

452. 직접 높임(直接 높임)

높임의 대상을 직접적으로 높이는 방법. '선생님이 교실에 계신다.'는 높임의 대상인 '선생님'을 직접적으로 높이는 예이다. **참** 높임법, 간접 높임

453. 직접 명령(直接 命令, Direct impertire)

'-어라(-아라/-거라/-너라)' 등의 해라체 명령형 종결어미로 나타나는 명령법. 상대 높임의 등급에 따라 '-게', '-(으)오', '-(으)십시오' 등으로 구분된다. '너무 슬퍼하지 마오.'와 '여러분 제 말씀 좀 들어보십시오'는 전형적인 하오체, 합쇼체의 명령형이다. 기원이나 소원을 나타내는 '-소서'가 있으며 특히 허락을 나타내는 종결어미도 명령법의 범주에 포함된다. '부디 행복하소서.' 같은 경우는 기원의 의미를, '너도 쉬렴.'같은 경우 허락의 뜻을 나타낸다. '-(으)려무나, -(으)렴'은 독립된 문장 종결법으로 인정되지 않고 명령문의 특수한 형식으로 처리한다. **참** 명령법, 간접 명령

454. 직접 발화 행위(直接 發話 行爲, Direct speech act)

문장의 형태와 그것이 가지고 있는 언표 내적 행위(☞p.230)가 일치하는 것. 직접 화행이라고도 한다. 기본적인 문장의 유형을 평서문, 의문문, 명령문이라 할 때, 이 문장 유형들의 언표 내적 행위는 각각 진술, 질문, 명령 또는 요청이라 할 수 있다. 이런 문장의 유형과 언표 내적 행위가 일치하는 경우를 직접 발화 행위라고 한다. 하나의 문장은 문자적인 직접화행으로 쓰일 수도 있고 비문자적인 간접화행으로 쓰일 수도 있다. 예를 들어 '이 집에는 사나운 개가 있습니다.'이라는 평서문은 '진술'이라는 언표 내적 효력을 가지는 직접화행으로 쓰일 수도 있지만, '주의, 위협'의 언표 내적 효력을 가지는 간접화행으로 쓰일 수도 있다. **참** 간접 발화 행위

455. 진단적 성분(診斷的 成分, Diagnostic component)

한 의미 영역에 속하는 어휘들의 의미 차이를 구별하는 데에 사용되는 의미 성분. 한 의미 영역에 속하는 '아저씨, 아줌마, 소년, 소녀'는 [남성]과 [어른]이라는 진단적 성분을 가지고 있다. 진단적 성분[남성]

은 '아저씨, 소년'과 '아줌마, 소녀'의 의미 차이를 드러내고 [어른]은 '아저씨, 아줌마'와 '소년, 소녀'의 의미 차이를 드러낸다. 참 의미 성분, 공통적 성분, 보충적 성분

456. 진행상(進行相, Progressive aspect)

동작이 계속되는 양상. 동작성을 띠는 서술어에 특정한 형태가 붙어 실현된다. 진행상은 보조용언(-고 있다, -어 가다)나 연결어미(-으면서), 때로는 '중'과 같은 의존명사로 실현된다. '아이들이 운동장에서 놀고 있다.'는 보조용언 '-고 있(다)'가, '부모님이 웃으면서 교실에 들어오신다.'는 연결어미인 '-(으)면서'가, '아이들은 공부하는 중이다.'에서는 의존명사 '중'이 동작의 진행을 나타낸다. 참 상, 완료상, 예정상

457. 질의 격률(質의 格率, The maxim of quality)

그라이스(Grice)가 제시한 대화 격률 중에서 제공하는 정보가 참된 것이 되도록 하라는 격률. 즉, 거짓이라고 믿는 것은 말하지 말라, 적정한 증거가 없는 것은 말하지 말라는 격률이다. 화자 A가 질의 격률을 지키고 있다고 가정했을 때 화자 A가 '적당한 양의 커피는 건강에 도움이 된다.'라고 발화한다면, 그 발화는 화자는 커피가 건강에 도움이 된다고 믿거나 그 증거를 가지고 있다는 것을 함축한다. 질의 격률을 위배함으로써 발생하는 함축의 예는 다음과 같다. A가 '테헤란은 터키에 있죠?'라고 물었을 때, B가 '맞아. 그리고 런던은 미국에 있어.'라고 대답한다. B는 분명한 거짓을 의도적으로 말함으로써 A가 잘못된 진술을 했음을 간접적으로 전달한다. 또한 은유는 질의 격률을 의도적으로 위배함으로써 표현 효과를 살리는 수사법의 하나다. '인생은 연극이다'표현이 그러하다. 인생은 연극이 아니라는 것은 분명한 사실이므로 질의 격률을 위배하고 있지만 인생을 연극에

빗댐으로써 삶이 연극처럼 극적인 요소를 가지고 있음을 말하고자 하는 표현이다. 참 대화 격률, 양의 격률, 관계의 격률, 태도의 격률

458. 짧은 부정문(짧은 否定文)

부정 부사에 의해 짧은 형태로 실현되는 부정문. '책을 못 읽는다.' '책을 안 읽는다.'와 같이 실현된다. 짧은 부정문은 긴 부정문보다 문맥의 제약을 더 받는다. 서술어가 복합어나 파생어일 때 짧은 부정문의 성립이 어려운 점이 있다. '*안 학생다운/ 학생답지 않은 행동을 하다니!'에서 '안 학생다운'은 어색한 표현이다. 짧은 부정문은 덜 격식적인 상황, 일상적인 구어에 잘 어울린다. 관용적 표현이나 속담 등에 주로 짧은 부정문이 쓰이는 것도 구어적인 특성과 관련된다. 참 부정법, 긴 부정문

459. 첨가(添加, Addition)

없던 소리가 생겨나는 현상. 'ㄴ' 첨가(☞p.156)가 대표적이다. 참 음운 과정, 'ㄴ' 첨가

460. 첨가어(添加語, Adding language)

☞ 교착어(p.151)

461. 청유법(請誘法, Proposative)

화자가 청자에게 같이 행동할 것을 요청·제안하는 형식. 청유형 종결어미로 실현된다. 청유문의 주어는 '우리'와 같이 화자와 청자가 함께하는 복수인 경우이며 서술어는 동사로 한정된다. 시간 표현인 '-었-, -더-, -겠-'과 함께 나타나지 않는다. '어서 가(자/세/오/갑시다).' 는 화자가 청자에게 같이 행동할 것을 제안하는 것으로 '-자'는 해라 체로서 청유문의 대표적인 형식이고 '-세'는 하게체, '-오'는 하오체, '-ㅂ시다'는 합쇼체의 청유형이다. 그리고 '우리 함께 가지.'에서는

반말체의 '-지'가 청유형으로 나타난 것이고 '그 책은 나하고 같이 읽어 보자꾸나.'에서는 복합 형식 '-자꾸나'가 청유법을 실현한 것이다. 청유문은 화자와 청자의 공동 행동이 아니라 화자만의 또는 청자만의 행동과 관련되는 것도 있다. '나도 한 잔 먹자.' 같은 경우는 화자가 자기의 행동 수행을 제안하는 것이다. **참** 문장 종결법, 평서법, 감탄법, 의문법, 명령법

〈청유형 종결어미〉

단일 형태	a. '-자, -세, -ㅂ시다'
	b. '-아/-어,-지'
복합 형식	'-라자, -라세, -랍시다, -자꾸나'

462. 체면(體面, Face)

공적인 자아의 이미지. 체면은 한 사람이 다른 사람의 사회적 접촉에서 투사하는 이미지이다. 체면은 문화적인 측면과는 관계가 적은 것으로 적극적 사회적인 가치로서 정의된다. 자신의 공적인 자아 이미지가 존경받고자 하는 기대감을 체면 욕구라고 하며 체면을 위협하는 말이나 행위를 체면 위협 행위라고 한다.

463. 체언(體言, Noun)

문장에서 조사의 도움을 받아 주체의 구실을 하는 단어 부류. 명사(☞p.174), 대명사(☞p.163), 수사(☞p.211)가 여기에 속한다. 체언은 활용을 하지 않으며 결합하는 조사에 따라 주어, 목적어, 보어, 서술어가 되기도 하며 부사어 및 관형어, 독립어도 될 수 있다. **참** 단어, 관계언, 용언, 수식언, 독립언

464. 초성 제약(終聲 制約)

초성에 특성 음소를 허용하지 않는 제약. 초성의 제약에는 다음과 같은 것들이 있다. ①초성에는 [ŋ] 소리를 허용하지 않는다. ②고유어

의 경우에 초성에 [ㄹ]을 허용하지 않는다. 외래어의 경우에는 '리본, 라면'과 같이 허용한다. ③초성에는 자음이 하나만 허용된다. 자음군을 허용하지 않기 때문에 자음군으로 된 외국어 'strike', 'school'은 '스트라이크, 스쿨'로 ㅡ 모음을 넣어 발음한다. 참 음절 구조 제약, 중성 제약, 종성 제약

465. 최소대립쌍(最小對立雙, Minimal pair)

초성, 중성, 종성 중 어느 한 분절음만 차이를 보이는 단어의 쌍. '불/풀, 물/불, 차다/짜다' 등은 초성에서 최소대립을 보이고 '님/남, 곰/감' 등은 중성에서 최소대립을 보이고 '감/강, 밤/밥'은 종성에서 최소대립을 보인다. 참 최소대립어

466. 최소대립어(最小對立語, Minimal pair)

☞ 최소대립쌍(p.279)

467. 축약(縮約, Contraction, Coalescence)

둘 이상의 소리가 합쳐져 새로운 하나의 소리가 되는 현상. ㅎ 축약(☞p.292), 모음 축약(☞p.177)이 있다. 참 음운 과정

468. 치조음(齒槽音, Alveolar)

혀끝과 잇몸 사이에서 나는 소리. 한국어의 ㄷ, ㅌ, ㄸ, ㄴ, ㄹ 등이 있다. 치조음을 치음(齒音, dental)과 동일하게 생각하는 학자들도 있고 ㄷ, ㅌ, ㄸ, ㄴ을 치조음이라 하고, ㅅ, ㅆ, ㄹ을 치음이라 하는 경우도 있다. 영어 음성학 분류에서는 /θ, ð/를 가리켜 치음이라고 하는 경우가 많다. 참 양순음, 치음, 경구개음, 연구개음, 성문음

469. 치조음화(齒槽音化, Alveolarization)

ㄹ이 ㄴ으로 바뀌는 현상. 한국어의 ㄹ은 ㄹ 뒤에서만 발음될 수

있고 다른 자음 뒤에서는 발음되지 못한다는 특징을 지닌다. '음운론, 심란'과 같은 단어에서 [음운논], [심난]로 발음되며, '독립, 십리'의 단어에서도 [독닙(치조음화)→동닙(비음화)], [심니(치조음화)→심니(비음화)]로 치조음화 현상이 일어난다. 참 음운 과정, 대치

470. 친근 관계(親近關契)

조어에서 분화한 동계어 사이의 관계. 라틴어에서 분화한 이탈리아어, 프랑스어, 스페인어, 루마니아어는 '친근 관계가 있다'고 한다. 친근 관계가 있는 언어들은 공통점도 있고 각기 분화하는 과정에서 독자적인 변화를 겪었기 때문에 차이점도 있다. 동계어 사이에는 음운 대응의 규칙성이 있다. 참 조어

471. 컴퓨터 언어학(컴퓨터 言語學, Computational linguistics)

언어에 담긴 정보를 자동 처리하기 위해서 언어의 형식과 의미를 연구하고 이와 함께 정보의 자동처리(정보의 추출, 선별, 저장, 운용 등)를 위한 컴퓨터 과학의 방법론을 연구하는 분야. 참 언어 유형론, 사회언어학, 심리 언어학, 신경 언어학, 생물 언어학

472. 코드 스위칭(Codeswitching)

주로 여러 언어가 쓰이고 있는 나라나 지역에서 이중 언어 사용자들이 이야기를 주고받는 과정에서 대화의 일부 또는 전부를 별개의 언어로 바꾸어 말하는 현상. 코드 스위칭은 회화에 참가하고 있는 화자와 청자 모두가 두 언어를 말하거나 이해할 수 있는 능력이 있는 경우에 보이는 현상이다. 코드 스위칭의 배경은 그것이 의식적인가의 여부와는 관계없이 화자의 심리적 요인(motivation)이 크게 관여한다. 화자의 동기는 청자와의 연대감, 화제의 선택, 감지하고 있는 사회적 · 문화적 거리 등이 크게 관련되는 것으로 본다. 코드 스위칭은

무의식적, 자동적으로 일어나는 현상이다.

473. 콧소리되기

☞ 비음화(p.196)

474. 크레올(Creole)

피진이 사용되는 지역에서 태어나서 자란 사람들이 피진(☞p.291)을 모국어로 습득될 때 즉 피진이 하나의 모국어로 기능하는 언어. 크레올은 실제 모국어로 기능하기 때문에 피진보다 더 많은 문법적 구분과 단어를 가지게 된 하나의 완전한 언어이다. 대표적 예로, 자메이카의 아이티 크레올(Haitain Greol), 미국 조지아 지역의 굴라어(Gullah)(☞ p.152)가 있다. 참 피진, 굴라어

475. 탄설음(彈舌音, Flap, Tap)

기류가 혀의 중앙으로 흘러나가면서 한 번 울려 나는 소리. 탄설음 [ɾ]은 유음의 하나로, 혀끝을 치조에 한번만 살짝 대고 떼면서 내는 소리이다. 참 설측음, 전동음, 유음

476. 탈동작성(脫動作性)

한국어 피동 표현에서 주어인 피동작주의 의도나 의지와 상관없거나 그 의도나 의지에 반해서 그러한 상황에 처하게 되었음을 나타내는 성질. 예를 들어 '철수는 옷이 못에 걸렸다.'라는 표현은 '철수가 못에 옷을 걸었다'와는 의미가 다르다. 앞의 문장은 '철수'의 무의식적인 부주의 때문에 처하게 된 상황을 뜻하는 것으로 탈동작성을 가지고 있다. 참 피동법, 통사적 피동법, 파생적 피동법

477. 탈락(脫落, Deletion)

원래 있던 소리가 사라지는 현상. 탈락에는 자음군단순화, ㅎ 탈락

(☞p.292), 아/어 탈락(☞p.216), 으 탈락(☞p.239)이 있다. **참** 음운 과정

478. 태도의 격률(態度의 格率, The maxim of manner)

그라이스(Grice)가 제시한 대화 격률(☞p.165) 중에서 명료하고 정확하게 말하라는 격률. 태도의 격률에는 불명료한 표현을 피할 것, 중의성을 피할 것, 간결하게 할 것, 순서에 맞게 할 것이라는 네 가지 하위 격률이 있다. '영수는 TV를 보다가 잠이 들었다.'라는 발화에는 '창수는 먼저 TV를 보고 나중에 잠이 들었다'라는 의미가 함축되어 있다고 간주하는 것은 '순서에 맞게 하라'는 격률이 준수되고 있다고 가정하기 때문이다. 태도의 격률을 위배해 함축이 발생하는 예는 다음과 같다. 환자의 보호자인 A가 의사 B에게 '환자의 상태는 어떤가요?'라고 묻자, B는 '글쎄요, 좀 더 지켜보시지요. 기적같이 깨어나는 사례도 종종 있습니다.'라고 답한다. B의 발화는 환자의 상태나 예후에 대해서 명료하게 말하지 않고 있는데 이것은 '불명료한 표현을 피하라'는 하위 격률을 위배하고 있다. B는 태도의 격률을 위배함으로써 환자의 상태가 좋지 않음을 우회적으로 전달하고 있다. **참** 대화 격률, 양의 격률, 질의 격률, 관계의 격률

479. 통사론(統辭論, Syntax)

단어와 단어의 관계, 문장을 구성하는 요소를 연구하는 언어학 분야. 한 언어에 속한 단어들이 어떤 종류의 품사(parts of speech)나 통사 범주(syntactic categories)로 분류되는지와 통사 범주들이 결합하여 구나 문장을 만들어 가는 규칙을 연구하는 분야이다. 명사, 동사, 형용사, 부사, 전치사, 관사 등의 통사 범주는 각각 단어들의 집합을 의미하며, 각 통사 범주는 일정한 통사적 특징을 공유한다. 예를 들어 명사는 주어와 목적어로 나타날 수 있고 형용사의 수식을 받을 수 있다는 통사적 특징을 공유한다. 통사론은 단어들이 문장에서 분포하

는 특성을 연구하는데, 이 특성은 ①계열적 관계(paradigmatic rela-tion)와 ②통합적 관계(syntagmatic relation)에 의해 정의된다. 계열적 관계란 문장의 같은 위치에 둘 이상의 단어들이 서로 대치되며 나타나는 관계이며, 통합적 관계는 단어들이 앞뒤에 연결되면서 문장을 만들어가는 관계이다. 통사론은 언어의 단위 중에서 구나 문장을 대상으로 하는 분야로서 단어들이 결합하여 문장을 구성하는 규칙을 연구하는 분야이다. 통사론에서는 시제(☞p.214), 높임법(☞p.158), 사동법(☞p.197)과 피동법(☞p.291), 내포와 접속의 문장 확대 규칙 등에 대해 연구한다.

참 시제, 높임법, 사동법, 피동법

480. 통사 변화(統辭 變化, Syntactic change)

언어의 통사적인 변화. 인구어에서는 동사가 주어 뒤에 오는 SVO형의 어순이 보통이다. 이탈리아어나 스페인어에서는 동사가 인칭 변화를 하지 않아 주어가 대명사인 경우에는 주어가 반드시 필요하지 않지만 VO의 순서에는 변함이 없다. 그러나 인구어 중의 힌두어에서는 동사가 목적어 뒤에 오는 어순을 보여주고 있다. 그러므로 고대 인구어 또는 그 조어에서도 어순이 SVO형이었다고는 단정할 수 없다. 레만(Lehmann)은 인구조어의 단계에서는 동사가 문장 말에 오는 OV형이었음을 논증하였다. 사실상 인구제어 중에서 이른 시기의 문헌이 남아 있는 힛타이트어(Hittite)에서는 그러한 경향이 남아 있음을 볼 수 있기 때문이다. 이렇듯 언어는 통사적인 면에서도 크게 변화하는 것을 알 수 있다.

481. 통사적 사동법(統辭的 使動法)

본동사에 보조적 연결어미 '-게'를 붙이고 보조동사 '하다'를 써서 나타내는 사동 표현. 이 때 주동문의 주어는 그대로 쓰이기도 하지만 목적격 조사 '를'이 붙거나 부사격 조사 '에게' 또는 '한테'가 붙기도 한다. '형이 동생(이, 을) 울게 했다', '어머니가 아이(가, 에게, 를) 우유를 마시게 했다.' 와 같이, 주동문의 주어는 사동문에서 목적어, 부사어, 주어로 나타날 수 있다. 통사적 사동법은 분포에 거의 제약이 없다는 점에서 파생적 사동법과 구분된다. 통사적 사동법에서 시제 표현의 선어말어미 '-았-, -겠-' 등은 보조동사 '하다'에 붙는데, 주체 높임의 선어말어미'-(으)시-'는 주동문의 주어(동작주)를 높이는가, 사동문의 주어(사동주)를 높이는가에 따라서 나타나는 자리가 다르다. '학생이 선생님을 자리에 앉으시게 하였다.'에서 '앉으시게'의 '-(으)시-'는 '앉는' 행위의 주체인 '선생님'을 높인 것이며, '어머니가 내 친구를 자리에 앉게 하셨다.'에서는 사동의 주체인 '어머니'를 높였다. '어머니가 선생님을 자리에 앉으시게 하셨다.'처럼 선어말어미 '-(으)시-'가 양쪽에 다 붙을 수도 있다. 참 사동법, 파생적 사동법

482. 통사적 피동법(統辭的 被動法)

보조동사 '-어지다'나 '-게 되다'가 붙는 통사론적 구성으로 실현되는 피동 표현. '그 문제가 철수에 의해 알려졌다.(철수가 그 문제를 알렸다)'는 어말어미 '-어'에 '지다'가 붙어 피동법이 실현된 것이다. 용언의 어간에 피동의 보조동사 '-게 되다'가 붙은 것도 통사적 피동법의 하나인데 '보게 되다, 먹게 되다, 듣게 되다'와 같이 타동사뿐만 아니라 자동사와 형용사에 이르기까지 분포가 매우 넓은 것이 특징이다. 참 피동법, 파생적 피동법

483. 통사적 합성어(統辭的 合成語, Compound)

합성어를 구성하는 요소(실질 형태소)의 배열 방식이 한국어의 일반적인 단어 배열법과 같은 합성어. 통사적 합성어는 두 어근이 모두 단어일 경우에만 가능하며 두 단어의 배열 방식이 일반적인 구와 같은 합성어이다. '작은형, 새해, 본받다, 돌아가다'는 통사적 합성어

인데 이는 '작은 머리, 새 신발, 선물(을) 받다, 읽어 가다'와 같은 배열 방식을 취하기 때문이다. 참 합성어, 복합어, 파생어

484. 통시 언어학(通時 言語學, Historical linguistics)

시간의 흐름에 따라서 변화하는 언어 현상을 연구하는 언어학의 한 분야. 통시 언어학자들은 언어가 변천하는 모습과 변천에 관심을 두고 연구하며 언어를 역사의 변천에 따라 축적되어 온 결과물로 인식한다. 참 공시 언어학

485. 통시태(通時態, Diachrony)

시간의 흐름에 따라 변화하는 언어의 모습. 역사 비교 언어학에서 공통 조어의 재구(☞p.257)를 위해 통시태에 대한 연구를 중시한다. 참 공시태

486. 통합 관계(統合 關係, Paradigmatic relation)

문장 안에서 어떤 요소가 다른 요소와 연쇄적으로 결합될 수 있는 횡적인 관계.(가로의 관계) 언어 단위들 간의 관계는 계열 관계(☞p.144)와 통합 관계로 나눌 수 있다. 통합 관계를 예로 들어 보면 '철수가' '집에' '간다.'는 통합 관계를 이루어 문장으로 완성될 수 있다. 참 계열 관계

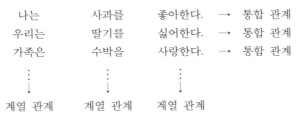

나는	사과를	좋아한다.	→	통합 관계
우리는	딸기를	싫어한다.	→	통합 관계
가족은	수박을	사랑한다.	→	통합 관계
⋮	⋮	⋮		
↓	↓	↓		
계열 관계	계열 관계	계열 관계		

487. 특수조사

☞ 보조사(p.188)

488. 특이 형태소(特異 形態素, Unique morpheme)

☞유일 형태소(p.238)

489. 파롤(Parloe)

공통된 언어 능력이 실제로 부려 쓰는 언어의 사용. 스위스의 언어학자 소쉬르가 처음 사용한 언어학적 개념이다. 특정한 개인에 의해 특정한 장소에서 사용되는 언어의 측면을 말한다. 언어 활동에 있어서 순간적, 구체적, 수동적, 개별적 측면을 지닌다. 마음속에 담긴 언어인 랑그(☞p.173)와 상대되는 개념으로 쓰인다. **참** 랑그

490. 파생어(派生語, Derived word)

단어를 구성하는 요소의 한쪽은 어기이고 다른 한쪽은 접사로 이루어진 복합어. '개-살구, 사랑-스럽-다, 조용-히'와 같은 경우 어기 '살구, 사랑, 조용-'에 접두사 '개-'와 접미사 '-스럽-, -히'가 각각 결합되어 단어가 형성되었으므로 이는 파생어이다. **참** 단어, 단일어, 복합어, 합성어

491. 파생적 사동법(派生的 使動法)

사동 접미사에 의해 파생된 사동사가 서술어로 나타나는 구성 형식. 사동사는 주동사인 자동사나 타동사, 또는 형용사에 사동의 접미사 '-이-(죽이도, 먹이다, 높이다), -히-(앉히다, 잡히다, 좁히다), -리-(날리다, 물리다), -기-(웃기다, 안기다), -우-(지우다), -구-(돋구다), -추-(낮추다), -이우-(재우다), -으키-(일으키다), -이키-(들이키다), -애-(없애다)' 등이 붙어서 이루어진 타동사이다. 동사나 형용사에서 파생된 사동사에 의한 사동문은 주동문의 주어가 목적어가 된다. 그런데 타동사에서 파생된 사동사에 의한 사동문은 주동문의 주어가 목적어, 또는 '에게'나 '한테'가 붙은 부사어로 실현된다. '아이가 벌레를 죽였다.'와 '어머니가 아이에게 우유를 먹였다.'가 그러한 예이다. 또한

'어머니가 그를 공부시켰다.'와 같이 동작성 명사에 '-시키(다)'가 붙는 구성도 파생적 사동법의 하나이다. 참 사동법, 통사적 사동법

492. 파생적 피동법(派生的 被動法)

능동사의 어간(어근)에 피동 접미사가 붙어 파생된 피동사로 실현되는 피동 표현. 동사(능동사)에 '-이-, -히-, -리-, -기-' 등의 피동 접미사가 결합되어 파생된 동사(피동사)에 의해 실현된다. 피동 접미사에 의해 피동사가 되는 예는 다음과 같다. ①'-이-' : '보이다(보다), 쓰이다(쓰다), 섞이다(섞다)' ②'-히-' : 잡히다(잡다), 밟히다(밟다), 묻히다(묻다) ③'-리-' : 물리다(물다), 풀리다(풀다), 잘리다(자르다) ④'-기-' : 끊기다(끊다), 감기다(감다), 안기다(안다) 참 피동법, 통사적 피동법

493. 파생접사(派生接辭, Derivational affix)

새 단어를 만들어 내는 데 관여하는 접사. 굴절접사와 대비되는 개념으로 파생접사에는 파생 접두사와 파생 접미사가 있다. 참 접사, 굴절접사, 접두사, 접미사

494. 파열음(破裂音, Stop)

☞ 폐쇄음(p.289)

495. 파찰음(破擦音, Affricates)

폐쇄와 마찰이 동시에 일어나는 소리. 폐쇄음(☞p.289)처럼 기류를 완전히 막았다가 터뜨릴 때는 폐쇄음과 달리 서서히 터뜨려서 마찰음(☞p.173)처럼 마찰이 생기게 하여 내는 소리로 파찰음은 앞부분이 폐쇄음과 비슷하고 뒷부분이 마찰음과 비슷한 소리이다. 한국어에서는 ㅈ, ㅉ, ㅊ이 있다. 참 마찰음, 파찰음

496. 판정 의문(判定 疑問, Yes-no question)

'예/아니요'의 긍정이나 부정의 대답을 요구하는 의문. '지금 바로 갈 거야?'의 경우 '예/아니요'의 긍정이나 부정의 대답을 요구하는 판정 의문문이다. 참 의문법, 설명 의문, 수사 의문

497. 평서법(平敍法, Declarative)

화자가 청자에게 특별히 요구하는 일이 없이, 자기의 생각만을 단순하게 전달하는 방법. 이렇게 구성된 문장을 평서문이라 한다. 평서법은 평서형 종결어미로 실현되며, 평서형 종결어미는 때로는 복합 형식이 평서법을 실현하기도 한다. '철수는 어제 할머니댁에 다녀왔다.'처럼 '-다'는 가장 전형적인 평서법의 종결어미이며, 상대 높임의 등급이 중화된 표현이 된다. 평서법을 실현하는 복합 형식은 인용의 형식 '-고 하-'의 생략과 관련된다. '놀지 않고 공부만 하면 바보가 된단다.'에서 '된단다'는 '된다고 한다(된다-고 하-ㄴ다)'에서 이른바 인용의 형식에서 '-고 하'가 생략되고 '된다'와 '-ㄴ다'가 하나의 형식으로 융합된 것이라고 할 수 있다. 한편 화자의 청자에 대한 약속이나 화자의 다짐을 표현하는 뜻으로 종결되는 것도 평서법에 속한다. 참 감탄법, 의문법, 명령법, 청유법

〈평서형 종결어미〉

단일 형태	a. '-다,-네¹, -(으)이, -ㄹ세, -데¹, -오, -소, -ㅂ니다/-습니다', '-마,-(으)ㅁ세', '-(으)ㄹ래', '-느니라'
	b. '-아/-어, -지, -네², '-(으)ㅁ'
복합 형식	a. '-단다, -다네, -다오, -답니다, -대, -데²'
	b. '-(으)ㄴ걸, -(으)ㄹ걸', '-(으)ㄹ게'

498. 평순 모음(平脣 母音, Unrounded vowel)

발음할 때 입술을 평평하게 해서 소리 내는 모음. ㅏ, ㅓ, ㅡ, ㅣ 등이 평순 모음에 속한다. 참 원순 모음

499. 평음(平音, Lax sound, Lenis)

조음 기관의 긴장을 수반하지 않는 소리. 입안의 기압 및 발음 기관의 긴장도가 낮아 약하게 파열되는 음으로 한국어에는 ㄱ, ㄷ, ㅂ, ㅅ, ㅈ 등이 있다. 참 격음, 경음

500. 평폐쇄음화(平閉鎖音化)

종성으로 사용된 모든 장애음은 평음이면서 폐쇄음인 ㄱ, ㄷ, ㅂ의 하나로 바뀌는 현상. 앞[압], 옷[옫], 빛[빋] 등으로 폐쇄음화와 평음화가 동시에 일어나는 음운과정이다. 평폐쇄음화가 일어나는 것은 음절말자음이 불파음이어야 한다는 한국어의 특징 때문에 일어난다. '밖, 앞, 꽃, 옷, 낮, 낳는' 등의 단어는 종성 ㄲ, ㅍ, ㅊ, ㅅ, ㅈ, ㅎ이 그대로 발음되지 못하고 각각 [박], [압], [꼳], [옫], [낟], [낟는→난는]으로 ㄱ, ㄷ, ㅂ 중 하나로만 발음된다. 참 음운과정, 대치, 중화

501. 폐쇄음(閉鎖音, Stop)

기류를 완전히 막았다가 터뜨리는 소리. 폐쇄음은 자음 중 가장 큰 장애를 받는 소리로 한국어에서 ㅂ, ㅃ, ㅍ(양순폐쇄음), ㄷ, ㄸ, ㅌ(치조폐쇄음), ㄱ, ㄲ, ㅋ(연구개 폐쇄음)이 있다. 참 마찰음, 파찰음

502. 폐음절(閉音節, Closed syllabic)

종성이 있는 음절. 한국어 '밥', '국'과 같이 받침이 있는 음절을 폐음절이라고 한다. 한국어는 개음절(☞p.140)과 폐음절이 모두 존재한다. 참 음절 구조, 개음절

503. 표현적 장음(表現的 長音, Expressive lengthening)

절을 특정한 단어의 어감을 변화시키기 위해 원래 단모음인 것을 장모음으로 바꾸어 발음하는 것. 단어가 뜻하는 정도를 강조하기 위

해서 음절의 모음을 장모음으로 발음하는 경우가 있다. 이때 화자의 주관적인 느낌이 강하게 표현된다. '연이 높:이 올라갔다.'나 '꾸벅:꾸벅 졸고 있더라고요.'처럼 표현적 장음은 어두와 비어두에서 모두 나타난다. 형용사나 부사의 발음에 많이 나타난다.

504. 품사(品詞, Part of speech)

단어를 문법적 성질에 따라 분류한 갈래. 한국어의 품사는 9개로 품사를 분류할 때에는 ①형태, ②기능, ③의미가 기준이 된다. 형태는 문장에서 활용하느냐 하지 않느냐에 따라 가변어와 불변어로 구분된다. 기능은 어떤 단어가 한 문장 안에서 하는 역할과 관련되는데 기능에 따라 체언, 관계언, 용언, 수식언, 독립언으로 구분된다. 의미는 가장 부차적으로 고려되는데 품사 분류의 기준이 되는 의미는 특정 단어의 개별적인 어휘의 의미가 아닌 단어 부류의 범주적인 의미를 말한다. 의미에 따라 대명사, 명사, 수사, 동사, 형용사, 관형사, 부사, 감탄사로 나뉜다. 참 단어, 체언, 용언, 수식언, 관계언, 독립언

〈품사의 분류〉

①의미: 개별 단어의 어휘적 의미가 아니라 형식적 의미로서 공통성

의미	사물의 구체적 명칭을 나타냄.	명사
	명사의 명칭을 대신 나타냄.	대명사
	사물의 수량과 순서를 나타냄.	수사
	주어의 움직임이나 작용을 나타냄.	동사
	주어의 성질, 상태, 존재를 나타냄.	형용사
	체언 앞에서 주로 명사를 꾸며줌.	관형사
	용언이나 문장을 수식함.	부사
	느낌이나 부름, 대답을 나타냄.	감탄사
	말과 말과의 관계를 나타냄.	조사

②기능: 통사적 기능을 이르는 것, 한 단어가 문장 안에서 다른 단어와 맺는 관계

기능	주체 기능	체언(명사, 대명사, 수사)
	활용 기능	용언(동사, 형용사)
	수식 기능	수식언(관형사, 부사)
	독립 기능	독립언(감탄사)
	관계 기능	관계언(조사)

③형태: 문법상 나타나는 단어의 외형적 차이, 단어의 형태적 특징

형태	가변어	용언, 서술격 조사
	불변어	체언, 수식언, 조사, 감탄사

505. 피동법(被動法, Passive voice)

피동 표현과 관련되는 문법 범주. 피동(passive)이란 어떤 행위나 동작이, 주체가 제 힘으로 행하는 게 아니라 남에 의해 수행되는 행위를 말한다. 피동법은 서술어의 형식이 자동사형으로 바뀌고 능동 표현의 목적어가 주어가 되며 능동의 주어가 부사어 등의 다른 문장 성분으로 이동되는 과정으로 설명된다. '사냥꾼이 토끼를 잡았다, 회원들이 그를 대표로 뽑았다.'라는 능동문을 피동문으로 바꾸면 '토끼가 사냥꾼에게 잡히었다, 그가 회원들에 의해 대표로 뽑혔다.'가 된다. 참 파생적 피동법, 통사적 피동법

506. 피진(Pidgin)

언어들의 접촉 과정에서 한 언어가 아주 간략화된 형태로 변형되어, 여러 언어를 사용하는 사람들 사이의 의사소통을 위한 공동의 언어. 어휘 수가 작고 복잡한 문법 규칙이 없는 기초적인 언어 형태로서 하나의 완전한 자연 언어가 아니다. 영어를 기반으로 만들어진

피진 가운데서 멜라네시아 피진 영어인 톡피신(Tok pisin)이 유명하다. **참** 크레올

507. ㅎ 축약(ㅎ 縮約, ㅎ Coalescence)

ㅎ이 ㄱ, ㄷ, ㅂ, ㅈ과 같은 평장애음과 연결될 때 두 자음이 줄어서 유기음인 ㅋ, ㅌ, ㅍ, ㅊ로 바뀌는 현상. '낳고[나코]'에서 ㅎ이 뒤의 평장애음 ㄱ과 결합되어 ㅋ으로 바뀌었다. ㅎ 축약은 ㅎ이 평장애음 앞에 있어도 일어나며(**예** 놓고[노코], 앓더라[알터라]) 뒤에 있어서 일어난다.(**예** 책하고[채카고], 법학[버팍], 꽃향기[꼬턍기]) **참** 음운 과정, 축약

508. ㅎ 탈락(ㅎ 脫落, ㅎ Deletion)

ㅎ이 공명음(비음과 유음, ㄴ, ㄹ, ㅁ, ㅇ)과 모음 사이에서 탈락하는 현상. '좋은[조은]'에서 모음 ㅗ와 공명음인 ㄴ 사이에 ㅎ이 놓이게 되어 탈락하게 된다. '인사하다[인사아다], 실현[시련]' 등의 예에서도 모음과 모음 사이, 유음 ㄹ과 모음 사이에 ㅎ이 놓이게 되어 탈락하게 된다. **참** 음운 과정, 탈락

509. 하강 이중모음

☞ 하향 이중모음(p.293)

510. 하의어(下義語, Hyponym)

상하 관계에 있는 단어는 계층적 구조 속에 속해 있는데 이때 계층적으로 아래에 있는 단어. 하위어(下位語, subordinate)라고도 한다. '새'와 '매'의 관계를 보면 '새'는 상의어이고 '매'는 하의어이다. 하의어는 상의어보다 구체적이고 특수한 의미 영역을 갖는다. 그리고 하의어는 상의어보다 더 많은 의미 정보를 가지고 있다. **참** 상의어

511. 하향 이중모음(下向 二重母音, Falling diphthong)

반모음이 뒤에 붙는 이중모음. 하강 이중모음은 '단모음+반모음'의 순서로 이루어지는데 한국어의 경우에는 모두 상승 이중모음이고 ㅢ가 유일한 하강 모음이다. 참 반모음, 상향 이중모음

512. 한국어(韓國語, Korean language)

한국의 언어. 국어(☞p.152)라는 용어와 함께 한국의 언어를 가리키는 용어로 널리 사용되고 있다. 한국어는 한반도를 중심으로 중국, 일본, 구소련 지역 등 7천만 명을 넘는 인구가 사용하는 세계 13위권 안에 드는 언어이다. 북한, 중국, 일본에서는 '조선어'로 불리기도 하고 러시아 지역에 사는 동포들은 '고려말'이라 불리기도 한다. 참 국어

513. 한국어사의 시대 구분(韓國語史의 時代 區分)

한국어사를 시대별로 나눔. 한국어사의 시기는 고대 한국어, 전기 중세 한국어, 후기 중세 한국어, 근대 한국어, 현대 한국어로 나뉜다. 고대 한국어 시기는 알타이조어에서 신라의 멸망까지를 말한다. 중세 한국어는 고려 왕조 개국시기부터 임진왜란 이전까지의 시기를 말한다. 근대 한국어 시기는 임진란 이후부터 갑오개혁까지를 말한다. 현대 한국어는 갑오개혁에서부터 지금까지를 말한다. 고대 한국어시기의 특징은 신라에 의한 언어의 통일 및 향가의 발전을 들 수 있다. 전기 중세 한국어는 고려 왕조의 한자 자료로 대표되며 개성 방언이 언어의 중심되었다. 원과의 접촉에 의해 몽고 차용어가 많이 유입되게 된 것이 특징이다. 후기 중세 한국어 시기는 훈민정음이 창제되면서 자료가 풍부하게 남아 있다. 훈민정음 문헌으로 구체적인 언어의 모습을 연구할 수 있게 되었다. 근대 한국어시기에는 임진란으로 많은 혼란이 생겨나게 되었고 임진란 이전부터 언어의 변화가 일어나기 시작했다. 현대 한국어 시기의 가장 큰 특징은 갑오개혁 이후의 언문

일치이다.

514. 한국어의 기원(韓國語의 起源)

한국어의 기원에 관한 주류 이론. 한국어가 알타이어족에 속한다는 가설이다. 알타이 어족은 아시아의 서쪽부터 동쪽에 이르는 지역에서 사용되는 투르크계 언어(터키어 등), 몽골계 언어(몽고어 등), 퉁구스계 언어(만주어 등)가 이루는 하나의 어족이다. 한반도와 주변지역의 언어들 중 고구려어는 알타이어 중 부여어 계통의 언어였고 백제어와 신라어는 한어 계통의 언어였다. 삼국통일 후 신라어가 한반도의 언어로 정착되었고 후에 고려 시대에는 중부지역에서 쓰이던 신라어의 지역 방언이 중심 언어로서 지위를 획득하고 조선 시대까지 이어져 중세 한국어를 형성하였다. 결국 현대 한국어는 신라어에 뿌리를 두고 있는 셈이다. 북한의 학계에서는 고구려어를 신라어와 다른 계통으로 보는 것 자체를 배척하는 주장도 있다. 한편 한국어의 기원을 알타이어가 아닌 다른 곳에서 찾으려는 시도도 이어져 왔다. 이것은 남방기원설과 관련이 있는데 한국인의 조상의 일부가 북방의 대륙이 아닌 남쪽에서 왔다는 설이다. 쌀 재배 문화와 난생설화는 남방 문화와 일치하는 부분이다. 언어적으로도 한국어와 폴리네시아어에서 몇 가지 유사한 단어가 발견되기도 한다. 그렇지만 단편적인 사실들이 한국어를 남방계 어족에 소속시킬 만큼 강력한 증거는 되지 못한다. 고대 한반도에는 북방계 민족과 남방계 민족이 공존했을 가능성이 많고 한국어의 형성에도 두 계통의 언어가 상호작용을 했을 것이라는 추측은 할 수 있다.

515. 한국어의 특질(韓國語의 特質)

다른 언어와 비교하여 한국어만이 가진 특징. 한국어는 ①유성음과 무성음이 음운으로 존재하지 않으며 마찰음의 수가 영어에 비해 적다.

②어순의 구조가 주어(S)-목적어(O)-서술어(S)의 순서로 배열되고 ③ 주어는 생략되며 수식어가 피수식어 앞에 온다. ④문법 범주로서 성(性, gender)의 구별이 없고 ⑤복수의 개념이 불분명하나 대신 분류사가 발달해 있다. ⑥높임법이 발달해 있고 ⑦관사와 관계 대명사가 없고 ⑧조사와 용언의 어미가 매우 다양하다. 참 교착어, 알타이어족

516. 한글(Hangeul)

한국의 고유의 문자. 한글은 1443년 세종대왕에 의해 창제되었으며 그 창제 원리가 독창적이고 과학적인 자모 문자이다. 유네스코가 한글을 세계 문화유산으로 지정하였다. 또한 세종대왕이 태어난 날을 세계 문맹 퇴치의 날로 정하여 기념하고 있다. 참 알파벳

517. 한정적 접사(限定的 接辭)

어기의 품사를 바꾸지 못하고 어기의 뜻만 더해 주는 접사. 접두사 '개-, 풋-'과 접미사 '-뜨리-, -쟁이'로 파생된 '개살구, 풋사랑, 깨뜨리다, 점쟁이'는 파생 전의 '살구, 사랑, 깨다, 점'과 동일한 품사이다. 이렇게 어기의 품사를 바꾸지 못하는 접사를 한정적 접사라고 한다. 한국어의 접두사는 모두 한정적 접사이고 접미사는 한정적 접사도 있고 지배적 접사(☞ p.272)도 있다. 참 접사, 지배적 접사

518. 함의(含意, Entailment)

문장과 문장 사이의 논리적 관계를 나타내는 개념. 문장 p가 참일 때 자동적으로 q도 참이 되고, 문장 q가 거짓이면 반드시 문장 p가 거짓일 때, p는 q를 함의한다고 말한다. '자객이 왕비를 암살했다.'라는 문장이 사실이면 '왕비가 죽었다'라는 문장도 사실이 되는데 이 경우 전자의 문장은 후자의 문장을 함의한다. 두 문장 사이의 함의 관계는 함의가 성립되는 방향에 따라 일방함의(unilateral entailment)

와 상호함의(mutual entailment)로 구분할 수 있다. 함의는 어휘 의미와 통사구조의 특성에 의해 만들어진다. 어휘 의미에 의해서 함의가 생성되는 예로는 ①단어의 상하 관계로 인한 함의 ②동의어에 의한 함의 ③반의어에 의한 함의 ④보조사에 의한 함의가 있다. 통사구조에서 함의가 생성되는 경우는 문장의 구조가 'A and B'의 연접 구성에서 A와 B 모두가 참일 때 성립된다. 참 전제

519. 함축(含蓄, Implicature)

화자는 발화 문장의 명시적인 의미 이상의 다른 의미를 그 발화 속에 넣어서 말하기도 하는데 이때 직접적으로 전달된 것 이상으로 추가된 의미. 창수가 어머니에게 '흰 운동화 못 보셨어요?'라고 묻자, 어머니는 '방금 동생이 농구하러 간다고 나갔다.'라고 대답한다. 어머니의 대답은 문자적 의미 이상의 다른 의미를 담고 있는데, '동생이 흰 운동화를 신고 나갔다'라는 것이다. 창수의 물음에 대한 어머니의 대답이 부적절한 발화로 보일 수 있지만 원만하게 의사소통이 이루어지는 것은 어머니가 대화에 협력하고 있다는 가정을 창수가 하고 있기 때문이다. 함축 의미는 대화 속의 화자와 청자가 서로 협력한다는 가정과 추론 속에서 얻어진다. 그라이스(Grice)는 함축을, 대화 격률(☞p.165)과 같은 화용론적 원리에 의해서 추론되는 함축과 대화에 사용된 특정 어휘의 자질에 의해서 일어나는 함축으로 구분하여 전자를 대화 함축(conversational implicature)(☞p.165), 후자를 고정함축(☞p.144)이라고 했다. 참 대화 함축, 고정함축

520. 합성어(合成語, Compound word)

단어를 구성하는 두 구성 요소가 모두 어기로 이루어져 접사가 섞여 있지 않은 복합어. '작은아버지, 새해, 척척박사'에서 단어를 구성하는 요소에 접사가 포함되어 있지 않으므로 모두 합성어이다.

참 어기, 복합어, 파생어

521. 합용병서(合用並書)

다른 자음을 나란히 붙여 쓰는 방법. 초성 합용병서에는 ㅺ, ㅼ, ㅽ/ㅶ, ㅄ, ㅴ/ㅵ, ㅳ, 중성 합용병서에는 ㅘ, ㅝ, ㅙ, ㅞ, 종성 합용병서에는 ㄳ, ㄺ, ㄻ, ㄽ, ㅀ 등이 있다. 초성 합용의 예로는 '뜻'[意]의 ㅳ, '꿈'[夢]의 ㅺ 등이 있다. 중성 합용의 예로는 '과'[瓜株]의 ㅘ, '홰'[炬]의 ㅙ 등이 있다. 종성 합용의 예로는 '흙'[土]의 ㄺ, '낛'[釣]의 ㄽ 등이 있다. 참 각자병서

522. 항진성(恒眞性, Tautology)

어떤 문장이 그 자체의 의미로서 항상 사실이 되는 의미 속성. '이순신은 이순신이다.', '사람은 동물이다.' 같은 문장은 항상 참이 되는데 이와 같이 항상 참이 되는 명제를 항진 명제라고 한다. 참 모순성, 변칙성, 중의성, 동의성

523. 햄-셈어족(Hamito-Semitic family)

메소포타미아 지방과 아라비아반도, 홍해의 서쪽에 있는 아프리카 대륙 북부 지역에서 쓰이는 언어들의 무리. 햄-셈어족이라는 명칭 대신 아프로-아시아어족(Afro-Asiatic family)이라는 명칭으로 부르기도 한다. 햄-셈어족에는 ①이집트어(Egyptian) ②베르베르어(Berbers) ③쿠시제어(Cushitic) ④챠드제어(Chadic) ⑤셈어파(Semitic)(북동 셈어파, 북서 셈어파, 남 셈어파)가 포함되어 있다.

524. 행동설(行動說, Behaviorist theory)

언어 표현의 의미가 화자가 그 표현을 발화하는 상황과 그 상황이 청자에게 일으키는 반응이라는 이론. 블룸필드(L. Bloomfield)는 언어적 요소를 '언어 행위 이전의 실제 사건[S]', '언어 행위[r…s]',

'언어 행위 이후의 실제 사건[R]'로 구분하여 설명하였다. 실질적인 언어 행위[r…s]는 언어 행위 이전의 실제적 사건[S]과 언어 행위 이후의 실제적 사건[R] 속에 자리 잡고 있다고 보았다(S→r…s→R). 한 언어 표현[r…s]의 의미는 그것을 동반하는 화자의 자극[S]과 청자의 반응[R]을 통하여 알 수 있다. 행동설은 언어 표현이 이루어지는 상황을 중심으로 보다 과학적이고 기계적인 분석을 시도하려고 한 점에서 큰 의의가 있다. 한계로는 ①언어 사용이 대체로 가변적이기 때문에 포괄적인 의미 이론을 세우기가 어렵다는 점, ②접속어나 조사의 의미를 설명해 내지 못한다는 점을 들 수 있다. 참 지시설, 개념설, 용법설

525. 현재 시제(現在 時制, Present tense)

사건시가 기준시에 일치되는(사건시=기준시) 시간 표현. 문법적으로는 어미(선어말어미, 관형사형 어미), 현재를 나타내는 시간 부사로 실현된다. 현재 시제의 어미는 용언에 따라 형태가 구분된다. 선어말어미는 용언이 동사일 때 '-는-/-ㄴ-', 형용사와 '이다'일 때는 현재를 표시하는 형태가 나타나지 않는다. '학생들이 지금 식당에서 밥을 먹는다.'는 현재 시제가 선어말어미로 표시된 것이다. 그러나 '선생님은 요즘 편찮으시다, 저분은 우리 학교 선생님이시다'의 경우에는 현재를 표시하는 형태가 나타나 있지 않다. 관형사형 어미는 용언이 동사일 때 '-는', 형용사일 때 '-(으)ㄴ-', '이다'일 때 '-ㄴ'로 실현된다. '백화점은 물건을 사는 사람들로 붐볐다.'에서는 관형사형 어미가 밑줄친 부분 '-는'으로, '여기는 농사짓기에 적합한(하-ㄴ) 지역이다.'와 '항상 친구인(이-ㄴ) 너를 잊지 않고 있다.'에서 형용사와 서술격 조사는 관형사형어미 '-(으)ㄴ-'으로 나타났다. 한편 현재 시제는 현재를 기준으로 하여 습관적으로 반복되는 동작(예 그는 회사에 다닌다.)

을 표현하기도 한다. 발화시 이후의 일을 표현하는 미래적 현재(예 그는 내일 서울에 도착한대)도 있으며 보편적 진리(예 달은 지구 주위를 돈다.)를 나타내기도 한다. 참 과거 시제, 대과거, 미래 시제

526. 협력 원리(協力 原理, Cooperative principle)

그라이스(Grice)가 전제한 의사소통 시에 원만한 대화 진행을 위해 지켜야 할 일반적인 원칙. 대화는 참여자들이 임의적으로 만든 발화의 연속체 아니라 언어가 효과적으로 사용될 수 있도록 대화 참여자들이 서로 협조하면서 주어진 규칙을 준수한다는 암묵적인 약속에서 이루어진다는 것이다. 협력 원리는 다음과 같은 일반 원리와 네 가지의 대화 격률(maxim)(☞p.165)로 이루어져 있다. ①일반 원리: 대화가 진행되는 각 단계에서 대화의 목적이나 방향에 의해 요구되는 만큼 대화에 이바지하게 하라. ②대화 격률: 양의 격률(☞p.219), 질의 격률(☞p.276), 관계의 격률(☞p.149), 태도의 격률(☞p.282)로 구성된다. 참 대화 격률

527. 형식 형태소(形式 形態素, Empty morpheme)

의미에 따른 형태소의 종류 중 하나. 형식 형태소는 조사나 어미 등과 같이 문법적인 의미만 지닐 뿐 사전적인 의미는 지니지 못한다(예 -었-, -다, -에, -이/가). 참 형태소, 실질 형태소

528. 형용사(形容詞, Adjective)

사람이나 사물의 상태나 성질을 나타내는 단어 부류. 형용사는 동사와 함께 활용한다는 점에서 다른 품사와 뚜렷한 차이를 보인다. 형용사는 동사와 달리 활용에서 제약이 많다. 형용사는 기능과 의미에 따라 ①심리 형용사(예 좋다, 싫다, 두렵다, 무섭다), ②존재 형용사(예 있다, 없다), ③수량 형용사(예 많다, 적다), ④대칭 형용사(예 같다, 다르다, 비슷하다) 등으로 구분할 수 있다. 참 품사, 용언, 동사

529. 형태론(形態論, Morphology)

단어의 내부 구조를 연구하는 분야. 단어를 이루는 구성 성분인 접사(☞p.261), 어근(☞p.220), 어간(☞p.220), 어미(☞p.221)와 같은 형태소(☞p.300)를 연구하는 학문이다. 한 언어에서 사용되는 형태소의 유형과 이들이 결합하여 단어를 이루는 규칙들을 연구하는 분야이다. 형태론은 다양한 기능의 형태소들이 어떤 유형으로 나뉘며 이들이 어떤 순서로 어떻게 결합하고 결합할 때마다 어떤 형태 변이를 보이는지 연구한다.

참 음성학, 음운론, 통사론, 의미론, 화용론

530. 형태소(形態素, Morpheme)

문법 단위 중 최소의 유의적 단위. 형태소는 의미(어휘적 의미와 문법적 의미)를 가지고 있는 단위 중에서 가장 작은 단위이다. '나비가 예쁘다'는 '나비, 가, 예쁘-, -다'로 4개의 형태소로 구성된다. 이때 '나비'는 '나(我)'와 '비(雨)'로 분석했을 때 원래의 '나비(🦋)'의 의미와 멀어지게 되므로 더 이상 분석할 수 없으며 '나비'가 하나의 형태소가 된다. 형태소의 종류는 의미의 유무에 따라 실질 형태소와 형식 형태소로 나뉘고 자립성 유무에 따라 자립 형태소와 의존 형태소로 나뉜다. 참 이형태

531. 호격 조사(呼格 助詞)

체언에 결합되어 누군가를 부르는 말임을 나타내는 조사. 체언의 받침 유무에 따라 '영숙아, 철수야'와 같이 '아/야'가 선택된다. 신이나 존귀한 사람에 대해서는 '대지의 신이시여!'처럼 '이여/이시여'를 사용한다. 참 조사, 격조사

532. 홀소리(母音, Vowel)

모음. 주시경 선생의 용어로 모음은 홀로 쓰일 수 있는 소리라

하여 홀소리라 하였다. 홀소리는 홀로 하나의 음절이나 낱말을 이룰 수 있는 소리로 음절의 중심 위치를 차지하는 특성이 있다. 참 모음, 닿소리

533. 홀문장

☞ 단문(p.160)

534. 화용론(話用論, Pragmatics)

언어의 사용 장면(맥락)에서의 의미를 연구하는 언어학 분야. 화용론은 언어 사용 과정에서 발생하는 문장의 의미를 연구하는데 경우에 따라서는 의미론의 한 연구 분야로 다루어지기도 한다. 화용론과 의미론은 각자 독자적인 학문 영역을 가지고 있지만 경계를 분명하게 하는 데에 어려움이 있다. 화용론에서는 전제(☞p.260), 직시(☞p.273), 함축(☞p.296) 등이 주요 연구 대상이다. 언어 형식과 맥락과의 관계 속에서 발화 사용의 원리와 의미를 연구하는 언어학의 한 분야로 문장이 담화 맥락과 상호작용하는 원리를 연구한다. 맥락은 언어 표현의 의미와 쓰임을 결정하고 동시에 언어 표현은 맥락을 변화시킨다. 화용론은 한 문장이 적절하게 해석되기 위해서 필요한 맥락 정보에는 어떤 것들이 있고 문장의 관습적 의미와 화자가 의도하는 의미는 어떻게 다르며 합리적인 의사소통을 위해 화자와 청자가 어떤 원리를 따라 대화하는지 관심을 갖는다. 참 의미론, 전제, 직시, 함축, 화행

535. 화자의 겸양(話者의 謙讓)

화자가 청자에 대한 겸양의 뜻으로 '-(으)옵/으오-', '-삽/사옵/사오-', '-잡/자옵/자오-' 등을 통해 상대 높임이 실현된 것. '안녕히 계시옵소서.' 같은 경우에는 누구의 행위를 높이거나 낮추는 것이라기보다는 화자의 공손한 뜻을 나타내게 된다. 참 대우법, 상대 경어법, 주체 경어법,

536. 활음(滑音, Glide)

미끄러지듯 발음되는 소리. 조음 기관이 한 음의 위치에서 다른 음의 위치로 옮겨 갈 때 그 자체의 소리가 분명히 드러나지 않고 인접한 소리에 곁들어 나타나는 소리로 한국어의 반모음 등이 여기에 속한다. 반모음을 활음이라고 부르는 경우도 있는데 활음은 반모음은 물론 성문마찰음[h], 성문폐쇄음[ʔ]을 포함하므로 이중모음에서 단모음이 아닌 부분의 소리를 가리키는 용어로 활음을 쓰는 것보다는 반모음(☞p.182)이나 반자음(☞p.184)을 쓰는 것이 좋다. 📶 반모음, 반자음

537. 활음화(滑音化, Glide formation)

ㅣ나 ㅗ/ㅜ로 끝나는 용언 어간에 ㅓ/ㅏ로 시작하는 어미가 결합할 때 앞의 모음 ㅣ가 활음 j나 w로 바뀌는 현상. 활음화는 모음의 연쇄를 피하기 위해서 일어나는 것으로 '기+어서→겨:서', '보+아도→봐:도'가 활음화의 대표적인 예이다. 활음화가 일어나면 '꾸+어도→꿔:도'와 같이 보상적 장음화가 동반되게 되는데 '지+어서→저서'나 '배우+어서→배워서'처럼 경우에는 보상적 장음화가 동반되지 않는 경우도 있다. 📶 음운 과정, 대치

538. 후방 조응(後方 照應, Cataphora)

담화나 텍스트 상에서 뒤에 언급할 대상을 앞에서 미리 지시하는 조응. '골목길을 걷다 하마터면 그것i을 밟을 뻔 했어. 길 가운데 돈i이 있잖아.'라는 문장에서 '그것'은 뒤에 나오는 '돈'을 가리키며 이 둘은 공지시적(☞p.146) 관계에 있다. 이는 후방 조응의 예이다. 📶 직시, 전방조응

539. 후음(喉音, Glottal sound)

☞ 성문음(p.208)

540. 훈민정음(訓民正音)

　세종대왕이 창제한 음소문자. 한글의 우수성은 다음과 같다. ①한글 창제는 민주 정신이 바탕이 되었다. 훈민정음 서문에는 한글이 소수 지식층의 전유물이 아닌, 보통 사람들도 쉽게 배워 사용할 수 있는 것으로 만들기 위해 발명되었다고 밝히고 있다. ②자모음의 자형이 과학적, 철학적이다. 모음의 경우는 '천(天), 지(地), 인(人)'을 표상하여 만들었으며 ㅁ, ㅅ, ㄱ, ㄴ 같은 자음의 모양은 그것이 나타내는 소리와 관련지어 만들었다. 발음 기관의 구조와 조음 과정에 대한 과학적 이해가 바탕이 되어 자음의 모양이 결정된 것이다. ③한글은 자음의 자형이 현대 언어학의 변별적 자질 이론을 반영한다. 음소의 변별적 자질을 글자 모양에 반영하여 만들었다. [격음성]은 획을 더하는 방법으로 구현되어 있고 [경음성]은 같은 글자를 나란히 쓰는 병서로 구현된다.(ㅂ-ㅍ-ㅃ) 이 밖에도 한글의 모아쓰기를 장점으로 볼 수 있다. 알파벳(☞p.218)은 자모음을 수평적으로 연결하여 씀으로써 음절의 경계가 불분명하지만 한글은 자모음을 합하여 하나의 음절을 명확히 구분하여 표기한다. 이것은 시각적으로 읽기에 편한 면이 있다. **참** 훈민정음의 제자 원리

541. 훈민정음의 제자 원리(訓民正音의 制字 原理)

　훈민정음(한글)을 만든 원리. 훈민정음은 크게 상형의 원리와 가획의 원리로 만들어졌다. 자음은 발음 기관을 상형하여 만들었고 여기에 다시 획을 더해 가는 가획의 원리로서 글자를 만들었다. 즉 기본자 ㄱ, ㄴ, ㅁ, ㅅ, ㅇ에 획은 더하여 ㅋ, ㄷ, ㅌ, ㅂ, ㅍ, ㅈ, ㅊ, ㆆ, ㅎ을 만들었다. 다만 ㆁ, ㄹ, ㅿ은 이체자로 상형이나 가획의 원리로 만들지 않았다. 모음은 천(天, ·), 지(地, ㅡ), 인(人, ㅣ)의 삼재를 철학적 측면에서 상형하였고 이 기본자에 획을 더하여 중성자를 확장

하였다. 우주의 모든 현상을 태극, 음양, 오행으로 설명하고자 하는 사상을 제자 원리에 받아들여 사람의 말이나 소리에도 음양의 차이가 있다고 보고 이러한 태극, 음양, 오행을 언어 철학의 바탕으로 삼았다.

참 훈민정음

542. 흐름소리

☞ 유음(p.237)

543. 8종성법(8終聲法)

받침(종성)으로 ㄱ, ㄴ, ㄷ, ㄹ, ㅁ, ㅂ, ㅅ의 8자만 사용할 수 있다는 훈민정음 해례의 규정. 훈민정음 해례 중 종성해 부분에 나와 있는 규정으로 받침, 즉 종성을 8자로 국한시키는 것은 표음적 표기법을 표방한 것이다. <석보상절>, <월인석보> 등 대부분의 15세기 한글 문헌에서 8종성법이 지켜졌다.

참고문헌

고영근(2002), 개정판 표준중세국어문법론, 집문당.

고영근·구본관(2008), 우리말문법론, 집문당.

고영근·남기심(2000), 고교 문법자습서, 탑출판사.

국립국어원(2005), 외국인을 위한 한국어 문법 1, 커뮤니케이션북스.

배주채(2011), 국어 음운론 개설, 신구문화사.

윤평현(2008), 국어의미론, 역락.

이기문(1972/1998), 개정판 국어사개설, 태학사.

이기문·이호권(2008), 국어사, 한국방송통신대학교출판부.

이선웅(2012), 한국어 문법론의 개념어 연구, 월인.

이익섭 외(1997), 한국의 언어, 신구문화사.

이익섭(2000), 국어사개설, 학연사.

이익섭(2005), 한국어 문법, 서울대학교출판부.

이진호(2005), 국어 음운론 강의, 삼경문화사.

색인

ㅊ